Informatik-Fachberichte

Herausgegeben von W. Brauer
im Auftrag der Gesellschaft für Informatik (GI)

21

Formale Modelle für Informationssysteme

GI-Fachtagung, 24.-26. Mai 1979, Tutzing

Herausgegeben von
H. C. Mayr und B. E. Meyer

Springer-Verlag
Berlin Heidelberg New York 1979

Herausgeber
Heinrich C. Mayr
Institut für Informatik II
Universität Karlsruhe
Zirkel 2
7500 Karlsruhe 1

Bernd E. Meyer
Institut für Angewandte Informatik
Technische Universität Berlin
Kurfürstendamm 202
1000 Berlin 15

AMS Subject Classifications (1970): 68–00, 68–02
CR Subject Classifications (1974): 3.63

CIP-Kurztitelaufnahme der Deutschen Bibliothek

Formale Modelle für Informationssysteme:
GI-Fachtagung, 24.-26. Mai 1979, Tutzing / hrsg. von H. C. Mayr u. B. E. Meyer. -
Berlin, Heidelberg, New York: Springer, 1979.
(Informatik-Fachberichte; 21)
ISBN-13: 978-3-540-09773-0   e-ISBN-13: 978-3-642-67485-3
DOI: 10.1007/978-3-642-67485-3
NE: Mayr, Heinrich Christian [Hrsg.]; Gesellschaft für Informatik

2145/3140 - 5 4 3 2 1 0

V O R W O R T

Die ständig wachsende Komplexität betrieblicher und soziotechnischer
Informationssysteme berührt heute bereits die Grenzen unserer Planungs-
kapazität. Ein formal abgesichertes Instrumentarium für die Planung,
den Entwurf, die Entwicklung und für den Betrieb solcher Systeme ist
daher unbedingt erforderlich. So werden z.B. Methoden zur Ermittlung
der an ein Informationssystem zu stellenden Anforderungen gebraucht,
ebenso formale Modellierungskonzepte zu seiner Beschreibung, Spezifikation und Analyse, schließlich auch Techniken zur Bewertung seines
Verhaltens.

Es gibt bereits eine ganze Reihe interessanter Ansätze zu einem solchen
Instrumentarium. Sie finden sich in unterschiedlichen Forschungsgebie-
ten, wie z.B. in der Netztheorie, in der Graphentheorie, im Bereich des
Operations Research, in der Simulationstechnik, in der Programmkonstruk-
tion und natürlich auch im Gebiet der rechnergestützten Informationssysteme. Eine zusammenhängende Methodologie, die gleichzeitig allen
Anforderungen der Praxis gerecht würde, existiert allerdings bislang
noch nicht.

Dies war für uns der Anlaß, innerhalb des Fachausschusses 5/7 ("Rechnergestützte Informationssysteme") der Gesellschaft für Informatik die
Gründung einer Fachgruppe "Methoden und Modelle für die Entwicklung von
Informationssystemen" anzuregen. Sie soll zunächst die in den verschiedenen Gebieten gewonnenen Erkenntnisse sichten und auf ihre Verwendbar-
keit im Bereich der Informationssysteme prüfen. Es steht zu hoffen, daß
auf diese Weise ein erster Satz von Konzepten zusammengestellt werden
kann, auf dem sich dann das gewünschte Instrumentarium aufbauen läßt.

Der vorliegende Tagungsband spiegelt das Ergebnis des ersten Schrittes
in die genannte Richtung wider. Er enthält die Beiträge zur Gründungs-
veranstaltung der Fachgruppe, mit der die Bestandsaufnahme und der Er-
fahrungsaustausch über existierende Ansätze begonnen wird. 12 Arbeiten
behandeln spezielle Konzepte, 3 vermitteln eine Übersicht über Methoden
verschiedener Fachgebiete, so daß sich insgesamt ein guter, wenn auch
sicherlich nicht vollständiger Überblick über den derzeitigen Stand
ergibt. Die Spezialvorträge wurden durch das Programmkomitee anhand von
Kurzfassungen aus einer größeren Zahl von Vortragsvorschlägen ausgewählt.

Wir danken Herrn W. Brauer und dem Springer-Verlag für ihre spontane Bereitschaft zur Veröffentlichung der Vortragsmanuskripte. Ebenso gilt unser Dank dem Sprecher des FA 5/7, Herrn P. Lockemann, der die Einrichtung der Fachgruppe wirkungsvoll unterstützte.

Zu besonderem Dank sind wir auch den Herren H. Bauknecht, D. Gernert, H.-J.Genrich und H. Noltemeier verpflichtet, die als eingeladene Sprecher den Stand des Wissens in verschiedenen Fachgebieten darstellten und - obwohl dies ursprünglich nicht vorgesehen war- fast alle eine schriftliche Ausarbeitung zur Vervollständigung dieses Bandes beisteuerten.

Nicht zuletzt danken wir den übrigen Mitgliedern des Programmkomitees, die die Auswahl der Tagungsbeiträge und Tagungskoordination verantwortlich mitgetragen haben, sowie allen anderen Beteiligten, die zum Gelingen der Tagung beigetragen haben.

Mai 1979   H.C. Mayr,   B.E. Meyer

INHALTSVERZEICHNIS

MODELLE FÜR DIE PRAXIS

INTEGRATION UND BEWERTUNG VON INFORMATIONSSYSTEMEN

BESCHREIBUNGSMETHODEN

NETZTHEORIE

P R O G R A M M K O M I T E E

O. Herzog	(IBM Sindelfingen)
K. Lautenbach	(GMD Birlinghoven)
P.C. Lockemann	(Uni Karlsruhe)
H.C. Mayr	(Uni Karlsruhe)
B.E. Meyer	(TU Berlin)
L. Priese	(Uni Dortmund)
H.J. Schneider	(TU Berlin)
I. Schwarz	(Uni Hamburg)
E. Zahn	(Uni Stuttgart)

SIMULATIONSTECHNIK

K. Bauknecht
Institut für Informatik
der Universität Zürich

Das Ziel dieser die Tagung eröffnenden Ausführungen soll es sein, zu
zeigen, welche Rolle die Simulationstechnik bei der Bildung formaler
Modelle für Informationssysteme spielen kann. Zu diesem Zweck wird neben grundsätzlichen Bemerkungen und definitorischen Aussagen vor allem
auf die Modellbildung eingetreten und es wird auch diskutiert, wie die
Modelle formuliert, analysiert und implementiert werden. Zudem sollen
neuere Möglichkeiten, Simulationen durchzuführen, betrachtet werden,
dies vor allem im Hinblick auf einen effizienten Mensch-Maschine Dialog während den Simulationsuntersuchungen.

Die Wahl des Stoffs bietet für eine solche Aufgabe immer Schwierigkeiten, denn für einige Teilnehmer mag das Gesagte trivial sein, bei anderen fehlt hingegen der Hintergrund, um die Bedeutung der Aussagen voll
zu erfassen. Vom Fachgebiet selbst her ist zudem zu sagen, dass die
Simulation heute häufig verwendet wird und dabei oft anspruchsvolle
lokale Probleme, die sich spezifisch aus der anstehenden Aufgabe ergeben, zu lösen sind; wesentliche grundsätzliche Erkenntnisse sind in
letzter Zeit aber kaum zu verzeichnen, was auch aus der eben erschiene-
nen Arbeit "Concept for advanced Simulation methodologies" von Ören
und Zeigler [1] hervorgeht.

1. Begriffe der Simulation

Die Simulation gehört zu jenen Verfahren, die dank der Verfügbarkeit
von leistungsfähigeren Computer-Systemen auf den heutigen Stand gebracht wurden und die in sehr viele Anwendungsbereiche Eingang gefunden
haben. In fast allen Zweigen der modernen Wissenschaft und Technik bestehen Aufgaben, die mit Simulation bearbeitet werden können, und auch
sogenannt typisch kommerzielle Problemstellungen geben öfters Anlass
für Simulationsuntersuchungen. Die dabei bestehenden fundamentalen Zusammenhänge wurden von Mresse in [2] formuliert und sie sind hier in
Abb. 1 und Abb. 2 auszugsweise dargestellt.

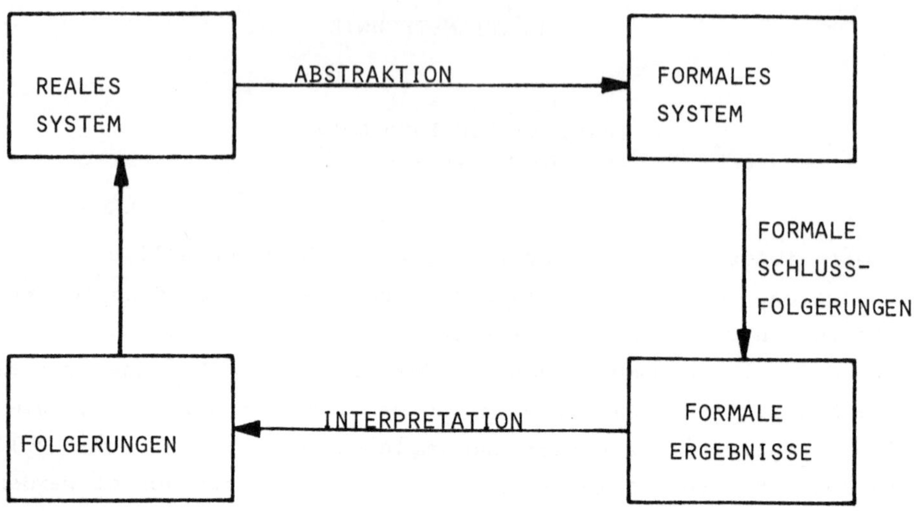

Abb. 1   Formales System als Modell eines realen Systems

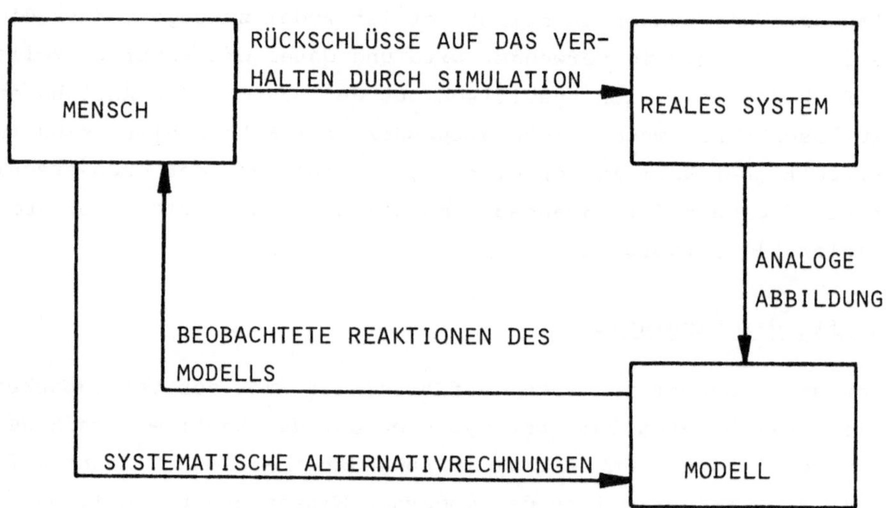

Abb. 2   Modellbildung aus der Sicht des Menschen

Die Art der durch die Abbildung erzeugten Modelle und deren Behandlung
kann dabei recht unterschiedlich sein; wir gehen hier wiederum von
einer Klassifikation in [2] aus (Abb. 3), wobei wir uns dann in der
Folge primär auf die diskrete Simulation beschränken.

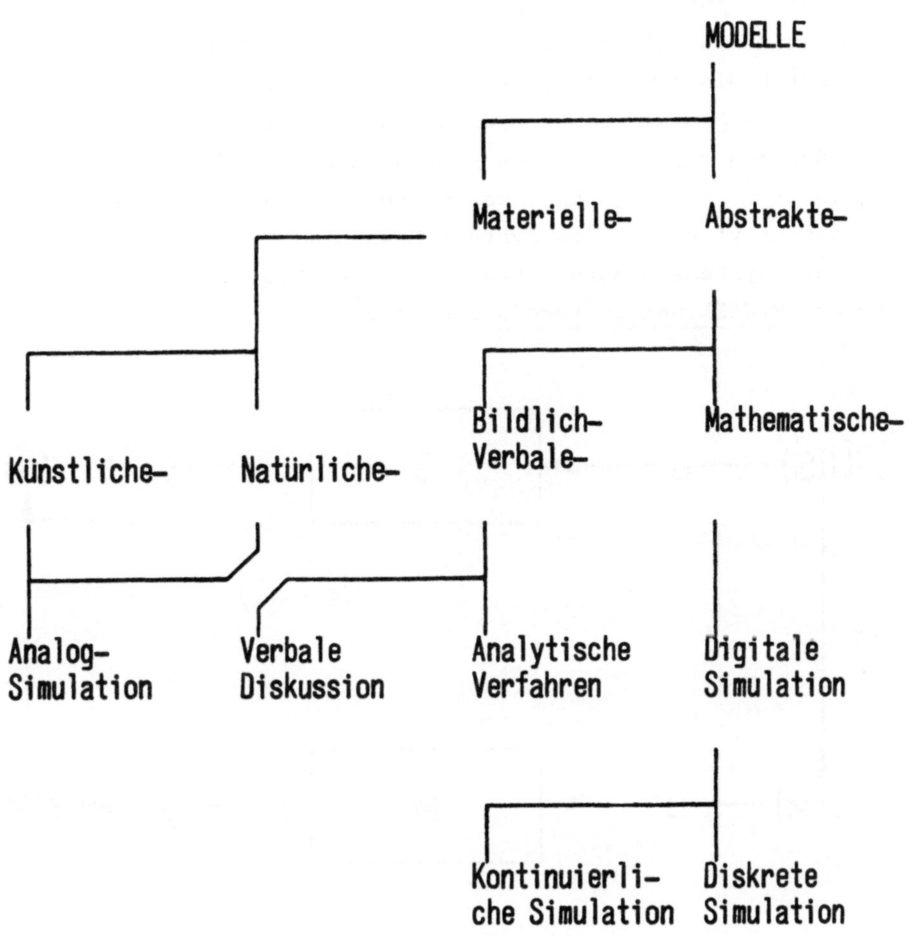

Abb. 3

Die Systeme, denen unsere Aufmerksamkeit gilt, bestehen aus einer Menge
von Elementen zwischen denen Beziehungen (Relationen) bestehen, so dass
sich eine Struktur ergibt. Der Zustand des Systems zum Zeitpunkt T ist
durch den Zustand seiner Elemente und Relationen zu diesem Zeitpunkt
bestimmt und Zustandsänderungen ergeben sich dann, wenn sich der Zustand der Elemente und/oder der Relationen ändert. Bei jeder Modell-

bildung geht es nun darum, die einzelnen Elemente und Elementgruppen, die Struktur sowie die Auswirkungen von Zustandsänderungen geeignet darzustellen.

Zur Definition des Begriffs Simulation gehen wir von der systemtheoretischen Sicht aus, die besagt, dass ein System als organisierte Struktur einen Input u aus einer Inputmenge U(S) in einen Output y aus der Outputmenge Y(S) transformiert. Unter der Simulation des Systems S durch ein zweites System M wird nun folgendes verstanden: Ein Output y des Systems S, welcher durch einen Input u erzeugt wird, muss auch dadurch erreicht werden können, dass der Input u zunächst in einen Input u' = α(u) ε U(M) des Systems M umgewandelt wird; der zugehörige Output y' ε Y(M) des Systems M wird dann wieder in den Output y = β(y') des Systems S zurück transformiert (Abb. 4). Das System M wird nun das Modell des Systems S genannt.

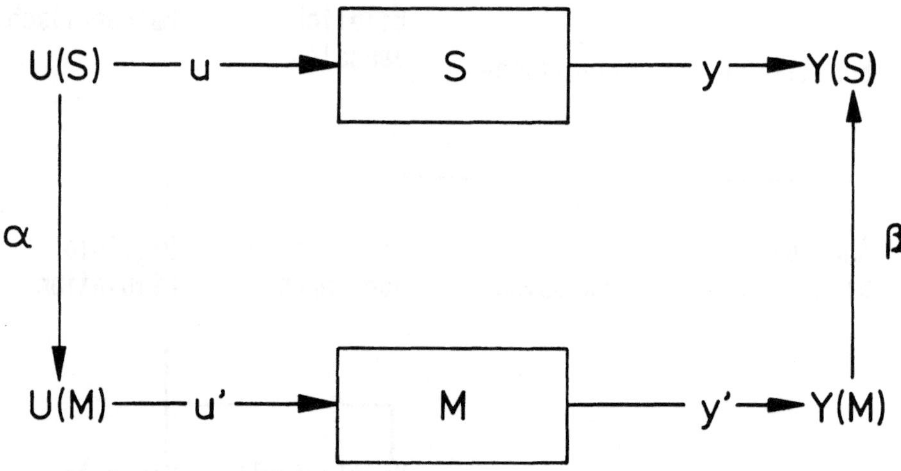

Abb. 4   Bildung des Modells M für das System S

Die ideale Situation, dass man ein Modell bilden kann, welches ein identisches Verhalten zum zu untersuchenden System S zeigt, ist in der Praxis äusserst selten. Bei der Modellbildung sind im allgemeinen wesentliche Vereinfachungen in Kauf zu nehmen. Kunst des Modellbauers ist es nun, ein Modell zu entwickeln, welches für gegebene Fragestellungen bestmögliche Näherungen ergibt. Die Schwierigkeiten beim Modellbau liegen einerseits darin, die geeigneten Vereinfachungen einzuführen und

und anderseits geht es darum, mit brauchbaren Methoden zu überprüfen, ob diese Vereinfachungen auch wirklich zulässig sind, ob also S durch M mit genügender Genauigkeit angenähert wird.

Hat man die Güte des Modells überprüft, so besteht eine Simulations- analyse schliesslich darin, mit dem Modell M den Output für verschie- dene Inputs zu ermitteln (Abb. 5). Der grosse Vorteil dieses Vorgehens ist darin zu sehen, dass man mit M beliebig experimentieren kann, ohne in das reale System S eingreifen zu müssen. Was dies bedeutet, kann man leicht abschätzen, wenn z.B. Untersuchungen über die Auswirkungen von Aenderungen an Verkehrsteuerungsanlagen, über Anfahrvorgänge bei Kernkraftwerken oder über das Verhalten von Patienten als Folge von Therapieänderungen durchzuführen sind.

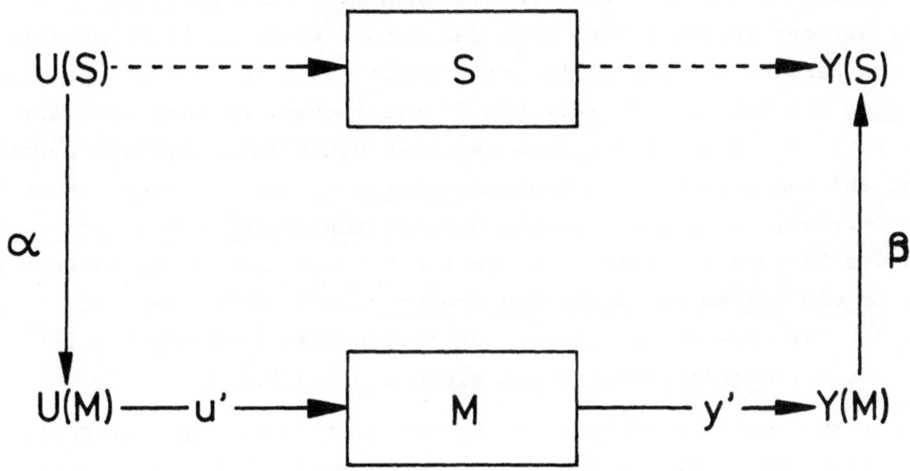

Abb. 5 Simulationsuntersuchungen (Analyse) am Modell M

Die Simulationsanalyse ist in vielen Fällen ein äusserst wertvolles, ja sogar das einzige Hilfsmittel, um Aussagen über das Input-Output Verhalten von Systemen zu gewinnen. Aufgabe der Simulationstechnik ist es, hierzu geeignete Hilfsmittel und Vorgehenstechniken zur Verfügung zu stellen. Erinnert sei in diesem Zusammenhang aber auch daran, dass Simulation im Gegensatz zu den klassischen Optimierungsverfahren nicht direkt zur optimalen Lösung führt; es ist immer ein Vortasten zur best- möglichen Lösung durch Untersuchung des Input-Output Verhaltens des zur Diskussion stehenden Systems.

2. Systeme der Simulation

Simulationsanalysen eignen sich zur Untersuchung verschiedenartigster
Systeme und dementsprechend ergibt sich auch eine sehr grosse Vielfalt
von Modellen. Trotz dieser Varietät gibt es eine Reihe von allgemein-
verwendbaren Modellkonzepten, welche als Grundlage für den Modellbau
im jeweiligen konkreten Einzelfall allgemein einsetzbar sind. Dadurch
lässt sich eine gewisse Klassifizierung und Systematisierung für den
Modellierungsprozess einführen. Einige dieser Grundeigenschaften seien
in der Folge kurz genannt, für weitere Ausführungen sei auf [3] verwiesen.

2.1. Kontinuierliche und diskrete Systeme

Viele der zu untersuchenden Systeme enthalten eine zeitliche Komponente,
wobei oft der Input, sicher aber der Output einen zeitlich ablaufenden
Prozess darstellen. Der Zeitbegriff selbst kann bei diesen dynamischen
Systemen dem natürlichen Zeitablauf entsprechen, er kann aber durchaus
auch rein methodischer Art sein [4]. Die dynamischen Systeme werden
unter anderem gemäss ihren Zustandsänderungen klassifiziert. Wenn T
eine Zeitmenge ist, dann spricht man von kontinuierlichen Systemen,
wenn die Zustandsänderung zu allen $t \in T$ eintreten kann, während es
sich um ein System mit diskreten Ereignissen handelt, wenn die Aenderung des Zustands nur zu isolierten Zeitpunkten $t \in T$ möglich ist.
(Für detailliertere Ausführungen siehe z.B. [3]).

Häufig, speziell bei technischen Systemen, kann das Systemverhalten
durch Differentialgleichungen beschrieben werden. Dies geschieht durch
eine Reihe von Zustandsvariablen $x_1(t)$, ..., $x_n(t)$. Deren zeitliche
Ableitung $\dot{x}_1(t)$, ..., $\dot{x}_n(t)$, also die Aenderungsrate, ergeben sich aus
Funktionen der Zustandsvariablen selber und bestimmter Inputvariablen
$u_1(t)$, ..., $u_m(t)$:

$$\dot{x}_1(t) = f_1(x_1 \ldots, x_n, u_1, \ldots u_m)$$

$$\vdots$$

$$\dot{x}_n(t) = f_n(x_1 \ldots, x_n, u_1, \ldots, u_m)$$

Die Outputvariablen $y_1(t)$, ..., $y_r(t)$ lassen sich dann im allgemeinen durch bestimmte Funktionen der Zustandsvariablen ausdrücken:

$$y_1 = h_1 (x_1, \ldots, x_n)$$
$$\vdots$$
$$y_r = h_r (x_1, \ldots, x_n)$$

Diese Gleichungen bestimmen das Modell M und die Simulationsanalyse besteht dann in der Lösung des Differentialgleichungssystems für vorgegebene Inputgrössen $u_1(t)$, $\ldots$, $u_m(t)$. Es ist bekannt, dass die Lösung von Differentialgleichungen auf Digitalrechnern mit numerischen Integrationsverfahren geschieht. Diese führen die Differentialgleichungen auf Differenzengleichungen zurück, wobei bei deren Auswertung die Zeitschritte der speziellen Situation angepasst werden. Generell spricht man bei der Behandlung solcher Modelle von <u>kontinuierlicher</u> Simulation.

Kontinuierliche Systeme mit gleichen Zeitschritten

Bei vielen Prozessen ändert sich der Systemzustand nicht kontinuierlich, so wie es bei Differentialgleichungen Voraussetzung ist, sondern die Aenderungen geschehen sprunghaft zu ganz bestimmten diskreten Zeitpunkten. In diesen Fällen läuft die Simulation nicht mehr in regelmässigen, deterministischen Zeitschritten ab, sondern es wird jeweils von einem Ereignis (Zustandsänderung) zum nächsten in ungleichen Schritten gesprungen. Man hat es in diesem Fall mit <u>diskreter Simulation</u> zu tun.

Systeme mit diskreten Ereignissen und ungleichen Zeitschritten

2.2. Deterministische und stochastische Systeme

Eine weitere Unterscheidung orientiert sich am Verhalten der Systeme und ergibt eine Aufteilung in deterministische und stochastische Modelle. Während beim deterministischen Modell jedem Input u eindeutig ein Output y zugeordnet ist, bestimmt sich beim stochastischen Modell der Output y nicht allein aus dem Input u, sondern es wirken noch zusätzlich systeminterne Zufallsfaktoren mit.

deterministisch: $u(t) \longrightarrow y(t)$

stochastisch: $u(t) \longrightarrow y(t)$

systeminterne Zufallsgrössen

Für die notwendige Erzeugung der Zufallsgrössen (Zufallszahlen-Generatoren) sei hier auf die Literatur verwiesen [5], [6], [7].

2.3. Analyse von stochastischen Systemen

Die Zufallszahlen-Generatoren gestatten die Konstruktion von zufälligen Stichproben der Zufallsprozesse. Durch Analyse der simulierten Stichproben mit Methoden der mathematischen Statistik können Schätzwerte für wahrscheinlichkeitstheoretische Parameter und Verteilungen der Outputgrössen gewonnen werden. Diese Methode der Bestimmung wahrscheinlichkeitstheoretischer Systemparameter mit Hilfe simulierter Stichproben wird Monte Carlo Methode genannt [8]. Neben der Monte Carlo Methode kann bei gewissen Fragestellungen auch die sogenannte direkte Methode [9] verwendet werden. Diese besteht darin, dass man die Verteilungen $y(t)$ zu verschiedenen Zeitpunkten direkt berechnet, was im Vergleich zur Monte Carlo Methode viel effizienter geschehen kann.

2.4. Simulation zeitabhängiger Systeme

Bei der Simulation zeitabhängiger Systeme unterscheidet man zwei Arten: Querschnittssimulation und Zeitreihensimulation. Bei der Querschnittssimulation - diese ist in der Regel stochastisch - fragt man nach dem Zustand des Systems zu einem bestimmten Zeitpunkt, während bei der Zeitreihensimulation die Entwicklung des Systems während eines Zeitintervalls von besonderem Interesse ist. Da der Aufwand für die stochastische Behandlung der Zeitreihensimulation sehr gross werden kann, wird diese meistens deterministisch behandelt. Bei beiden Simulationstypen werden zwar Zeitreihen generiert, im stochastischen Fall sind diese aber Realisierungen von stochastischen Prozessen, während es im deterministischen Fall etwa um die Lösung von Differentialgleichungen geht.

3. Durchführung von Simulationsstudien

3.1. Generelles Vorgehen

Eine Simulationsstudie umfasst verschiedene, unterschiedliche Tätigkeiten, so dass die Durchführung einer Simulation in Teilschritten aufgeteilt werden kann. In der Wahl und der Gruppierung der einzelnen Schritte ist man grundsätzlich frei, wobei sich aber aus dem Inhalt der notwendigen Tätigkeiten eine logische Reihenfolge aufdrängt. Ein diesbezügliches Ablaufschema gibt in Anlehnung an [2] die Abbildung 6 an, wobei je nach Problemstellung die Bedeutung und die Ausprägung der einzelnen Schritte variieren wird. Im gesamthaft anspruchsvollen Prozess einer Untersuchung mit Hilfe von Simulation erweisen sich meist die Modellbildung und die Beschaffung der notwendigen Daten als besonders kritisch. Ihnen sollen deshalb in der Folge weitere Ueberlegungen gelten.

3.2. Von der Realität zur Simulation

Simulation heisst Experimente mit einem Modell, das als Ersatz für ein reales System gilt, durchzuführen. Es stellt sich daher die Frage, wie dieses Modell gewonnen werden kann und wie gut dieses die interessierende Realität überhaupt darstellen kann. Aehnliche Fragestellungen ergeben sich auch in anderem Zusammenhang, so ist man z.B. beim Aufbau von Datenbanken mit der gleichen Problematik konfrontiert. Dort geht es zunächst darum, relevante Informationen über interessierende Teile der realen Welt zu bestimmen, diese dann in einem logischen Datensystem darzustellen, um sie schliesslich im Rahmen eines physischen Datensystems auf der verfügbaren Hardware und Software zu implementieren.

Die bei der Datenbankentwicklung zu durchlaufenden Schritte treffen sinngemäss auch für Simulationsstudien zu. Hier heisst es, aus der realen Welt den Teil, welcher für die Untersuchung interessant ist, herauszukristallisieren und dessen Eigenschaften, ausgerichtet auf die anstehende Fragestellung, in einem Modell zu formulieren. Dieses ist dann in einer für den Computer verständlichen Sprache zu beschreiben und schliesslich wird das Programm unter Kontrolle der zur Diskussion stehenden Strategien und mit den der Realität entsprechenden Daten ausgeführt. Daraus ergeben sich folgende Stufen und die für die erforderlichen Abbildungen notwendigen Schritte:

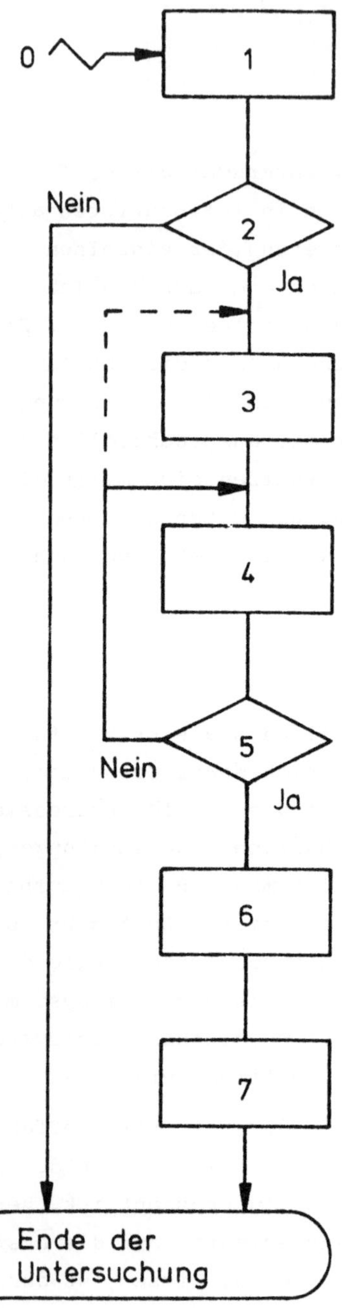

0 Anstoss zur Untersuchung

1 Problemanalyse
   Voruntersuchung mit Hand-
   simulation oder anderen Mitteln

2 Entscheid:
   Soll eine Computersimulation
   durchgeführt werden? JA/NEIN
   Kommt evtl. ein analytisches
   Verfahren in Frage?

3 Datenbeschaffung aufgrund –
   – statistischer Erhebungen
   – Gegenwartssimulation
   – von Schätzwerten

4 Wahl der Simulationssprache
   Erstellen des Modells
   Erstellen des Simulations-
   programmes und Debugging
   Ausführen des Programmes

5 Plausibilitätskontrolle/
   Ueberprüfung

6 Simulation und Auswertung

7 Verwertung der gewonnenen
   Information in der Praxis

Abb. 6 Schritte bei der Durchführung
        von Simulationsstudien

1. Objektive Realität   Reales System als Ausgangspunkt
2. Subjektive Realität   1. Abbildung ausgerichtet auf die
                                  anstehende Fragestellung
3. Modell in verbaler   2. Abbildung
   Formulierung
4. Formulierung in einer   3. Abbildung
   Simulationssprache mit
   quasiparalleler Dar-
   stellung
5. Ausführung auf dem Compu-   4. Abbildung
   ter mit sequentieller
   Verarbeitung

Während die ersten zwei Abbildungen unabhängig vom zu verwendenden
Hilfsmittel als eigentlicher Modellbau zu verstehen sind, haben sich
die folgenden Schritte an der verfügbaren Software und Hardware zu
orientieren. Entscheidenden Einfluss auf die Aussagekraft und auf die
Güte der mit der Simulation zu gewinnenden Resultate haben hauptsächlich die ersten Schritte, während der Uebergang auf die Computerverar-
beitung mehr handwerkliches Geschick verlangt, dessen Anforderungen und
Schwierigkeiten aber nicht unterschätzt werden dürfen.

Es ist offensichtlich, dass die Brauchbarkeit der mit Simulation ermittelten Werte direkt vom Modellbildungsprozess abhängt. Aus ungeeigneten
und schlechten Modellen fallen immer unzutreffende Resultate an, die
aber leider doch häufig weiterverwendet werden und Anlass zu falschen
Folgerungen sind. Ebenso wichtig wie das Modell sind jedoch die verwendeten Daten und die Feststellung, dass Simulationsergebnisse nur so
gut sein können, wie die verfügbaren Daten, sollte jedem, der Simulationen durchführt, dauernd als Damoklesschwert bewusst sein. Bekannt
ist aber auch, dass es oft ausserordentlich schwierig ist, zuverlässige
Daten zu erhalten, womit natürlich die ganze Arbeit in Frage gestellt
ist.

Die Komplexität eines Modells und die Qualität der Daten sollten bei
Simulationen immer in einem ausgewogenen Verhältnis sein und der Experimentator darf nicht übersehen, dass deren Kombination für die Qualität der erreichbaren ERkenntnisse ausschlaggebend ist. Dieses Span-
nungsfeld ist in Abb. 7 dargestellt. Daraus geht klar hervor, dass die
brauchbaren Outputdaten auch bei komplexen, sehr wirklichkeitstreuen
Modellen rapid abnehmen können, wenn nur wenige oder qualitativ
schlechte Daten über das zu untersuchende reale System verfügbar sind.

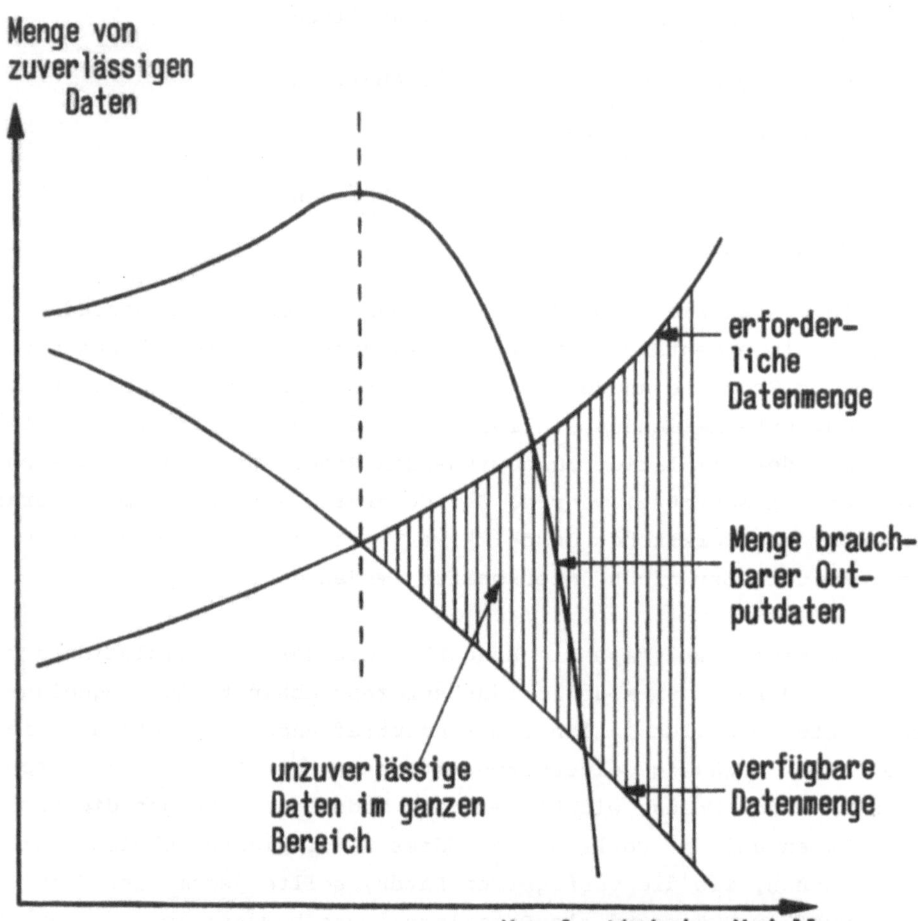

Abb. 7   Güte der Daten und Modellkomplexität (aus [2])

3.3. Simulationsmethodologie

Für die Entwicklung von EDV-Anwendungen wurden im Laufe der Zeit Vorgehenstechniken erarbeitet, welche erlauben sollen, mit geringstem Aufwand eine möglichst gute Lösung zu erarbeiten und diese dann später
auch zu pflegen. Genauso kennt man heute ein geeignetes schematisier-
tes Vorgehen bei der Entwicklung von Simulationsmodellen und bei der
Durchführung von Simulationsuntersuchungen, welches übrigens in seinen
Phasen recht ähnlich demjenigen ist, das man bei der Realisation von
allgemeinen Computerlösungen befolgt. Wenn die dafür verwendete Terminologie auch recht unterschiedlich ist, so entspricht die Logik aber
doch immer dem in Abb. 8 dargestellten Ablauf.

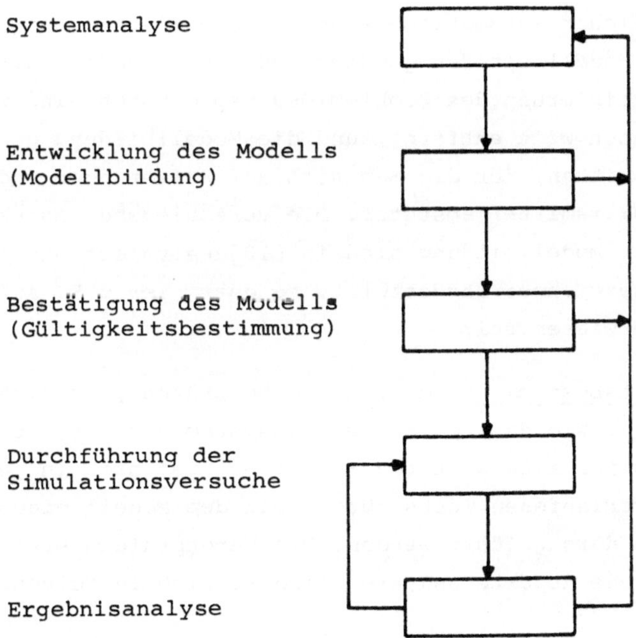

Abb. 8   Phasen bei Simulationsuntersuchungen

Die Phase der <u>Systemanalyse</u> hat zur Aufgabe, sich Klarheit über das zu untersuchende System zu verschaffen und dessen Aufbau und Verhalten zu verstehen. Dies sollte zunächst noch völlig unabhängig von einer all-fälligen Modellbildung geschehen, denn zuerst muss im Detail verstanden sein, was nachher nachgebildet werden soll. Es ist festzulegen, welche Systemkomponenten für die Untersuchung wesentlich sind und daher genauer analysiert werden müssen; für die spätere Beurteilung der Resultate ist auch ein Leistungsmass anzugeben, welches z.B. gestattet, Aussagen über die Güte gewählter Grössen und ganzer Lösungen zu machen.

Die <u>Modellbildung</u> ist Schlüsselstelle für den Erfolg einer Simulationsstudie, da es sich in dieser Phase entscheidet, ob das Modell die für die anstehenden Fragestellungen wesentlichen Eigenschaften des realen Systems korrekt, mit der richtigen Schwerpunktsetzung und in geeigneter Vereinfachung abbildet. Hierfür wünschenswert wäre eigentlich ein Generator, welcher automatisch eine formale Beschreibung erzeugt, die das gesuchte Modell mit den gewünschten Eigenschaften darstellt. Von dieser Automatisierung des Problemlösungsprozesses sind wir aber mindestens heute noch weit entfernt, und die Modellbildung geschieht in einzelnen Schritten, für die man sich auf Erfahrungen und einzelne methodische Hilfsmittel abstützt. Die verschiedenen Aspekte des Vorgehens bei der Modellbildung sind in [10]analysiert und in einer Synthese ausgezeichnet dargestellt, so dass hier z.B. auf diese Arbeit von Stübel verwiesen sei.

Die <u>Gültigkeitsbestimmung</u>, d.h. die Ueberprüfung, ob sich das Modell unter Datenlast wie das reale Ausgangssystem verhält, ist unabdingbare Voraussetzung für alle weiteren Schritte. Erst nach in jeder Beziehung erfolgreich verlaufenen Tests dürfen mit dem Modell eigentliche Produktionsläufe durchgeführt werden. Die Ueberprüfung erstreckt sich auf verschiedene Aspekte und sie gliedert sich in folgende Teilarbeiten:

- Verifikation
- Kalibrierung
- Sensitivitätsanalyse
- Validierung

Die Angriffspunkte und die Interaktion dieser Tätigkeiten können in Anlehnung an die Darstellung in [10, S. 224] wie in Abb. 9 angegeben zusammengefasst werden.

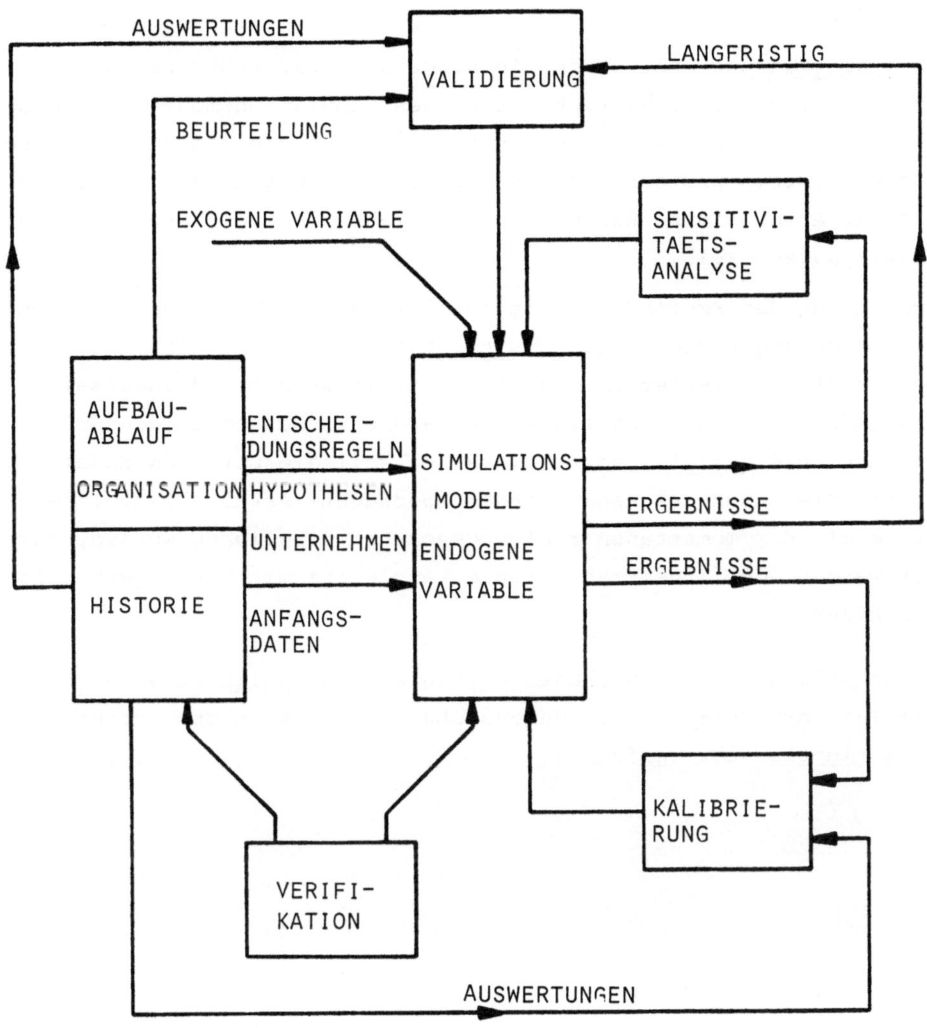

Abb. 9   Tätigkeiten bei der Modellüberprüfung
         (gemäss [10] S. 224)

Aufgabe der <u>Verifikation</u> ist es, alle Einzelabbildungen der Modellbildung und der beabsichtigten Gültigkeitsüberprüfungen zu überdenken und
die darin eingehenden Daten zu überprüfen. Dies betrifft die Uebergänge
reale Welt -subjektive Realität, subjektive Realität - theoretisches
Modell, theoretisches Modell - formales Modell und schliesslich formales Modell - Computerprogramm. Für diese umfassenden Arbeiten kommen
verschiedene Methoden aus der Statistik, analytische Vergleichsverfah-
ren und schliesslich auch die Syntaxanalyse für die Computerprogramme

zur Anwendung.

Mit der Kalibrierung soll durch die Aenderung kritischer Parameter
eine Verbesserung des Gesamtverhaltens des Simulationsmodells erreicht
werden. Dabei werden mit statistischen Verfahren die aus dem Verhalten
des realen Systems und des Modells anfallenden Zeitreihen miteinander
verglichen. Automatische Kalibrierungsverfahren können dabei von we-
sentlichem Nutzen sein.

Zur Ermittlung der Empfindlichkeit der Ausgangswerte in Funktion von
Parameteränderungen dient die Sensitivitätsanalyse. Mit ihr sollen
einerseits Strukturfehler im Modell ermittelt werden und anderseits
dient sie dazu, die Wirkung einzelner Parameter besser in den Griff
zu bekommen. Die Validierung schliesslich soll die Güte des Modells
aufzeigen. Dies kann geschehen, indem sogenannte Parallelläufe, deren
Resultate mit dem momentanen realen Geschehen verglichen werden, durchgeführt werden oder indem man weitere Vergleiche mit Vergangenheitsda-
ten durchführt.

Erst wenn alle skizzierten Phasen erfolgreich durchlaufen sind, steht
das Simulationsmodell für die Untersuchungen gemäss beabsichtigtem
Experimentierplan zur Verfügung.

4. Programmierung von Simulationsmodellen

Sieht man von einzelnen Handsimulationen ab, so wird der Computer fast
immer das Hilfsmittel für die Durchführung von Simulationsuntersuchungen sein. Dies bedeutet, dass das erarbeitete Modell in einer vom Computer verarbeitbaren Sprache beschrieben sein muss. Wenn dies auch
grundsätzlich mit jeder Programmiersprache geschehen kann, so merkt man
jedoch rasch, dass die spezifischen Eigenschaften von Simulationen nach
Sprachkonstrukten rufen, die lange nicht in allen Sprachen verfügbar
sind. Aus den an verschiedenen Orten formulierten Anforderungen an für
die Implementierung von Simulationsmodellen geeignete Programmiterspra-
chen (siehe z.B. [8], [11], [12])seien die folgenden Eigenschaften als
besonders wichtig genannt:

- Werkzeuge zur Unterstützung des Modellbaus
- dynamische Speicherplatz-Zuordnung für die Daten, welche
  den Systemzustand beschreiben
- Ablaufkontrolle zur Steuerung des Programmablaufs
- Simulationsuhr, welche der Ablaufkontrolle die einzelnen
  Einsatzzeitpunkte liefert
- Zufallszahlen-Erzeugung
- Statistische Aufbereitung der Ergebnisse
- Resultat-Darstellung

Bei jeder Programmierung von Simulationsmodellen treten immer wieder
dieselben methodischen und programmiertechnischen Probleme auf, welche
mit dem Simulationszweck eigentlich nicht viel zu tun haben. Deshalb
wurden Simulationssprachen und Simulation-unterstützende Sprachen entwickelt, welche diese generellen logistischen Aspekte wirkungsvoll
unterstützen, so dass der Experimentator sich hauptsächlich auf die
Aufgaben bei der Modellbildung und bei der Durchführung der Untersuchungen konzentrieren kann. Wie und wo die Simulation-spezifischen
Teile in den Sprachen realisiert werden, variiert stark, und man findet
heute Lösungen mit höheren Programmiersprachen, mit niederen Simulationssprachen wie SIMULA, mit höheren Simulationssprachen wie GPSS
und dessen Erweiterungen, mit benützerorientierten, problembezogenen
Simulationssprachen und schliesslich mit eigentlichen parametrisierten
Simulationsmodellen. Einen geeigneten Ueberblick über diese verschiedenen Sprachtypen liefert [11] und auch [13], dem die von uns mit MOSIM
ergänzte Abbildung 10 entnommen wurde.

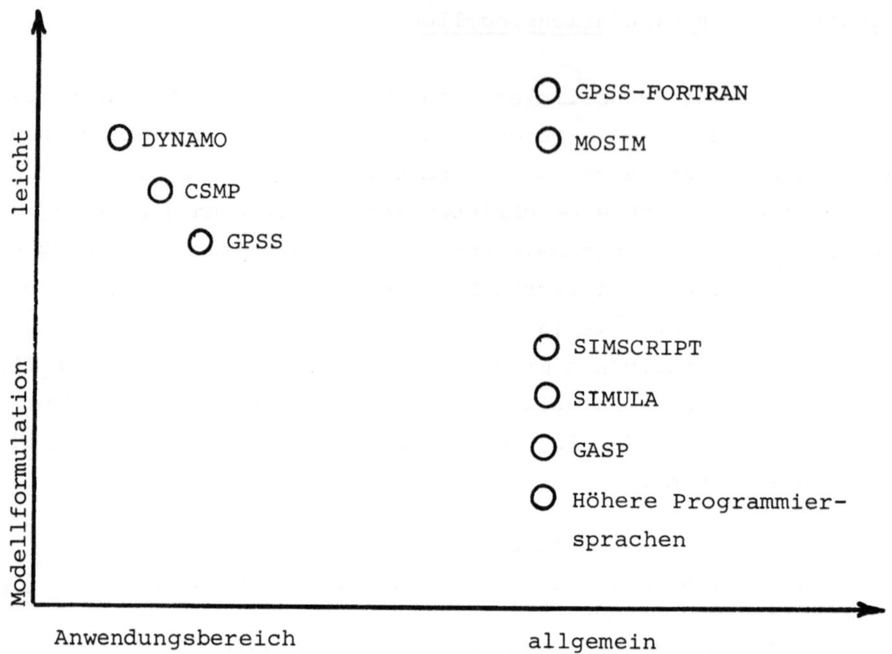

Abb. 10   Gebräuchliche Simulationssprachen

Stellt man sich die Frage nach der künftigen Entwicklung im Sprachge-
biet, so zeichnet sich ein eindeutiger Trend dahin ab, dass höhere
Programmiersprachen als Grundlagen für Simulationssprachen verwendet
werden. Die spezifisch Simulation orientierten Systemelemente und
-funktionen werden in der höheren Programmiersprache formuliert und
sie stehen dann den Anwendungen als Module zur Verfügung. Der generellen Umorientierung bei der Computerbenützung folgend, ist auch für Simulationsanwendungen eine wünschenswerte Verlagerung zum Dialogbetrieb
feststellbar, eine Beurteilung dieser Technik folgt im Kapitel 5.
Ebenso scheinen die Schranken zwischen kontinuierlicher und diskreter
Simulation zu fallen, indem Sprachen verfügbar werden [14], welche
beide Aspekte unterstützen. Nicht zu vergessen ist dabei aber, dass
Sprachen für kombinierte Systeme relativ umfangreich werden und der
Simulationsablauf auch schwerer zu durchschauen ist.

5. Interaktive Simulation

Das klassische Vorgehen bei der Durchführung von Simulationsexperimen-
ten auf Digitalrechnern ist immer noch Batch-Betrieb orientiert. Die
Simulationsprogramme werden in einer computerverständlichen Sprache formuliert und ausgetestet bis sie syntaktisch fehlerfrei arbeiten und zudem eine semantische Korrektheit angenommen werden darf. Dann werden
verschiedene Auswertungsläufe durchgeführt, wobei durch das Aendern
von Parameterwerten in sukzessiven Maschinendurchläufen unterschiedliche Systemvarianten analysiert werden. Dieses Vorgehen bedingt bis
zum Abschluss eines Laufs lange Wartezeiten, ohne dass Einblick in den
Simulationsablauf genommen werden kann. Für viele Aufgaben wird die Verwendung der Simulation dadurch aber schwerfällig, ja sogar nutzlos,
weil die Resultate verzögert und damit nicht fristgerecht vorliegen.
Dies wird noch dadurch unterstrichen, dass in der Praxis ja die Phasen
Modellbau, Modelltest und Experimente meistens nicht streng getrennt
werden können, da gegenseitige Beeinflussungen und Rückkopplungen auftreten. Oft weist erst die Durchführung der Experimente auf Schwächen
im Modellbau hin, welche nach Abänderungen des Modells verlangen.

Die Entwicklung der Computer Hardware- und Softwaretechnologie kommt
nun aber neuerdings den genannten Mängeln entgegen, indem die Mensch-
Maschine Dialogmöglichkeiten wesentlich verbessert werden. Computer-
terminals erlauben unter der Kontrolle von Timesharingsystemen eine
effiziente Interaktion und ebenso bieten die auf Mini- und Mikrocompu-
ter basierenden verteilten Systeme stark verbesserte Dialogfähigkeit.
Damit steht heute, zusammen mit der weiterentwickelten Simulations-
methodologie, die Möglichkeit zur Verfügung, Simulationen im Dialog
durchzuführen. Diese interaktive, oder auch on-line genannte, Simulation eröffnet weite neue Anwendungsmöglichkeiten, wobei seit den ersten Ansätzen zur interaktiven Simulation bei Greenberger et al. [15]
und den neueren Anwendungen (Beispiele siehe z.B. [16]) eine bedeutende
Verfeinerung der Technik festzustellen ist.

Die interaktive Simulation erlaubt dem Menschen, den ablaufenden Simu-
lationsprozess zu unterbrechen und auf diesen unmittelbar Einfluss zu
nehmen. Er kann dadurch den Simulationsverlauf und die anfallenden Ergebnisse analysieren und seine Erkenntnisse und Folgerungen unmittelbar wieder an die im Gang befindliche Simulation einbringen. Diese
neuen Möglichkeiten sind für verschiedene Aspekte der Simulationstech-

nik sehr wertvoll.

Die direkte Entwicklung und Auswertung von Simulationsmodellen am Terminal erlaubt, Fehler und Resultate ohne Zeitverzug auszugeben, was eine rasche Weiterverwertung gestattet. Besonders interessant ist die Interaktivität für die statistische Analyse von Simulationsergebnissen; Aussagen über die Qualität der anfallenden Resultate können dadurch unmittelbar gewonnen und davon ausgehend der weitere Simulationsablauf beeinflusst werden. Uebeträgt man in einem halbautomatischen System gewisse Entscheidungen, welche den Fortgang der Simulation steuern, dem Benützer, so erweist sich wiederum die Methode der interaktiven Simulation als sehr geeignet für den Mensch-Maschine Dialog, und sie erlaubt eine eigentliche interaktive Steuerung des Simulationsablaufs.

Die interaktive Simulation findet in letzter Zeit immer stärker Anwendung für Ausbildungs- und Planungssysteme. Seien es Flugplatzwarte, welche für die beste Aufstellung von Flugzeugen auf einem Tarmac zuständig sind [17], seien es Verantwortliche für Rangierbewegungen auf einem Güterbahnhof [18], sie alle erhalten die Möglichkeit, ihre beabsichtigten Massnahmen zu jedem Zeitpunkt zu überprüfen. Speziell Trainingssysteme in industrieller wie vor allem auch in militärischer Umgebung verlangen zudem sehr kurze Reaktionszeiten [19], damit die Entscheidungen entsprechend dem realen Zeitablauf zum Tragen kommen. Für diese Fälle ist eine eigentliche Echtzeit-Simulation erforderlich, bei der dann auch wieder Ablaufvarianten vorgesehen werden müssen, für den Fall, dass die erforderlichen, den Ablauf steuernden Entscheidungen nicht rechtzeitig eintreffen.

Der Aufbau von interaktiven Simulationsmodellen ist im allgemeinen bedeutend aufwendiger als die Erstellung von Batch-orientierten Simulationsanwendungen. Es ist deshalb immer zu bedenken, ob der Aufwand auch wirklich einem Bedürfnis und dem erreichbaren Nutzen entspricht, bevor man sich für die interaktive Simulation entscheidet. Verschiedene geglückte Anwendungen bestätigen aber die Vorteile dieser Art, Simulationen durchzuführen, und sie wird in Zukunft sicher - besonders in Trainingssystemen - an Bedeutung gewinnen, zumal ihr die technologische Entwicklung sehr entgegenkommt.

6. Taktik der Durchführung von Simulationsuntersuchungen

Mehrmals wurde im Vorangehenden darauf hingewiesen, dass Simulation eine experimentelle Technik ist. Somit stellt sich auch die Frage, wie die Versuche geplant und ausgewertet werden sollen. Der Wichtigkeit dieser Fragestellung wurde z.B. beim Aufbau von [8] Rechnung getragen, indem dort eine Dreiteilung - Modellbildung, Versuchsplanung und -auswertung, Implementation - gewählt wurde. Der Problemkreis ist besonders bei stochastischen Simulationen von Bedeutung,und es kommen denn auch die meisten Ansatzpunkte für Lösungen von Arbeiten aus der mathematischen Statistik, welche im Zusammenhang mit der Monte Carlo Simulation entstanden sind. Die hauptsächlichen anstehenden Fragen gehören zu folgenden Themenkreisen:

- Bestimmung des stabilen Ausgangszustandes für die Simulation
- Länge des Simulationslaufs
- Erforderliche Anzahl Simulationsläufe
- Gegenseitige Beeinflussung von Systemgrössen
- Verbesserung der Resultate

Wenn man sich auch nicht in allen Fällen mit dieser vollständigen Palette zu beschäftigen hat, so wird wohl immer die Frage nach dem Stichprobenumfang gestellt sein. Dieser kann durch mehrmalige Wiederholung der Monte Carlo Simulation mit anderen Zufallszahlen erhöht werden. Dadurch erhält man unabhängige Stichproben, welche dann mit elementaren statistischen Verfahren in Bezug auf Streuung und Vertrauensintervalle untersucht werden können. Es sei jedoch darauf hingewiesen, dass der erforderliche Stichprobenumfang zur Erreichung einer vorgegebenen Schätzgenauigkeit nicht zum voraus bestimmt werden kann, weil die hierzu notwendigen Varianzen nicht zum voraus bekannt sind, da sie erst im Verlauf der Simulationsanalyse geschätzt werden können.

An dieser Stelle wird nicht weiter auf die statistischen Aspekte eingetreten, da dies den Rahmen dieser Arbeit sprengen würde und da zudem sehr gute Literatur zur Verfügung steht. Es sei z.B. auf [6], [8], [20], [21] verwiesen.

7. Schlussbemerkungen

In dieser Arbeit wurden verschiedene Aspekte der Simulation gezeigt und diskutiert. Daraus hervorgegangen ist sicher, dass die Simulationstechnik ein äusserst wirkungsvolles Hilfsmittel ist; klar ist aber auch geworden, dass die korrekte Durchführung von Simulationsuntersuchungen erhebliche Anforderungen an die Beteiligten stellt. Simulation ist nämlich nicht, wie man oft hören kann, die Technik des faulen Mannes, der die analytischen Verfahren scheut, sie gehört im Gegenteil als Bestandteil ins Instrumentarium eines jeden, der das Verhalten von Systemen untersuchen muss.

Im Zusammenhang mit Informationssystemen, dem Bezugsobjekt dieser Tagung, ist der Einsatz von Simulationstechniken auf verschiedenen Ebenen und mit mannigfaltigen Zielsetzungen zu sehen:

- Zur Untersuchung des Verhaltens von Informationssystemen
- Als Bestandteil der Methodenbank eines Informationssystems
- Als Bestandteil der Modellbank eines Informationssystems

Für alle drei Anwendungskreise ist die Simulation ein sehr geeignetes Instrument, wie dies auch durch verschiedenste Realisationen gezeigt wurde. Noch wirkungsvoller wird uns die Simulation dann unterstützen können, wenn gewisse Mängel wie ungenügende Dialogunterstützung und zu wenig mächtige Hilfsmittel für die Modellbildung verbessert sein werden.

8. Literatur

[1]   Ören T.I., Zeigler B.P.: Concepts for advanced simulation
      methodologies, Simulation, March 1979.

[2]   Mresse M.: MOSIM, Ein Simulationskonzept basierend auf
      PL/1. Birkhäuser, Basel-Stuttgart, 1977.

[3]   Kohlas J.: Simulationsmethoden, Kap. 9 in Noltemeier H. (Hrsg.)
      Computergestützte Planungssysteme, Physica, Würzburg-Wien,
      1976.

[4]   Zehnder C.A.: Modellbildung und Systeme in der Simulation in
      Bauknecht et. al., Simulationstechnik, Springer, 1976

[5]   Knuth D.E.: The Art of Computer Programming: Fundamental
      Algorithms, Vol. 1, Addison Wesley, 1968.

[6]   Kohlas J.: Monte Carlo Simulation in Operation Research,
      Lecture Notes in Economics and Mathematical Systems, Vol 63,
      Springer, 1972.

[7]   Schmitz N., Lehmann F.: Monte Carlo Methoden I. Erzeugen und
      Testen von Zufallszahlen, Messenheim am Glan, 1976.

[8]   Bauknecht K., Kohlas J., Zehnder C.A.: Simulationstechnik,
      Springer, 1976.

[9]   Bauknecht K., Nef W.: Digitale Simulation, Lecture Notes in
      Operations Research and Mathematical Systems, Vol. 54,
      Springer 1971.

[10] Stübel G.: Methodologische und Software-engineering-orientierte
      Untersuchungen für ein Unternehmensmodell verschiedener
      Strukturierungsgrade, Diss. Univ. Stuttgart, 1975.

[11] Schmidt B.: Die Simulation zeitdiskreter Systeme, Informatik-
      Spektrum 2, 1979

[12] Musielak H., Stössel M.: Vergleich von Simulationssprachen,
      Elektronische Rechenanlagen, 1, 1979.

[13] Schmidt B.: GPSS FORTRAN, Informatik Fachberichte Nr. 6,
      Springer, 1977.

[14] Ören T.I.: Software for Simulation of combined continuous and
      discrete systems: A state of the art report, Simulation 28,
      1977.

[15] Greenberger M. et al.: On-line Computation and Simulation:
      OPS-3 System, Cambridge Mass., 1965.

[16] Hamza M.H.: Proceedings of the International Symposium and
      Course Simulation 75, Acta Press, 1975.

[17] Mresse M.: Flugsteig Simulation in Hamza M.H. Hrsg. [16].

[18] Hamilton G.E.: Yard Activity Real Time Decision Simulator
in Gohring K.W. Hrsg.: 5th Annual Simulation Symposium,
Progress in Simulation, Vol. 2, New York.

[19] Maerki U., Kohlas J.: Operational Gaming mit Hilfe interaktiver
Simulation, Proceedings in OR, Vorträge DGOR/SVOR 1975,
Physica, Würzburg.

[20] Kleijnen J.P.C.: Statistical Techniques in Simulation, 2 Bde,
New York, 1975.

[21] Roesmann H.: Simulation mit GPSS, Oldenburg, 1978.

ISAC - eine formale Methode zur rechnergestützten Beschreibung von
    Betriebsabläufen

G. Stübel
ACTIS GmbH 7000 Stuttgart 80

Kurzfassung

In diesem Beitrag wird der Einsatz einer formalen Beschreibungsmethode
für Betriebsabläufe dargestellt und die konsequente Unterstützung des
Design Prozesses für betriebliche Informationssysteme durch den Computer hervorgehoben. Schnittstellen zum Programm-System und zu Program-
mierhilfsmitteln werden aufgezeigt, wobei unter Anwendung einer Trans-
formationsmethodik aus der Beschreibung des Informationssystems Datenstrukturen und Programme abgeleitet werden. Der Artikel enthält eine
Abgrenzung zu anderen Systemen und die Einordnung der Methode in vorhandene Ansätze.

ISAC - eine formale Methode zur rechnergestützten Beschreibung von Betriebsabläufen

1. **Einführung**

G. Stübel
ACTIS GmbH, 7000 Stuttgart 80

Beim Einsatz von EDV-Anwendungen für komplexe Informationsabläufe in gewachsenen Betrieben stößt man immer wieder auf ähnliche Probleme, deren Lösung sehr zeitaufwendig ist und eine Fülle von Fehlerquellen in sich birgt. Bei der Betrachtung der Gesamtprojektzeiten wird bei konventioneller Realisierung derartiger Projekte ca. 70% der Zeit für organisatorische Fragen und ständige Umformulierungen bzw. Änderungen der Programmvorgaben verwendet. Die meisten Hilfsmittel bei der Projektabwicklung wie Sprachgeneratoren, strukturierte Programmierung u.ä. können als "data oriented" /vgl.10/ gekennzeichnet werden und unterstützen nur wenig oder gar nicht den problemorientierten Teil der Arbeit. Lediglich einige wenige Methoden wie SADT /16/ der Information Systemansatz von Lundeberg /10/, der auf Ansätzen von Langefors /9/ basiert und einige Industriemethoden wie NORSYS /5/ und ORGWARE /1/ unterstützen den Systementwickler beim problemorientierten Teil seiner Aufgabe /vgl.auch 15/.

Auffällig ist bei der Suche nach einem geeigneten Instrumentarium, daß es keine durchgängige Methode gibt, bei der mit sauber abgestimmten Schnittstellen der gesamte Problemlösungsprozeß unterstützt wird. Für eine rationelle Abwicklung von Programmprojekten und Problemlösungen müssen alle Phasen von dem Requirement Engineering, wie Griese /4/ den Bereich vor der Programmierung nennt, d.h. Istanalyse, Anforderungserhebung, Zielsystementwicklung, Sollkonzeptionsentwicklung, Durchführbarkeitsstudien, Systementwurf bis hin zur Entwurfseinführung, computergestützt mit aufeinander abgestimmten Methoden durchgeführt werden. Dann läßt sich die Gesamtprojektzeit wesentlich reduzieren.

Im Rahmen eines umfassenden Projektes COMPACT (Computergestütztes Problösungsunterstützungssystem ACTIS)wird ein aufeinander abgestimmtes Instrumentarium entwickelt, das diese Forderungen erfüllt. Anhand eines Anwendungsfalles, bei dem für ein großes Versandhandelsunternehmen der Bereich Textil-Lohnkonfektion auf Dialogcomputer umgestellt wurde, wird ein Teil des Instrumentariums, insbesondere die Informationsfluß-Symbolik für Angewandte Computertechnik von ACTIS-ISAC beschrieben. In zahlreichen Organisationsgesprächen zeigte diese Methode immer wieder ihren Nutzen für die Verständigung des Projektteams untereinander und für die Abstimmung mit dem Management und den späteren Anwendern(Benutzerakzeptanz).

2. Computergestützte Lösung des Anwenderproblems

2.1 Das Anwenderproblem

Die vorgefundene Problematik bestand darin, eine gewachsene Organisation
im Textil-Fertigungsbereich von einem veralteten Betriebsablauf auf moder-
ne Dialogcomputerverarbeitung umzustellen. Die Abteilung Lohnkonfektion
ist dabei als eigenständige Funktionseinheit zu betrachten, die aufgrund
von Kleider-Modellbestellungen des Vertriebs die fertigen Kleider aus-
liefert und die angefallenen, möglichst günstigen Herstellkosten - im
wesentlichen Fertigungsmaterial und Fertigungslohn - an das Rechnungs-
wesen mit eigener EDV weiterleitet. Materialbestellung und -bestandsfüh-
rung, Auftragsvergabe an Lohnkonfektionäre, Fertigwarenbestandsführung,
Auslieferung und Kalkulation ist Aufgabe des Unternehmenszweiges /vgl.8/.

Unter Verwendung der Symbolik aus Abb. 1 ist dieser Vorgang im wesentlichen der Inhalt der Abb. 2.

Aus der Erfahrung vieler derartiger Projekte sowie der theoretischen Pla-
nungsarbeiten, die der Autor durchgeführt hat /vgl. 18/, werden nun folgende vier Thesen aufgestellt und im Laufe der Abhandlung näher erläutert.

2.2 Thesen zur Problemlösung

- Durch hierarchische Anordnung von Aktivitäten (Tätigkeiten im Betrieb),
  die auf jeder Stufe der Hierarchie in Form von Präzedenzgraphen miteinander über Informationen netzwerkartig verbunden sind, gelingt es,
  formale Modelle aufzustellen, die in hohem Maße dem geistigen Modell
  aller an dem Informationssystem beteiligten Personen entsprechen (Ak-
  zeptanz).
- Es gibt eine geschlossene Methodologie, die den Einsatz so aufeinander
  abgestimmter Softwarewerkzeuge erlaubt, daß damit der gesamte Problemlösungsprozeß computergestützt ablaufen kann.
- Es lassen sich Spezifikationsmethoden angeben, die den gesamten programmtechnischen Aspekt eines Informationssystems auf ein so hohes
  Niveau anheben, daß nur noch gesagt werden muß, was getan werden muß,
  aber nicht mehr, wie es prozedural durchzuführen ist.
- Aufbauend auf derselben formalen Informationssystemstruktur lassen
  sich auch computergestützte Aussagen über das dynamische Verhalten
  sowie die Konsistenz des Informationssystems ableiten.

Die Aktivitätsumrandung symbolisiert eine zusammengesetzte Aktivität.

Kennzeichnet eine Aktivität und wird mit
Ai i$\in$N benannt.

Kennzeichnet den Informationsfluß.

I kennzeichnet den Input zu einer Aktivitätsebene.

O kennzeichnet den Output zu einer Aktivitätsebene.

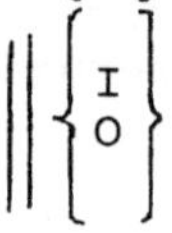

Kennzeichnet den Materialfluß

Beschreibt eine Informationseinheit und wird mit
Ii i$\in$K für Information, Gi i$\in$L für Gemischte Information und Mi i$\in$M für Material- oder Personal-
einheit gekennzeichnet.

Kennzeichnet, daß Informationseinheiten bzw. Ma-
terialeinheiten auf einer höheren Ebene zusammengefaßt werden.

Bildschirmein- bzw. ausgabe

$$A\emptyset \left\{ .A \left\{ i, i\in N \right\} \right\}_{1}^{N} \left\{ \begin{matrix} I \\ O \\ \emptyset \end{matrix} \right\} \left\{ \begin{matrix} I \\ G \\ M \\ \emptyset \end{matrix} \right\} \left\{ i,\ i\in \begin{matrix} K \\ M \\ L \end{matrix} \right\}$$

Kennzeichnung einer Aktivität,
einer Informations- bzw. einer
Personal- oder Materialeinheit

z. B.

A$\emptyset$. A10.A5   Aktivität A5 der Detailebene abgeleitet aus A10

A$\emptyset$. A10I M3   Materialeinheit M3 als Input zur Aktivität
                     A10 der verfeinerten Ebene

Abb. 1   Symbolik und Kennzeichnung der Darstellungsmethode ISAC

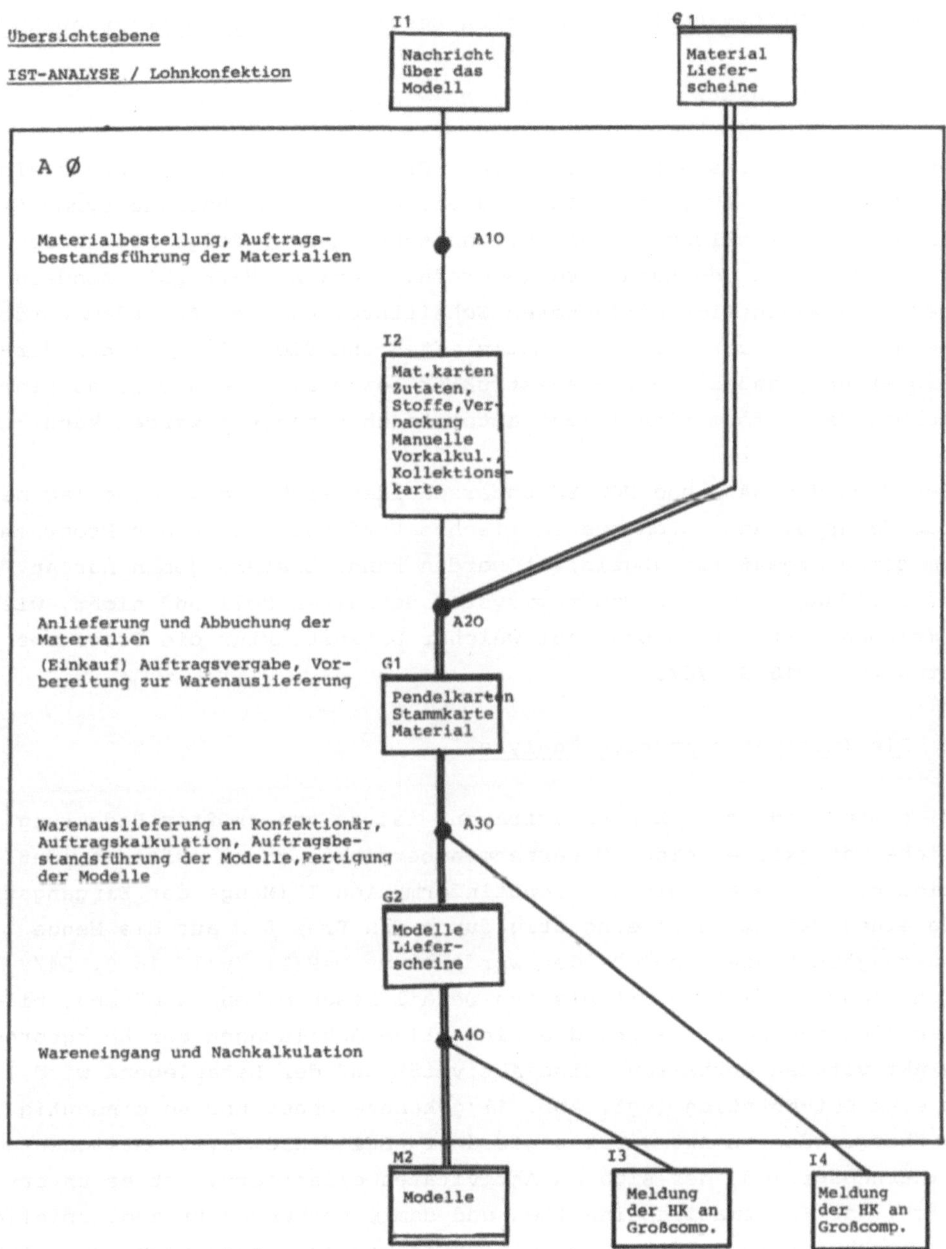

Abb. 2: Übersichtsebene

2.3 ISAC als Hilfsmittel zur formalen Beschreibung von Betriebsabläufen

2.3.1 Der ISAC-Ansatz

Die ACTIS-Methode basiert auf derselben Grundphilosophie wie die gleich-
namige Methode von Lundeberg /10/ und verwendet eine ähnliche Symbolik.
In der Weiterentwicklung zum datentechnischen Aspekt folgt sie jedoch
nicht der Methodik von Lundeberg (B-Graph, E-Graph, P-Graph), sondern
sie geht von wesentlich einfacheren Schnittstellen aus. Außerdem wurde
ein Benennungsverfahren für die Aktivitäten und die Informationen derart eingeführt, daß die Präzedenzstruktur sowie die hierarchische Eingliederung der Information leicht automatisch behandelt werden kann.

Von den Methoden SADT und NORSYS unterscheidet sich die vorgeschlagene
Methode dadurch, daß durch systematisches Verfeinern auch das Programmsystem computergestützt abgeleitet werden kann. Erstere geben nur an,
welche Teilfunktionen ein Programmsystem enthalten soll und nicht, wie
sie implementiert werden bzw. auf welcher Datenstruktur die Programme
arbeiten /vgl. 16 S. 76/.

2.3.2 Die Informationssystem-Analyse

Auf diesem methodischen Ansatz aufbauend ist es von größter Bedeutung,
sämtliche Tätigkeiten eines Unternehmensbereiches so zu erfassen, daß
sie eindeutig angeben, wie die Inputinformation I (Menge der Eingangszu-
stände eines Prozesses P) eindeutig durch den Prozeß P auf die Menge
der Ausgangszustände O abgebildet werden kann O=P(I) /vgl. 16 S. 54/.
Um nicht jeden Prozeß sofort bis ins Detail beschreiben zu müssen, bildet man hierarchische Ebenen, die eindeutige Abbildungen der übergeordneten Aktivitäten enthalten. Eine Aktivität auf der Detailebene wird
durch eine Dot-Notation (vgl. Abb. 1) gekennzeichnet und so eindeutig
einer übergeordneten Aktivität zugeordnet. Bei diesem systematischen
Verfeinerungsprozeß, der sich an Aktivitäten orientiert, ist es unver-
meidlich, daß Informationseinheiten und damit verbunden Präzedenzpfeile
verloren gehen. Sie werden durch eindeutige Zusammenfassungen (vgl. Abb.
4 und Symboliktafel Abb. 1) dargestellt bzw. dem System kenntlich gemacht.

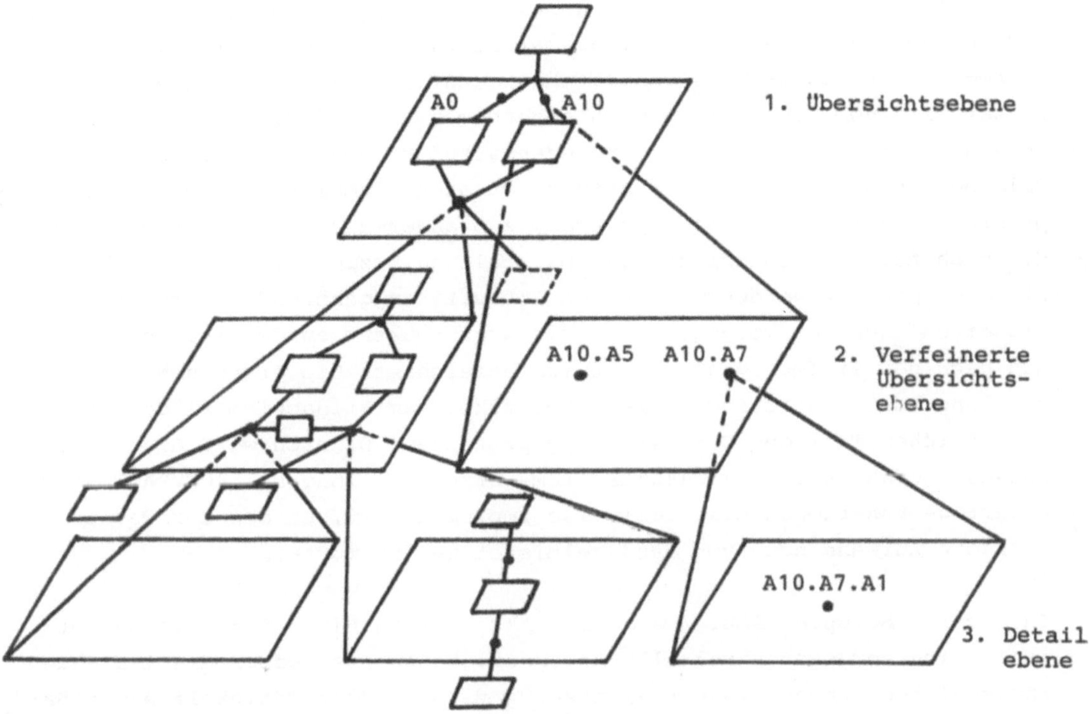

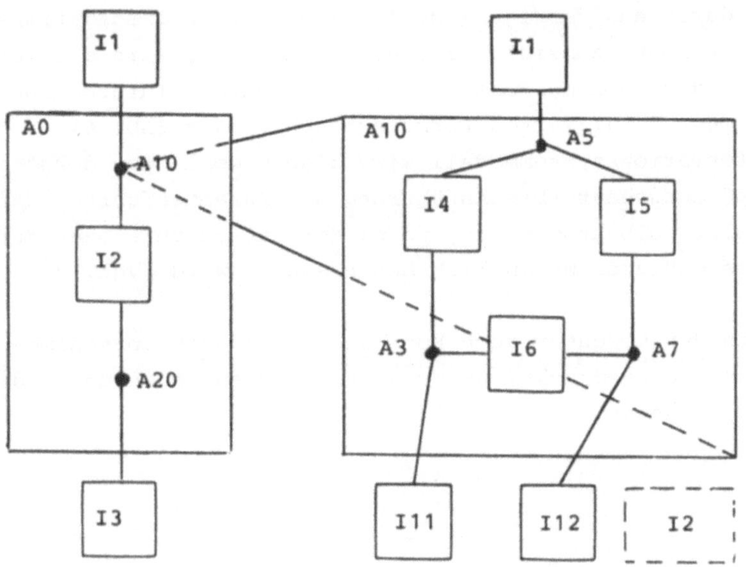

Abb. 3 Hierarchie der Aktivitätsebenen

Abb. 4 Verfeinerung der Aktivitäten

Der Wert der Rechnerunterstützung zeigt sich darin, daß sowohl bei
Designänderungen als auch bei anderer Hierarchiebildung ständig ein
enormer Darstellungs- und Umbezeichnungsaufwand betrieben werden muß.
Dieser wird vom Computer dadurch abgenommen, daß sämtliche Informationen und Aktivitäten mit der Präzedenzstruktur abgespeichert sind. Die
Bildung von Aktivitätsebenen orientiert sich einmal nach funktionalen,
problemorientierten Gesichtspunkten, zum anderen aber an Überlegungen,
die sich auf eine übersichtliche Darstellung beziehen. Durch Angabe der
Hierarchieebenen werden die zu den Aktivitäten gehörenden Informationseinheiten nach der vorgegebenen Präzedenzstruktur automatisch geordnet
und nach dem eindeutigen Algorithmus bezeichnet. Die graphische Darstellung am Computer sowie die Änderbarkeit am Bildschirm bilden einen
wesentlichen Teil des Unterstützungsprozesses. Dadurch wird eine enorme
Anpassungsfähigkeit des Gesamtsystems erreicht. Innerhalb COMPACT sind
derartige Funktionen erst teilweise implementiert, so daß der darstel-
lerische Aufwand noch von Hand geleistet werden mußte.

In unserem Beispiel Abb. 2 sind die Aktivitäten A10 - A 40 von der Organisation vorgegeben und alle Anwender, besonders jedoch die leitenden
Angestellten, haben einen realen Bezug z. B. zu der Tätigkeit A10 = Materialbestellung und Auftragsbestandsführung. Auf der anderen Seite kennen letztere keine Detailtätigkeiten. Erst in Zusammenarbeit mit den
Sachbearbeitern wird die Detailaktivität mit ihren Informationseinheiten bzw. Präzedenzstrukturen erarbeitet. Allerdings kennt jeder Sachbearbeiter nur seine unmittelbare Umgebung. Der vollständige Zusammenhang wird erst durch das fertige Modell geliefert. Da Informationseinheiten auf dieser Ebene zumeist Formulare darstellen, wird die Detailebene noch durch die Zusammenfassung der Input-Output Informationen
(Abb.5) sowie einer detailierten Formularbeschreibung (Abb.6) ergänzt.
Das gesamte Informationssystemmodell wird also sowohl "top down" als
auch "bottom up" aufgebaut. Die Annäherung und Zusammenführung der Sys-
temniveaus erfolgt halbautomatisch, wobei der iterative Prozeß durch
die Computerunterstützung wesentlich beschleunigt wird /vgl. 22/.

Nun werden durch den Computer auch Konsistenzprüfungen vorgenommen und
Datenverzeichnisse ausgedruckt, um zu einheitlichen Benennungen der
Dateninhalte zu gelangen.

<u>IST - ANALYSE / Lohnkonfektion</u>

Übergeordnete Aktivität   Ort

A40.A1.A1   Großversand

<u>Beschreibung</u>

Warenannahme erstellt WE-Schein F37 (WE = Wareneingang)

Wird ein Muster angeliefert, so wird kein WE-Schein verbucht.

input		output	
Abteilung	**Information**	**Information**	**Abteilung**
Konfektionär	Lieferschein F 36	WE-Schein F 37	Order kontrolle
Konfektionär	Lieferschein F 36	Lieferschein F 36	Warenannahme Großversand
Konfektionär	Rechnung WE F 36	Lieferschein F 36	Spediteur
Konfektionär	Rechnung WE F 36	Rechnung WE F 36	Kreditor. und Buchhaltung
		Rechnung WE F 36	Lohnkonfektion
		Rechnung WE F 36	Konfektionär

Abb. 5 Beschreibung einer Tätigkeit

<u>FORMULARBESCHREIBUNG</u>

Formular: WE-Schein   F 37

Erstellt: Warennahme, Großversand

Inhalt: Menge des gelieferten Modells und 1. Wahl v 2. Wahl

Artikelnummer	num.	8
Artikelbezeichnung	alpha.	32
Menge	num.	3,2
Anzahl	num.	5
Lagerplatz	alpha.	3
geprüft	-	-
Lieferantenkennzeichen	-	-

Abb. 6 Formularbeschreibung

3. Aufstellung der Sollkonzeption

In der anschließenden Umstrukturierung des Informationssystems zum Sollkonzept für einen Dialog-Computereinsatz muß wiederum systematisch vorgegangen werden. Für den Designprozeß ist es zunächst wichtig, welche
Aktivitäten automatisiert werden können. Dies läßt sich nach Aufstellung der verschiedenen Input-Output Informationseinheiten (Sollkonzept)
sehr leicht angeben und im ursprünglichen Aktivitätsgraphen festhalten.
Weit schwieriger und komplexer ist der Prozeß der Festlegung, auf welchen Datenstrukturen die automatisierbaren Funktionen arbeiten sollen.
Dazu lassen sich Methoden aus der Datenbanktechnik heranziehen.

3. 1 Die erweiterte Methlie-Methode

Methlie /12/ gibt in seiner Datenbank-Schema-Methode an, wie aus einer
Feld-Verfahrensmatrix ein DBTG-Schema so entsteht, daß die Felder zu
eindeutig identifizierbaren Objekten und Objektbeziehungen (SETS) zusammengefaßt werden, auf denen die Anwendungsverfahren optimal arbeiten
können (Data structure matrix).

Die Erweiterung des Methlie-Verfahrens besteht in folgenden Eigenschaften:

- Aufstellung von datenbankunabhängigen Datenstrukturen, d. h. Zusammenfassung von Datenfeldern zu Objekten im Spezialfall zu Dateien und
  Festlegung von Beziehungen zwischen den Objekten über Identifier.
- Verwendung von vorhandenen Informationen über die Zugriffshäufigkeit
  von Verfahren und Datenmengen.
- Berücksichtigung von Restriktionen, die durch konkrete Datenbank-
  bzw. Betriebssysteme gegeben sind.
- Berücksichtigung bereits vorhandener Datenstrukturen, die unter Umständen früher vorhanden waren.

Damit leistet das System die weitgehend automatisierte Überführung der
Feld-Verfahrensmatrix (Abb. 8) in die Daten-Struktur-Matrix.

	Rechnung schreiben	Adreßliste drucken	Materialschein schreiben
Name	I	I	
Menge	P		P
Geb. Datum		P	
Auftragsnummer	I		I
Auftragsdatum	P		
Ort	P	P	
Preis	P		P
Telefon		P	
KDNR	I	I	
Artikelnummer	P		I

Abb. 7 Feld-Verfahrensmatrix

I bedeutet, daß das Verfahren das Feld als identifizierendes Datum
benutzt. P bedeutet, das Feld hat bezüglich des Verfahrens die Eigenschaft eines normalen Attributes (property attribute).

Nach der eindeutigen Zuordnung der Felder zu Objekten (Datenaggregati-
onen, Dateien), die vom Anwender nach Anwendungs- aber auch nach Effi-
zienzgesichtspunkten vorgenommen werden, besteht eine 1:1 Beziehung zwischen Objekttypen und identifizierenden Attributen. Hier kann auch das
Normalisierungsverfahren von CODD /20/ herangezogen werden. Im weiteren
Verfahren werden Relationen zwischen den Objekten festgehalten.

	Material	Auftrag	Person	Art.-Nr.	Auftrags-datum	Auftr.-Nr.	Geburt	KDNR	Menge	Name	Ort	Preis	Tel.
Person		1					P	I		I	P		P
Auftrag			N	P	P	I						P	
Material				I								P	
Material/ Auftrag	N	N							P				
Material/ Material	N								P				

Zugriffspfad

```
┌─────────┐      ┌─────────┐        ┌──────────┐          ┌──────────┐
│ PERSON  │      │ AUFTRAG │ <───── │ MATERIAL │          │          │
│         │      │         │ ─────> │          │          │ MATERIAL │
└─────────┘      └─────────┘        └──────────┘          │          │
     │                                                    └──────────┘
   1 : n              n : m                                    n : m
     ↓
┌─────────┐
│ AUFTRAG │
│         │
└─────────┘
```

Abb. 8 Daten-Struktur-Matrix

N bedeutet die Benutzung eines Zugriffspfades für die Beziehungen.
1 bedeutet eine 1:n Zuordnung zwischen Person und Aufträgen.

Objekte und Relationen werden dann nach folgenden Regeln zu einer Daten-Struktur-Matrix zusammengefaßt:

Regel 1:

Referenziert das Verfahren der Feld-Verfahrensmatrix über die identifizierenden Attribute nur ein Objekt, so werden alle Attribute dieses Verfahrens in der Daten-Struktur-Matrix diesem Objekt zugeordnet.

Regel 2:

Referenziert das Verfahren der Feld-Verfahrensmatrix über die identifizierenden Attribute mehrere Objekte, die untereinander in einer 1:n Beziehung (Owner-Member) stehen, so werden alle Attribute dieses Verfahrens in der Daten-Struktur-Matrix dem Member zugeordnet. Die Art der Beziehung wird eingetragen.

Regel 3:

Referenziert das Verfahren der Feld-Verfahrensmatrix über die identifizierenden Attribute mehrere Objekte, die untereinander in einer n:m Beziehung stehen, so werden alle Attribute dieses Verfahrens in der Daten-Struktur-Matrix der Beziehung (Relational-Entry-Type) zugeordnet.
Die Art der Beziehung wird eingetragen.

Nach Anwendung dieser Transformationsregeln in Kombination mit maschinen- und betriebssystemabhängigen Restriktionen erhält man als Ergebnis verfahrensorientierte Datenstrukturen. Setzen wir nun statt Verfahren automatisierte Aktivitäten des Aktivitätsgraphen ein, so haben wir die Datenstrukturen, auf denen unsere zukünftigen Programme arbeiten, wenn es gelingt, die Aktivitäten zu Programmen zusammenzufassen. Wird dieses Vorgehen computergestützt vorgenommen, so liegen bereits die maschinell zu verarbeitenden Schemabeschreibungen für die Datenbank, bzw. in unserem Anwendungsfall für die Dateien, vor, bzw. können automatisch generiert werden. Weitere Dokumentationsunterlagen sowie ein Data Dictionary /17/, aus dem eine nähere Beschreibung des Datenfeldes sowie seine Verwendung in verschiedene Aktivitäten festgehalten wird, werden auf Anforderung erstellt.

3.2   Zusammenfassung von Aktivitäten zu Programmen

Da Programme ebenfalls Prozesse vom Typ O=P (I) darstellen, findet man immer eine eindeutige Zuordnung von Programmteilen bzw. Moduln zu den Aktivitäten. Aus Gründen der Benutzerakzeptanz wird man versuchen, grössere Bereiche, die dem organisatorischen Verständnis des Betriebsablaufes entsprechen (wie z.B. Warenannahme Abb.9), zu Programmen zusammenzufassen. Dabei spielen auch Maschinenleistung und Effizienzüberlegungen eine Rolle, wenn sie sich auch nur korrigierend auf den Entwurf auswirken. Bei einem Kleinrechner wird man aber wenige Aktivitäten in ein Programm zusammenfassen. Entsprechend der eindeutigen Abbildung bleibt bei diesem Vorgehen eine strenge Programm- und Modulhierarchie erhalten. Damit erhält man eine einheitliche Vorgehensweise in der Entwicklungsmethodik sowohl für die problemorientierten Aufgaben als auch für den datenorientierten Entwurf. Diese entspricht der sich immer weiter verbreitenden Menütechnik, bei der die Anwender die Programme aus einem Selektionsbaum im Dialog auswählen.

<u>Warenannahme Großversand:</u> Rechnungsprüfung Loko, Vorbereitung zur Nachkalkulation

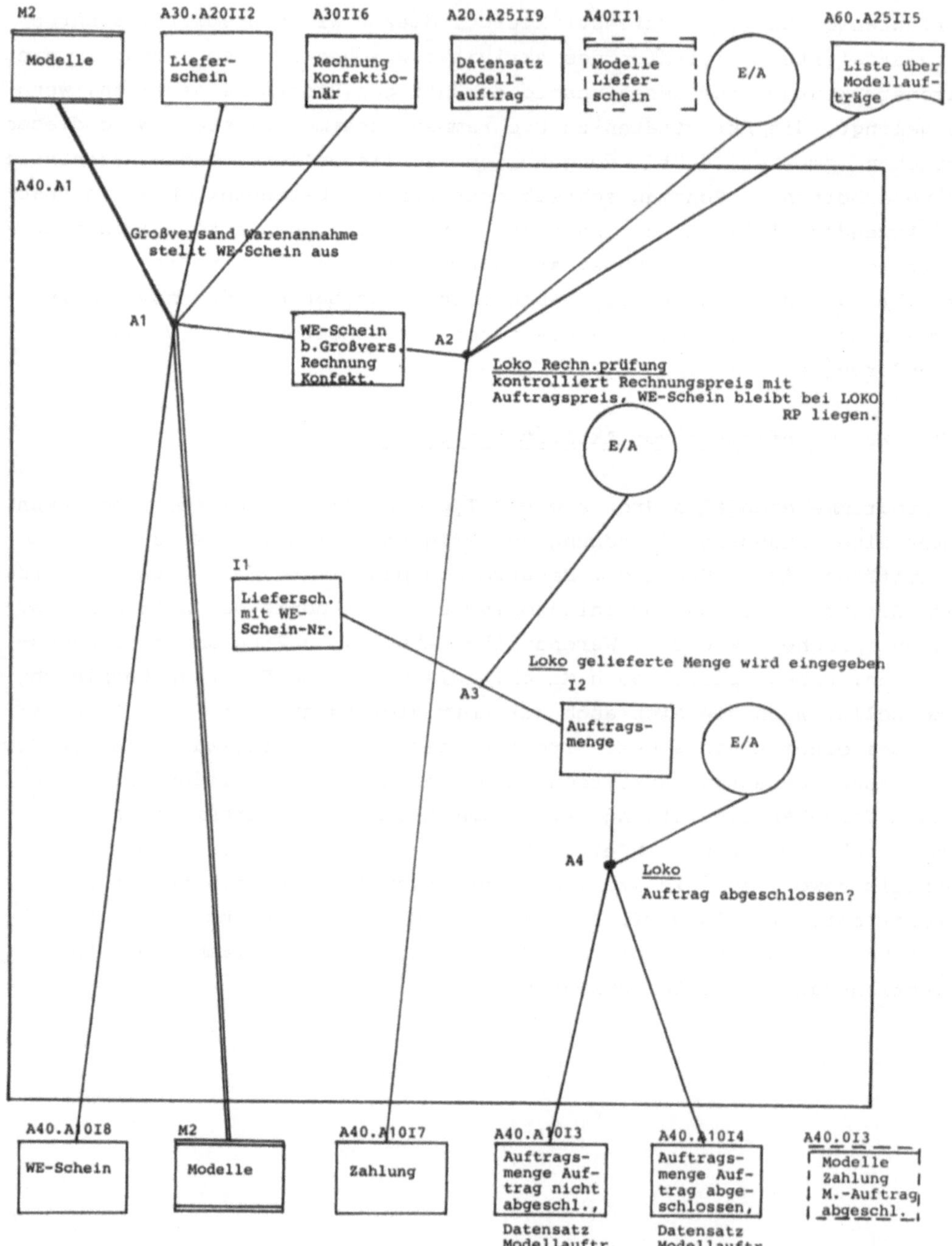

4. Informationssystem und Softwaresystem

Trägt man den Grad der funktionalen Verfeinerung der Aktivitäten auf
einer senkrechten Achse auf, so lassen sich je nach Detaillierungsgrad,
der nach unten zunimmt, beliebig viele Ebenen mit Präzedenzgraphen ein-
zeichnen. Je nach der Übereinstimmung des Projektteams wird man einige
Ebenen auswählen und sie für die Analyse benutzen.

Zur Ableitung eines Softwaresystems SW ist es sinnvoll, eine eigene Mo-
dellwelt als Untermenge der Informationssystemmodellwelt (SW$\subset$IW) zu
bilden. In der Softwarewelt sind die manuellen Tätigkeiten eliminiert
und die automatisierbaren Tätigkeiten können 1:1 hierarchisch voneinander abhängigen Programmoduln zugeordnet werden (vgl. Abb. 10). Es läßt
sich also eine Ebene in IW angeben, bei der die automatisierbaren Aktivitäten 1:1 auf SW abgebildet werden. Dort entsprechen sie den Programmen. Soweit nicht manuelle Tätigkeiten dazwischen liegen, wird auch die
Kontrollstruktur mit abgebildet, wenn die Präzedenzen innerhalb einer
Aktivitätsebene mit übernommen werden.

An dieser Abbildung zeigt sich deutlich der Unterschied des ISAC-Ansatzes
zu den Methoden der Strukturierten Programmierung wie HIPO, Jackson,
Warnier und LITOS /16/. Sie alle bewegen sich lediglich in der Softwarewelt. Allerdings lassen sich alle Methoden auch mit ISAC weiterverwenden,
da alle drei auf hierarchischen 'top down Ansätzen' beruhen. Die genannten Methoden setzen dabei an dem unteren Level an und entwickeln in der
bekannten Weise die Programmstruktur. Insbesondere HIPO würde sich wegen
der Orientierung am Prozeß der O=P(I) zu einer weiteren Softwarestruktu-
rierung eignen. Lundeberg et.al. arbeitet mit der Jackson-Methode weiter
/6/. Obwohl also keine prinzipiell neue Struktur vorliegt und die genannten Verfahren mit den entsprechenden Schnittstellen durchaus eingesetzt werden könnten, hebt die ACTIS-Methode auf eine generell höhere
Schnittstelle zur Spezifikation in der Softwarewelt ab.

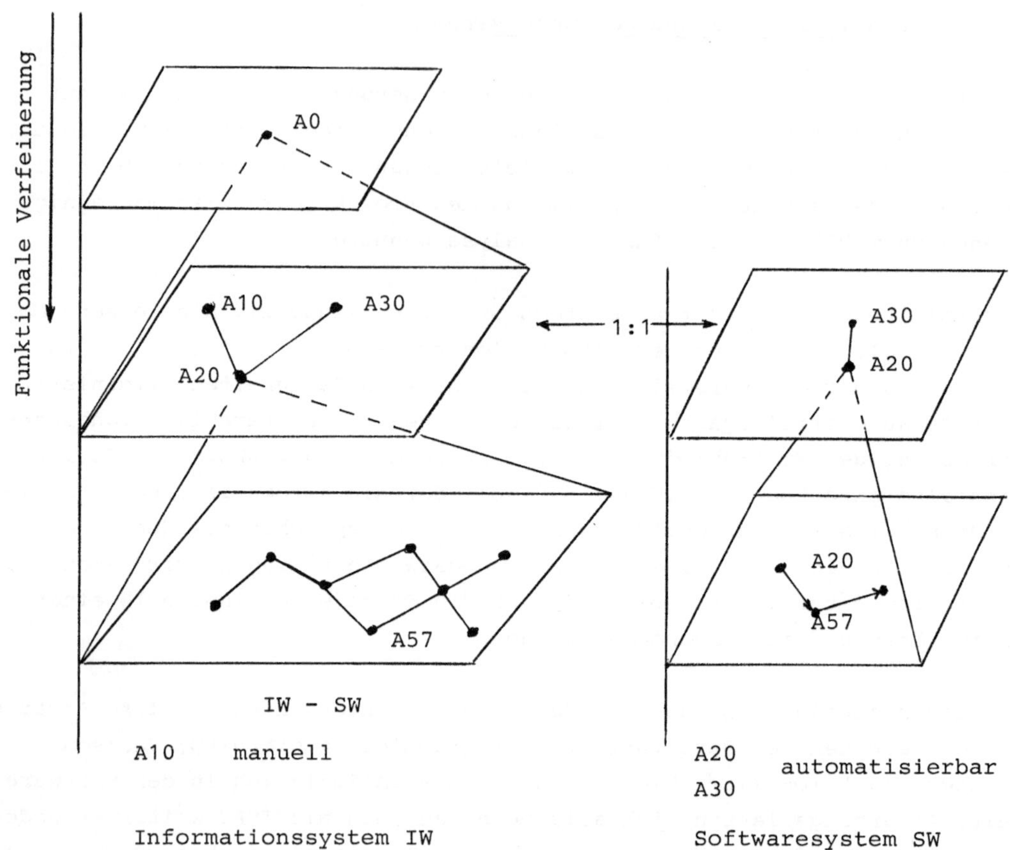

Abb. 10   Informationssystem und Softwaresystem

A01G1	Material Lieferscheine
A0II1	Nachricht über das Modell
A00I3	Meldung d. HK an Datenzentrale auf extern. Speichermedium
A00I4	Meldung des HK an Datenzentrale auf extern. Speichermedium
A00M2	Modelle
A0.A10	Materialbestellung, Auftrasbestandsführung der Materialien
A0.A20	Anlieferung und Abbuchung der Materialien (Einkauf) Auftragsvergabe, Vorbereitung zur Warenauslieferung

Abb. 11   Auflistung der Aktivitäten und Informationen

5. <u>Spezifikation als Hilfsmittel zur automatischen Programmerstellung</u>

Im Gegensatz zu den Verfahren der strukturierten Programmierung zielt die
Methode der Spezifikation von vornherein nur auf die Bearbeitung bestimmter Problembereiche, sog. Funktionsklassen. Bei der Bearbeitung zahlreicher Projekte zeigte sich immer wieder, daß bei kommerziellen Programm-
systemen 35% der Programmierarbeit für Ein-/Ausgabe über Bildschirm mit
anschließendem Datenbestandsneuaufnahme, -ändern oder -löschen verbunden
ist /19/. Weitere 35% der Arbeit muß in Druckaufbereitungen gesteckt werden. So vielfältig die Variation der Ausdrucke ist, so konnte doch gezeigt werden /vgl. 2/, daß nahezu alle Berichte jedoch auch Rechnungen,
Lieferscheine und Warenscheine nach demselben Schema mit Kopf, Hauptteil
mit Gruppenwechsel und Endteil aufgebaut sind.

Mit Hilfe des Programmsystems Konstruktor wird am Bildschirm das Lay-Out
der Ein-Ausgabe im Dialog /13/ sowie des Druckbildes spezifiziert. Anschließend werden pro Feld entsprechende qualitative Merkmale wie besondere Helligkeit, Wertebereiche oder Plausibilitätsprüfungen angegeben.
Anschließend wird basierend auf dem vorgegebenen Schema oder dem Schema,
das durch neue Eintragungen ergänzt wird, ein Programm in Quellsprache
(Cobol, Basic) generiert. Das Programm selbst basiert auf strukturierter
Programmierung. Da durch den ISAC-Design das Schema schon weitgehend vorgegeben ist, ist die Spezifizierung von Ein-/Ausgabemasken bzw. von Druck-
bildern eine konsequente Fortsetzung des computergestützten Designs. Besondere Feinheiten der Programmierung werden leicht auf Quellsprachen-
ebene eingefügt. Die reine Programmierzeit konnte bei dieser Vorgehensweise bereits um den Faktor 1:10 reduziert werden.

Für den übrigbleibenden Teil der Verarbeitungsprogramme wird mit einem
auf das System abgestimmten PSEUDOCODE gearbeitet. Mit Hilfe dieses PSEU-
DOCODEs werden die vorher verbal beschriebenen Aktivitäten in programm-
gerechte Schritte verfeinert.

Der Pseudocode wird praktisch 1:1 in Quellprogrammanweisungen übersetzt.
Dabei wird die Übersetzungstätigkeit durch das System DIOGENES (Dialog-
orientiertes Generierungs- und Entwicklungssystem) unterstützt. DIOGENES
generiert aus wenigen Anweisungstypen wie Lese Datei-Nr=? und Feld=?
oder Schreibe Feld=? die notwendigen Quellbefehle sofort im Anschluß an
die Angabe der Anweisung. Dabei können DIOGENES-Anweisungen und Quellcode gemischt auftreten. Mit zwei klaren Schnittstellen /vgl.13/ wird
zunächst ein maschinenunabhängiger Quellcode generiert, der seinerseits
auf Bibliotheksroutinen zurückgreift. Diese leisten die Umsetzung auf eine

spezielle Hardware, so daß das entstehende Programmsystem insoweit por-
tabel ist, als nur die jeweiligen Bibliotheksroutinen für Lesen, Schreiben allgemein für jede neue Hardware bzw. Betriebssystem-Umgebung neu
geschrieben werden muß. Diese Routinen finden sowohl im Eingabe- und Aus-
gabekonstruktor als auch im DIOGENES ihren Niederschlag und basieren
ihrerseits auf der allgemein gültigen Schemabeschreibung. Auf diese Weise
wird größtmögliche Datenunabhängigkeit erreicht.

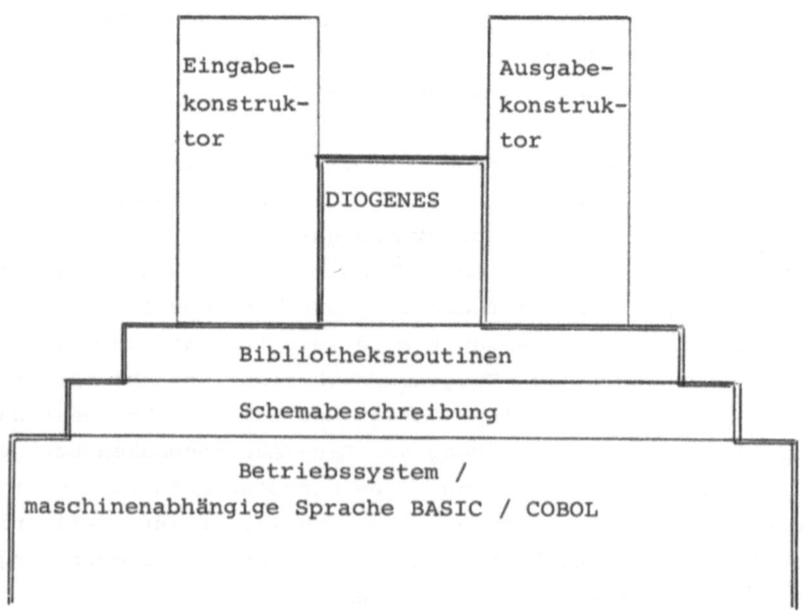

Abb. 12   Spezifikationssystem

6. Weitere Verwendungsmöglichkeiten des Aktivitätsgraphen

Vor der endgültigen Programmerstellung sind sehr viele Fragen über das
neu zu konzipierende Informationssystem zu stellen, z.B.:

- Wie lange dauert der gesamte Systemdurchlauf unter verschiedenen
  Mengenangaben?
- Wo können unter wechselnden Bedingungen Engpässe auftreten?
- Was passiert, wenn z.B. bestimmte Informationszweige ausfallen bzw.
  langsamer arbeiten?

Diese bleiben jedoch im allgemeinen unbeantwortet, da es keine Methoden
gibt, wie sie zuverlässig zu klären sind.

Solche Fragen lassen sich nicht mehr mit Simulation der Softwarewelt
alleine beantworten, wie das z.B. von der LITOS-Methode vorgeschlagen
wird /vgl. 16, S. 81 ff/. Hier muß die gesamte Informationssystemwelt
mit in die Analyse mit einbezogen werden. Da sich auch die Methode der
Analyse von Petrinetzen die Beantwortung derartiger Fragen mit formalen
Mitteln zur Aufgabe gemacht hat, sollte eine Synthese des top down
approaches mit ISAC mit den bottom up Versuchen angestrebt werden. Erste Untersuchungen wurden in einer internen Untersuchung von Merz /11/
durchgeführt. Dabei wurde der Ablauf in einer Bauunternehmung formal
dargestellt. Die Ergebnisse zeigten jedoch, daß die Systeme sehr komplex
werden, so daß eine weitere Aggregationsbildung, wie sie von Godbersen und
Meyer /3/ in den Funktionsnetzen vorgeschlagen werden, der einzige Ausweg
erscheint. Eine konsequente Abstimmung von top down design, der in der
Praxis vorherrscht, mit dem theoretisch fundierten bottom up Ansatz verspricht einen aussichtsreichen Weg auf der Suche nach dem geschlossenen
Gesamtsystem.

7. Zusammenfassung

Mit der beschriebenen ISAC-Methode wurde eine formale Beschreibungsmethode aufgezeigt, die ihre Bewährungsprobe durch hohe Benutzerakzeptanz in einem Industrieprojekt bereits bestanden hat. Die konsequente Tätigkeitshierarchiebildung zeigt einen durchgehenden Weg über die Transformationsmethoden wie die erweiterte Methliemethode, bei dem weitgehend computergestützt die Programme entworfen werden. Damit ist es möglich, die Projekte erheblich zu beschleunigen. Spezifikationsmethoden wie der Konstruktor und DIOGENES, mit denen Programme generiert werden, runden das Softwareinstrumentarium ab.

Die Auffassung der Softwarewelt als Untermenge der Informationssystemwelt bietet berechtigte Aussichten, auch die dynamische Analyse des entworfenen Informationssystems mit einer geschlossenen, aufeinander abgestimmten Methodik durchführen zu können.

Für die wertvollen Hinweise, Diskussionsbeiträge und Unterstützungen sei an dieser Stelle besonders Herrn Prof. Dr. H. J. Schneider und allen Mitarbeitern, die durch ihre Projektarbeit sowie ihrem privaten Engagement zu diesen Gedanken ihren Beitrag geleistet haben, gedankt.

Die Arbeit basiert im einzelnen auf folgenden Vorarbeiten:

Bereich ISAC	:	König, A., Krenz, G.
Bereich Datenbank-schnittstelle	:	Schneider, R., Günther, A.
Bereich Konstruktor DIOGENES	:	Baku, K., Ball, M., Krenz, G.

Literaturverzeichnis

/1/ ADV-ORGA:	Das ORGWARE Gesamtsystem Wilhelmshaven 1978
/2/ Anhorn, R.:	Portabler Reportgenerator, Diplomarbeit Universität f. Informatik Stuttgart 1978
/3/ Godbersen, H.P., Meyer, B.E.:	Function nets as a tool for the simu-lation of informations systems, In: PROC. Summer Computer Simulation Conference, Newport, Calif., July 1978
/4/ Griese, J., Österle, H.:	Requirements Engineering, Angewandte Informatik 1978, S 150-157 (1978)
/5/ Hamme, W., Neuworth,D.:	NORSYS-Henkel Normierte Systemgestal-tung, Informelle Veröffentlichungen Düsseldorf 1977
/6/ Jackson,M.A.:	Principles of Program Design London 1975
/7/ Kiel,U., Pressmar,D.B., Löhn J., Opel,F.:	Vorstufe für ein Pilotprojekt zur Praxiserprobung kombinierter Software-technologischer Methoden, Forschungs-bericht DV 5.190-081 5045, Fürth 1978
/8/ König,A., Schneider,H.J., Stübel, G.:	Quelle-Ist-Analyse und Sollkonzeption Stuttgart 1978
/9/ Köster, W., Hetzel, F.:	Datenverarbeitung mit System Neuwied 1971
/10/ Lundeberg, M., Goldkuhl, G., Nilsson,A.:	A Systematic Approach to Systems Development In: Information System 4 No 1 S 1-12 (1979)
/11/ Merz, W.:	Untersuchung von Organisationsabläufen mit Hilfe von Transitionsnetzen, Diplom-arbeit, Institut f. Informatik Univer-sität Stuttgart 1976
/12/ Methlie, L.B.:	Schema Design Using a Data Structure Matrix In: Information Systems 3 No 2 S. 81-91 (1978)
/13/ Portner, N.:	Entwicklung eines portablen und genera-lisierten Eingabedialoggenerators Diplomarbeit, Institut f. Informatik Universität Stuttgart 1979

/14/ Schneider, H.J.:   Die Strukturiertheitshierarchie bei den
                        verschiedenen Modellen einer Problem-
                        lösung, In: Durchholz, Konrad, Richter
                        Schneider (Herausgeber): GI-Fachge-
                        spräch "Problembezogene Datenstrukturen"
                        Birlinghover 1973,
                        S. 4-18, 156-160 (1973)

/15/ Schneider, H.J.:   Möglichkeiten und Grenzen normativer
                        Ansätze für die Gestaltung von Infor-
                        mationssystemen. In: Hansen R. (Heraus-
                        geber) Entwicklungstendenzen der System-
                        analyse, München 1978

/16/ Schulz, A.:   Methoden des Softwareentwurfs und Struk-
                        turierte Programmierung, Berlin 1978

/17/ Schwiersch, M.:   Sinn und Grenzen von Data Dictionaries
                        ONLINE-adl-Nachrichten S.174-177 3/79

/18/ Stübel, G.:   Methodologische und Software-engineering-
                        orientierte Untersuchungen für ein Un-
                        ternehmensmodell verschiedener Struk-
                        turiertheitsgrade, Dissertation,
                        Stuttgart (1975)

/19/ Stübel, G.:   Der ACTIS-COBOL-KONSTRUKTOR, Referat
                        GI-Hamburg 14.-15. Juli 1977

/20/ Wedekind, H.:   Datenorganisation, Berlin 1970

EIN ANSATZ ZUR RECHNERGESTÜTZTEN MODELLIERUNG
BETRIEBLICHER INFORMATIONSSYSTEME

Rainer Bischoff

Hochschule Furtwangen (FH)
Fachbereich Wirtschaftsinformatik

7743 Furtwangen/Schwarzwald

I <u>Notwendigkeit der rechnergestützten Modellierung betrieblicher
Informationssysteme</u>

Betriebliche Informationssysteme sind, was die Erfüllung der Aufgaben
durch die Aufgabenträger angeht, in manuelle und automatisierte Teilsysteme aufteilbar. Für konkrete Aufgabenerfüllungsprozesse werden sowohl manuelle als auch automatisierte Erfüllungsprozesse ineinander-
greifen, so daß das Gesamtsystem auch als rechnergestütztes Informationssystem bezeichnet werden kann. Die zunehmende Erweiterung des automatisierten Teils und Entwicklungen im Hardware- und Softwarebereich
verursachen die zunehmende Größe heutiger ADV-Systeme und eine wachsende Verquickung von Prozeß- und Datenbeziehungen: Immer mehr Bereiche
einer Unternehmung werden an der Informationssammlung, -verarbeitung,
-erzeugung und -aufbereitung der Datenverarbeitungsanlage beteiligt.
Diese Veränderungen und die dadurch auch bedingte Herauslösung des Benutzers aus seiner ehemals eher passiven Rolle und die Integration zeit-
kritischer, z.B. produktionsprozeßbezogener, Datenverarbeitungsaufgaben
auf die ADV-Anlage führten zu Problemen, die

- aus der Integration von Einzelprogrammen zu komplexen
  Abläufen,
- aus der damit einhergehenden Entwicklung zentraler Datenbestände und Datenbanken bzw. erheblich vermaschter Datei-
  beziehungen und
- aus der in neuester Zeit zunehmenden Tendenz, über anfängliche
  Batch-Verarbeitung hinaus auf Großanlagen einen Aufgabentypus
  mit stärkerer Einzelverarbeitung zu realisieren [1],

entstehen. Die Übersicht über das betriebliche Informationssystem geht
damit nicht nur in Bezug auf seine Realisation auf der Anlage, sondern
in verstärktem Maße für das gesamte Informationssystem verloren.

Bei der Entwicklung von Systemen führt dies u.a. dazu, daß die Entwicklungsprozesse der Systeme bis hin zur Inbetriebnahme zu lange dauern.
Dies ist besonders durch die weitgehend manuelle Datenmanipulation bedingt. In der Anwendungsphase ergibt sich eine mangelhafte Effizienz
und Zuverlässigkeit der Systeme aufgrund fehlender Integration mit anderen Systemkomponenten oder auch umgekehrt, eine erhöhte Fehleranfäl-
ligkeit durch die kaum noch überschaubare Vermaschung mit schon existierenden Abläufen und Daten, die nur eine adäquate, änderungsfreundliche
Modularität verhindern kann.

Konventionelle Hilfsmittel - manuelle, private und freiwillige Aufzeich-
nungen der Systemplaner und Programmierer - reichen nicht mehr aus, denn
mit ihnen ist es heutzutage nicht mehr möglich, die Gesamtheit der Beziehungen und Wirkungen zu überblicken und somit bei irgendwelchen Maßnahmen zu berücksichtigen. Es würden - und werden auch noch - Insellösun-
gen geschaffen, die dann mit erheblichem Aufwand und unter vermeidbarer
Doppelarbeit in das bestehende System "eingepaßt" werden müssen.

Dieser Situation kann entgegengewirkt werden, indem an einem Modell des
betrieblichen Informationssystemes geplante Änderungen vor ihrer Realisierung untersucht werden. Ein rechnergestütztes Modell mit entsprechenden Pflege-, Erfassungs- und Auswertungsprogrammen - im weiteren
Dokumentationssystem genannt - stellt das adäquate Hilfsmittel dar.

Unter dem Namen SIMMIS (Simulationsmodell betrieblicher Informationssysteme) wurde in den Jahren 1974 - 1977 ein Programmpaket mit dem
skizzierten Leistungsspektrum mit einer konkreten Unternehmung [3]
von BIFOA/Köln unter Beteiligung von Softwarehäusern entwickelt.

II Anforderungsprofil an ein rechnergestütztes Modell betrieblicher Informationssysteme

Als wesentlicher Mangel vieler Dokumentationssysteme erscheinen einige Eigenschaften bzw. nicht vorhandene Eigenschaften, deren kritische Würdigung zu einem relativ umfassenden Anforderungsprofil an das zu erstellende Dokumentationssystem führt:

- Alle wesentlichen Elemente und deren hierarchischen Beziehungen des manuellen und automatisierten Informationssystems sollten dokumentiert werden. Es sind damit Dateneinheiten, Prozedureinheiten, Verarbeitungseinheiten, funktionale Einheiten und aufbauorganisatorische Einheiten angesprochen
- Die Beziehungen von Bearbeitungseinheiten und/oder Daten unterliegen dynamischen Veränderungen, die sich z.B. in Veränderungen des Zeitverhaltens von Abläufen niederschlagen. Es ist die Möglichkeit der Darstellung und Simulation von Abläufen vorzusehen
- Bei der Gestaltung und dem Einsatz des Systems sollte auf den integrativen Aspekt bezüglich des Gesamtsystems besonderer Wert gelegt werden. Zur Gestaltung eines neuen Elementes sollte geprüft werden, ob bestehende Elemente herangezogen werden können und ob dies sinnvoll ist. Damit können Redundanzen vermieden werden und durch Übernahme bestehender Teilsysteme zusätzliche Fehlerquellen reduziert werden. Es sind damit z.B. Verzeichnisse, Kataloge und mehrstufige Cross-Referenzen (Verwendungsnachweis) angesprochen.
- Die einem System zugrundeliegende Terminologie sollte einfach und für alle am Gestaltungsprozeß Beteiligten verständlich sein
- Das einem Dokumentationssystem zugrunde liegende Konzept muß Erweiterungen und Veränderungen zugänglich sein
- Mit einem Dokumentationssystem sollte der Rahmen einer Verwendungsstrategie verbunden sein, die bei der Gestaltung und Einführung neuer Systeme genutzt werden kann
- Es sind geeignete Maßnahmen vorzusehen, die die Übereinstimmung des Modells mit der Realität sichern [1,2]

III <u>Das Dokumentationssystem SIMMIS</u>

a) Betriebliches Informationssystem und das Beschreibungsmodell

Die Beschreibungsphilosophie kennt als Beschreibungselemente Verarbeitungseinheiten und Informationseinheiten \1, 2, 3\ .

Die Verarbeitungseinheiten sind:
 - Informationsverarbeitungseinheiten
 - Sachgebiete
 - Programmeinheiten

Die Informationsverarbeitungseinheiten (IVAs) sind alle automatisierten Informationsverarbeitungsprozesse und diejenigen manuellen Verarbeitungsprozesse, die formatierte Ein-/Ausgabedaten benutzen und periodisch wiederholt durchgeführt werden. Sie werden hierarchisch in Arbeitsgänge und Tasks gegliedert. Arbeitsgänge sind einem Sachgebiet (Arbeitsgebiet) zugeordnet.

Die Sachgebiete sind Einheiten, mit denen die betriebliche Aufgabenverteilung dargestellt wird. Sie werden in Problembereiche, Problemkreise und Arbeitsgebiete gegliedert.

Die Programmeinheiten (Algorithmen, Regeln, Anweisungen einer Programmiersprache, Arbeitsvorschriften, schriftliche und mündliche Anweisungen) werden in die Elemente Run (Folge von Steueranweisungen eines Betriebssystems, Folge von mündlichen oder schriftlichen Anweisungen), Runelement, Programm (abgeschlossene Folge von Anweisungen einer Programmiersprache, mündliche oder schriftliche Arbeitsanweisung) gegliedert.

Die Informationsverarbeitungseinheiten stellen damit Tätigkeiten dar, die mit Programmeinheiten durchgeführt und geregelt werden. Ein Arbeitsgang stellt sich damit als Durchführung eines Runs für eine bestimmte Aufgabe dar. Da im Runstream durch die Assignierungen der Dateien die benötigten Informationen eindeutig festgelegt sind, entspricht ein Arbeitsgang genau einem Run. Ein Arbeitsgang wird durch die enthaltenen Arbeitsschritte, die benötigten und erzeugten Dateien und ein Run durch die enthaltenen Runelemente weiter detailliert.

Die Informationseinheiten sind :

- Datei (Multidatei) / Belegstapel
- Satzart / Belegart
- Begriff / Begriff

Unter Datei/Belegstapel wird eine Menge von Datensätzen/Belegen einer
oder mehrerer Satzarten/Belegarten auf einem Datenträger als Ergebnisse
von Tasks/Arbeitsschritten verstanden. Eine Multidatei ist die Zusammenfassung mehrerer Dateien auf einem Datenträger, die aus der Sicht des
Betriebssystems oder der Weiterverarbeitung als Einheit betrachtet wird.
(z.B. Datenbank). Abschließend sei hier lediglich noch formuliert, daß
unter einer Satzart eine Datensatzstruktur verstanden wird, die durch
die Menge der enthaltenen Begriffe, ihre Anordnungsfolge und Länge bestimmt ist. Die Struktur der einem Begriff (Datenfeldname) zugeordneten Daten wird in Anlehnung an COBOL durch Signum, Usage und Anzahl der
Stellen beschrieben.

Damit ist das betriebliche Informationssystem als eine Menge von Verarbeitungseinheiten und Dateneinheiten beschrieben.

Die Strukturierung dieser Menge wird durch verschiedene Arten von Relationen realisiert:

(1) Verwendungsbeziehungen: Verknüpfung der Elemente über ihre
     hierarchische Ordnung oder Enthaltensein-Relationen (baum-
     oder netzartig). Z.B. setzt sich ein Arbeitsgang aus mehre-
     ren Arbeitsschritten zusammen und gehört einem Arbeitsgebiet
     an.
(2) Reihenfolgebeziehungen: Verknüpfung der Informationsverar-
     beitungsaufgaben (IVA) über ihre Ablaufreihenfolge unter Be-
     achung von Systemzuständen, d.h. Bedingungen (Vorgänger-
     Nachfolger-Beziehung). Die Beziehungen sind stochastischer
     Natur.
(3) Informationskopplungen: Verknüpfung der IVAs (speziell :
     Arbeitsgänge) über ihren Informationsaustausch (speziell :
     Dateien) unter Berücksichtigung von Systemzuständen, d.h.
     Bedingungen.
(4) Verarbeitungskopplungen: Verknüpfung der Informationsein-
     heiten (speziell: Dateien) über ihre erzeugenden oder ver-
     arbeitenden IVAs (speziell: Arbeitsgänge) unter Beachtung

von Systemzuständen, d.h. Bedingungen.

b) Erfassung und Speicherung der Elemente und Strukturen

Zur geeigneten Darstellung der Elemente, ihrer Eigenschaften und der
Strukturen des Modells für die weitere programmäßige Bearbeitung ist
ein ablochfähiges Formularsystem einschließlich einer eindeutigen Identifizierung der Elemente als auch eine geeignete Organisation der Spei-
cherungsform (DMS 1100) und Regelungen für die Einspeicherung von neu-
en Meldungen realisiert worden. Um eine relativ organisationsfreudige
Vergabe von Identnummern zu gewährleisten, wurde ein im wesentlichen
systemfreier Identschlüssel gewählt, der sich aus einem Bezug zu der
hierarchischen Ebene des betroffenen Elementes (vgl. Anhang 1) und
einer laufenden Nummer pro Ebene zusammensetzt. Durch den systemfreien
Schlüssel bedingt, kann einem Systemplaner ein ganzer Nummernvorrat zur
Verfügung gestellt werden, den er nach Bedarf aufbrauchen kann.

Um die syntaktische Richtigkeit der Meldungen, die Vermeidung von Dop-
pelmeldungen und Falschmeldungen zu vermeiden, werden die Eingaben
automatisierten Kontrollen unterzogen. Darüberhinaus existiert eine
Stelle, die die Namensvergabe für Begriffe zentral regelt. Nur so ist
gewährleistet, daß ein der Realität entsprechendes Modell gebildet und
geführt wird.

Daneben muß die laufende Aktualisierung des Datenbestandes gesichert
werden. Einmal sind hier organisatorische Maßnehmen notwendig, die den
Verantwortlichen für die Änderungen an einem Teilsystem (z.B. Programm)
zwingen, diese auch zu dokumentieren und vor allen Dingen vor der Änderung mit anderen betroffenen Abteilungen abzusprechen. Zum anderen ist
die Möglichkeit der automatisierten Aktualisierung von Werten gewisser
Beschreibungsmerkmale realisiert. Hierfür werden MAP-Lauf-Analysen
durchgeführt und Log-File-Daten ausgewertet.

Da ein umfassendes Dokumentationssystem schon bei der ersten Voruntersuchung im Rahmen eines neuen Projektes eingesetzt werden sollte, müssen die zu diesem Zeitpunkt vorgesehenen und noch nicht voll spezifi-
zierbaren Elemente und Eigenschaften des neuen Teilsystems dokumentiert
und mit dem im Dokumentationsbestand gespeicherten, bestehenden Umsystem
abgeglichen werden können. Da das geplante Teilsystem bis zur endgültigen
Fertigstellung jedoch Veränderungen erfahren wird - und damit auch seine

Dokumentation - ist der allen zugängliche Dokumentationsdatenbestand von diesen Änderungen und ggf. inhaltlich fehlerhaften Eingaben zu schützen. Hierfür kann die Extraktion eines Teilbestandes aus dem umfassenden Bestand vorgenommen werden. Für diesen Teilbestand (Entwicklungsbestand) sind dabei alle Auswertungen möglich, die auch mit dem Originalbestand durchgeführt werden können. - Zur Realisierung der genannten Punkte dienen unter anderem Programme zur Unterstützung der Verwaltung des Dokumentationsdatenbestandes wie Bestandsführung, Archivierung, Aktualisierung von Meßdaten etc.

c) Programme zur Erzeugung von Strukturauswertungen

Die Auswertungsprogramme von SIMMIS können entsprechend ihrer Anwendung in fünf Gruppen unterteilt werden, nämlich

- Programme zur Unterstützung der Verwaltung des Dokumentationsbestandes (vgl. unter IIb)
- Programme zur Erzeugung von Verzeichnissen und Katalogen (Verzeichnis: Aufführung aller Elemente mit ihren Merkmalen; Katalog: wie Verzeichnis, jedoch mit Angabe der jeweils enthaltenen Elemente)
- Programme zur Erzeugung von (weitergehenden) Strukturauswertungen (der vorige Punkt ist Sonderfall): Verwendungsnachweis, Netze und darauf aufbauende Auswertungen.
- Programme zur direkten Unterstützung der Programmierung
- Programme zur Erstellung von Auswertungen für das Rechenzentrum (Aufstellung von Terminplänen, Unterlagen für Accounting, Listenversand etc.)
- Sonstiges: Zählstatistiken für das Management etc.

Im folgenden sei hier nur auf die weitergehenden Strukturauswertungen und einige Auswertungen bezüglich der direkten Unterstützung der Programmierung eingegangen.

c1) Ausweis der Verwendungsbeziehungen

Bei diesem Ausweis, der auf der Basis des Relationstyps 1 durchgeführt wird, werden die Verwendungsbeziehungen zwischen den Elementen des Informationssystems (vgl. Anhang 1) ausgewertet. Zur Erzeugung solcher

Auswertungen werden Ketten durch Aneinanderreihung binärer Beziehungen
erzeugt. Eine Kette ist dabei eine Folge von Elementen - ggf. nur von
Teilmengen der Elemente einer Ebene mit speziellen Eigenschaften -, die
auf beliebiger Ebene beginnen und enden und jede Laufrichtung annehmen
kann (vgl. Abb. 1).

<u>Abbildung 1</u>

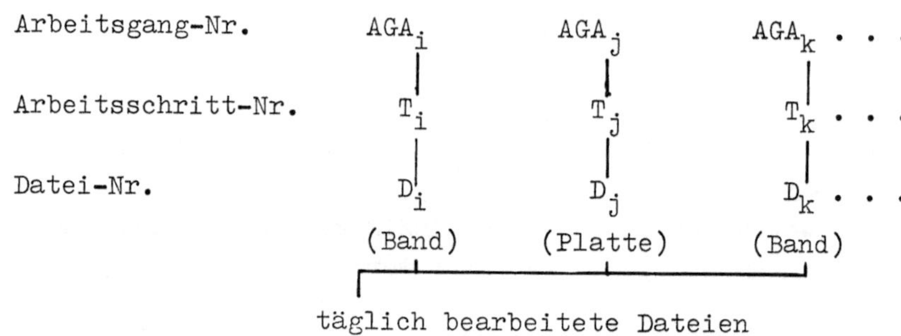

Das Ergebnis des Verwendungsnachweises ist eine sequentielle Berichts-
datei, die in beliebiger Sortierung listmäßig aufbereitet und auch
statistisch ausgewertet werden kann.

c2) Ausweis typischer Netzwerkstrukturen

Diese Ausweise haben den Zweck, das betriebliche Informationssystem in
Form von Netzwerkstrukturen darzustellen. Dabei werden als netzbilden-
de Strukturen die Relationen (2), (3) und (4) zugrunde gelegt. Derarti-
ge Netzwerkstrukturen sind das DV-Organisationsnetz (Relation 3), das
Datenerzeugungsnetz (Relation 4) sowie das DV-Prozeßnetz (Relation 2).
Das DV-Organisationsnetz \4\ (vgl. Anhang 3) beinhaltet die Informationsbeziehungen zwischen den Verarbeitungseinheiten. In diesem Sinne sind
zwei Verarbeitungseinheiten dann miteinander verknüpft, wenn die eine eine
Ausgabedatei erzeugt, die von der anderen als Eingabe benutzt wird. Die
Kopplung kann von bestimmten Ablaufbedingungen abhängig sein. Das Datenerzeugungsnetz \4\ (vgl. Anhang 4) ist die duale Struktur zum DV-Organisationsnetz und enthält die Verarbeitungsbeziehungen zwischen Dateien.
Auch diese Kopplungsart kann von Ablaufbedingungen abhängen. Das dritte
Netzwerk, das DV-Prozeßnetz \1, 2, 3, 5\ (vgl. Anhang 2) beschreibt
die Reihenfolgebeziehungen von Verarbeitungseinheiten. Eine Kopplung
zwischen zwei Verarbeitungseinheiten ist dann gegeben, wenn die eine
unmittelbar nach der anderen abläuft. Hängt die Initiierung eines Nach-

folgers nicht nur von der Beendigung des Vorgängers, sondern auch von Systemzuständen ab, wird dies durch Ablaufbedingungen angezeigt. Dies heißt, daß aufgrund eines aktuellen Systemzustandes die betreffende Ablaufbedingung bejaht ("gesetzt") wird.

Der Zusammenhang zwischen den drei Netzen ergibt sich in der Weise, daß die IVAs des DV-Prozeßnetzes mit ihren I/O-Informationseinheiten versehen werden und somit neben einer Reihenfolgenbeziehung zwischen den IVAs die Informationskopplung vorhanden sind. Es entsteht das DV-Organisationsnetz.

Die hauptsächlichen Beschreibungselemente $\lfloor 6 \rfloor$ zur Beschreibung der Reihenfolgebeziehung sind die über Bedingung gesteuerte exklusive ODER-Verzweigung (vgl. im folgenden: Anhang 2), die Parallelverzweigung und die Parallelverknüpfung. Eine Bedingungsvariable ist dabei definiert durch Bedingungsnamen und Wertebereich. $B_i.k$ mit $k \in \{1, 2, \ldots , 10\}$ bezeichnet die Bedingungsvariable B_i mit 10 Bedingungswerten, die sich gegenseitig ausschließen, d.h. zu einem Zeitpunkt kann nur ein Wert gelten. Damit ist eine eindeutige Nachfolgebeziehung gegeben. Die Beschreibung der Reihenfolge von Verarbeitungseinheiten kann - falls zur Eindeutigkeit notwendig - durch das logische UND von Werten unterschiedlicher Bedingungsvariablen erfolgen. Aufgrund dieser Eigenschaften und einiger weiterer Regeln kann zu jedem DV-Prozeßnetz ein Vektor von Bedingungsvariablen angegeben werden. Jeder durch Werte spezifizierte Vektor realisiert dabei einen Weg - nicht notwendig einfacher Weg im Sinne der Graphentheorie - durch das Netz von Netzanfang bis zum Netzende ggf. mit Schleifendurchlauf.

Ein wesentliches Problem ist hierbei die syntaktische Richtigkeit des Netzes, d.h. das Vermeiden von toten Systemteilen, von Endlosschleifen und ähnlichem. Es wurden 36 Regeln zur syntaktischen Prüfung aufgestellt und programmäßig realisiert $\lfloor 6 \rfloor$.

Sämtliche Netze können als tabellarische Ausdrucke erzeugt werden, das DV-Prozeßnetz zusätzlich auch in graphischer Form.

Die Netzwerke stellen eine eigenständig verwendbare Auswertung dar, bilden jedoch auch die Basis für weiterführende Auswertungen. So ist es auf der Basis des DV-Prozeßnetzes etwa möglich, Folgen von sich in der Realität abspielenden Prozeßabläufen explizit auszuweisen. Eine andere Verwendungsmöglichkeit stellt die Zeit- und Kapazitätsanalyse dar. Hierzu ist es erforderlich, ein DV-Prozeßnetz um Angaben zur Zeitdauer von Datenverarbeitungsaufgaben und zur Inanspruchnahme von Ressourcen zu ergänzen, wobei die Verarbeitung von Schleifen im DV-Prozeßnetz möglich ist \ 5 \.Mit Hilfe gängiger Netzplansoftware, aber auch mit einem in SIMMIS erstellten GPSS-Programmpaket, sind dann zeitliche und kapazitive Untersuchungen für die Prozeßabläufe durchführbar. Die beiden anderen Netze sind einmal Basis weiterer Auswertungen und zum anderen erlauben sie die direkte Verfolgung von Datenentstehung- und -verwendung über mehrere (prozeßbestimmte) Stufen. Sie stellen damit z.B. Ausweise für Wiederaufsetzungspunkte dar und eignen sich zur prozeßbezogenen Datenredundanzanalyse etc.

c3) Analysen zur direkten Reduzierung des Programmier- und
     Datenstrukturieraufwandes

Zur Erleichterung der Datendefinition und zur Sicherung der einheitlichen Verwendung von Datennamen werden die Datenbeschreibungen zentral und einheitlich geführt. Zum einen wird damit die Kongruenz zwischen der betrieblichen Realität und der Dokumentation erreicht, zum anderen brauchen mehrfach verwendete Datenelemente nur ein einziges Mal beschrieben werden (Erleichterung für den Programmierer). Wird ein Programm erstellt, braucht der Programmierer damit seine Datenbeschreibung nur mit der Anwendung COPY aus dem Dokumentationsbestand abzurufen \ 7 \.

Ein weiteres Instrument zur Reduzierung des Programmieraufwandes ist der Nachweis der tatsächlichen Begriffsverwendung \ 7 \. Für jedes im Informationssystem vorhandene COBOL-Datenfeld wird automatisch dokumentiert, in welchen Programmen dieses Feld wie benutzt wird. Es liegt dabei ein Nachweis vor, in welchen Programmen das Feld nicht nur als Eingabe- oder Ausgabefeld beschrieben ist, sondern auch tatsächlich angesprochen wird. Nur diese Programme sind dann ggf. Änderungskandidaten.

Um die Zusammenfassung von Einzeldaten zu Dateien (Konsolidierung) bei der Gestaltung neuer Teilsysteme oder der Rationalisierung des bestehenden Teilsystems zu unterstützen, kann z.B. die Strategie "Abgleich zwischen Redundanz und Transportvolumen" verfolgt werden \ 8 \. Ist bei Redundanzuntersuchungen \ 8 \ - z.B. durch Auswertung der Verwendungsbeziehungen zwischen den Ebenen Begriff - Satzart - Datei - festgestellt worden, daß eine Menge von Begriffen ganz oder zum Teil in einer Menge von Satzarten vorkommt, so bietet sich ggf. eine neue Satzarten- und

Dateibildung an: Aus den Verwendungsbeziehungen (Relation 1) und den Prozeßbeziehungen (Relation 2) ist der Datenaustausch auf Begriffsebene zwischen einem Arbeitsgang oder Task und einem oder mehreren Nachfolgern (ggf. auch frei angebbaren) feststellbar. Durch Schnittmengenbildungen sind verschiedene Redundanzgrade für Konsolidierungen und damit alternative Zusammenfassungen der Elementardaten zu Dateien möglich. Die Bewertung mit der Zielfunktion "Abwägung Redundanz und Transportvolumen" liefert die gewünschte Alternative. Insgesamt werden 6 Alternativen, die sich durch ihre Redundanz und ihr Transportvolumen unterscheiden, generiert. Zur Berechnung des Transportvolumens wird Satzlänge x Anzahl Sätze x Einsatzhäufigkeit des Prozesses herangezogen.

Abbildung 2

Kern des Verfahrens zur Datenstrukturierung ist die Generierung von Satzvorschlägen auf der Basis von Methoden der Matrixalgebra.

Ausgangspunkt hierfür ist die sogenannte Verwendungsmatrix:

Eingehende Daten \ Verwendende Verarbeit.-Einheiten	P1	P2	P3	P4
A	1	1	1	
B	1		1	1
C	1	1	1	
D		1		1
E	1			1
F		1		1
G			1	

Ein Beispiel für eine mögliche Konsolidierung wäre etwa:

<u>Abbildung 3</u>

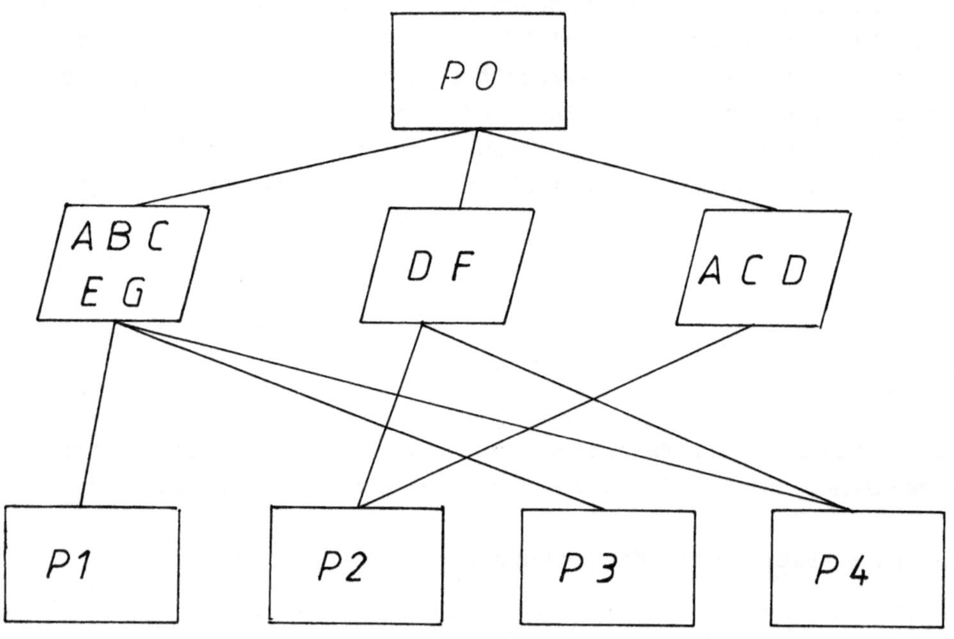

c4) Ausweis von Systemelementen, deren Ausfall weitgehende
    Folgewirkungen hat

Elemente des betrieblichen Informationssystems, seien es Daten- oder
Verarbeitungseinheiten, deren Ausfall den Gesamtablauf größerer Teilsysteme stört bzw. unmöglich macht, sollen als zentrale Elemente bezeichnet werden. Es sind also damit solche Elemente im prozeßmäßigen
Zusammenhang gemeint,

- die alle (oder zumindest viele) anderen Elemente

> innerhalb eines Distanzmaßes erreichen (zentrale
> Informationsverarbeitungsaufgaben, Dateien, zentrale
> Abteilungen: zentrale Durchgangs- und Sendereigen-
> schaften)
> - die von allen (oder zumindest von vielen) anderen
> innerhalb eines Distanzmaßes erreicht werden (zen-
> trale Informationsverarbeitungsaufgaben, zentrale
> Dateien, zentrale Abteilungen: Durchgangs- und
> Empfängereigenschaft).

Durch den Nachweis zentraler Elemente werden also insofern Risikofak-
toren im betrieblichen Informationssystem bloßgelegt, als Elemente
identifiziert werden, deren Ausfall weitgreifende Folgewirkungen (im
Ablauf) verursachen könnte. Im wesentlichen werden graphentheoretisch-
orientierte Zentralitätsmaße auf der Basis des DV-Organisationsnetztes
ausgewertet \ 2, 4 \ .

c5)   Ausweis von Subsystemen

Der Ausweis von Subsystemen in der Ablauforganisation (DV-Organisationsnetz) hat zum Ziel, überschaubare Systemteile zu erhalten, die - verglichen mit ihren intersystemischen Kommunikationen, Beziehungen oder
ihren Vermaschungen - nach außen hin eine geringere Verbindung aufzeigen 9 .Diese Systemaufteilung - z.B. realisierbar mit Hilfe des Kri-
teriums "minimaler Informationsaustausch" zwischen verschiedenen Subsystemen ermöglicht z.B.

- klare Kompetenzabgrenzungen und klare Verantwortungs-
  beziehungen,
- leichtere Systemmodifikationen, da ggf. nur Subsysteme
  umgestellt werden müssen und
- bessere Steuerungsmöglichkeiten des Gesamtsystems aufgrund der Existenz teilweiser entkoppelter Teilsysteme.

Auf der Basis des DV-Organisationsnetzes wurde u.a. als Verfahren zur
Subsystembildung ein modifizierter Ford-Fulkerson-Algorithmus zu
"Max Flow - Min Cut" programmäßig realisiert.

IV   Verwendung und Nutzen des Modells

Die Verwendungsmöglichkeiten eines solchen rechnergestützten Modells
sind im funktionsorientierten Sinne in der Systemgestaltung, der System-
wartung (Maintenance), der Systemsteuerung und der Systemrationali-
sierung zu sehen. Sie reichen von der Möglichkeit der Feststellung der
logischen Konsistenz eines geplanten Systems über die Erstellung von
Terminplänen bis hin zur Möglichkeit der Durchführung von Simulationen,
der Ermittlung von Kennzahlen für das DV-Management und zur gezielten
Datei- und Programmstandardisierung.

Das vorgestellte Modell erhebt aufgrund seines umfangreichen Leistungs-
spektrums einen ziemlichen Vollständigkeitsanspruch. Dies bringt den
Vorteil mit sich, daß die Vielfalt der möglichen Auswertungen einen wei-
ten Bereich der einzelnen Tätigkeiten im Rahmen der automatisierten
Datenverarbeitung unterstützen kann. Andererseits ist klar, daß damit
ein umfangreicher Erfassungs- und Pflegeaufwand - ganz zu schweigen
von dem Research- und Entwicklungsaufwand - erforderlich ist. Die hierarchische Modularität des Modells sichert die teilweise und sukzessive
Einsatzmöglichkeit für unterschiedliche Unternehmungen.

Die bewußt verfolgte Strategie, trotz relativ schwieriger, verwendeter
Algorithmen - z.B. Reihenfolgebeschreibung, Syntaxprüfung, Subsystembildung -,das System erfassungs- und anwendungsfreundlich zu gestalten,
kann als erfolgreich erreicht bezeichnet werden. Das System wird auch
in diesen schwierigen Komponenten vom Systemplaner benutzt, wobei eine
Verwendungsstrategie - Anleitung zur Anwendung - sicherlich keinen un-
wesentlichen Beitrag leistet. Die Nutzung (Erzeugung von Auswertungen)
ist dabei freigestellt, wenn man einmal vom Zwang zur Dokumentation
absieht. Diese Erfahrungen rechtfertigen eine abschließende, thesen-
hafte,positive Würdigung. Es sollen dabei jedoch gleichzeitig poten-
tielle Nachteile mitangesprochen werden, die die Verwendung von solchen
Modellen - d.h. im Sinne der Gestaltung von Informationssystemen letz-
lich "Verwendung von standardisierten, umfassenden, stark systembezo-
genen Hilfsmitteln" - mit sich bringen können. Es sind damit auch Probleme angesprochen, die die prinzipielle Anwendung formaler Modelle, die
ja nur Teilaspekte der Realität berücksichtigen können, mit sich bringen könnten.

V Problematik von Integration und Flexibilität

Die Integration datenverarbeitender Systeme \10\ ist bestimmt durch
die Datenintegration - im wesentlichen bestimmt durch die gemeinsame
Nutzung von Stamm- und Bestanddaten durch unterschiedliche Informationseinheiten -, durch die Prozeßintegration - verstanden als I/O-
Datenverknüpfung (Bewegungsdaten) von Prozessen - und durch die Bau-
steine-Integration (Standardisierung) - verstanden als Mehrfachnutzung
von Programmbausteinen und Datenbeschreibungen in unterschiedlichen
Prozessen -.

Unter der Voraussetzung eines auf diese Weise stark integrierten Systems kann die Dokumentation dieser Abhängigkeiten durch das Dokumentationssystem im Gestaltungsprozeß dazu führen, daß die einmal ange-
fangene Nutzung des Modells nicht wieder aufgegeben werden kann, wenn
keine Inkonsistenzen auftreten sollen. Die vielleicht vorerst unterstützend motivierte Nutzung des Modells kann zu einem Zwang der Nutzung führen. Die Flexibilität des Gestaltungsprozesses wäre verloren-
gegangen. Ein weiterer Grund der Beeinflussung der Flexibilität des
Gestaltungsprozesses kann in der Härte organisatorischer Regelungen
gesehen werden, die den Systemgestalter zwingen, das Modell nicht nur
zu nutzen, sondern die auch vorschreiben, wie es genutzt werden soll
und welche formale Bausteine verwendet werden können und sollen. Jedoch, eine weitgehende Freiheit beim Systemgestaltungsprozeß in der
Vorgehensweise, in der Art der verwendeten Hilfsmittel und in dem Maß
verwendeter Standards, die der fehlende Zwang in Form technologisch
unumgänglicher und organisatorisch zwingender Regelungen mit sich
bringt, kann durchaus mit erheblichen Nachteilen behaftet sein, die
gegenüber evtl. Vorteilen, die die Restriktionen mit sich bringen können, abgewogen werden müssen. Diese Problematik sei abschließend in
Form einiger Thesen fixiert:

- Die Größe heutiger Informationssysteme zwingt das Datenver-
  arbeitungsmanagement, Regeln und Prozeduren vorzusehen, die
  eine standardisierte Kontrolle ermöglichen, um das System
  überschaubar zu halten. Die Möglichkeiten zu dieser Kontrolle
  sind wesentlich beeinflußt durch den Standardisierungsgrad
  des Informationssystems (z.B. Verwendungshäufigkeit von Unter-
  programmen, Programmen, Satzbeschreibungen) und des Gestaltungsprozesses (vorgeschriebene Vorgehensweise).

- Standardisierung heißt die Verwendung genormter Systemteile,
  (Bausteine) und genormte Vorgehensweise: Standardisierte Hilfsmittel sind beliebig oft reproduzierbar. Wird eines ihrer Ein-
  satzgebiete verändert, muß ggf. nur dieses eine Teil ausgetauscht werden. Die genormte Vorgehensweise schließlich er-
  leichtert im Zusammenhang mit der Verwendung von Standards
  die Fähigkeit für geplante Umstellungen einigermaßen vernünftige Voruntersuchungen und Pläne zu machen.
- Standardisierung behindert die Flexibilität des Gestaltungsprozesses und die des Systemplaners. Die vorgeschriebene Verwendung bestehender Systemteile oder die Befolgung fest vor-
  geschriebener Vorgehensweisen kann zu ablaufmäßig und speicher-
  mäßig nicht voll optimierten Teilsystemen führen. Die Funktionen
  des Teilsystems sind im allgemeinen nicht maximiert.
- Die Flexibilität des Systemgestalters und des Gestaltungsprozesses kann zu sehr individuellen und für andere undurch-
  schaubaren Systemen und zu Verständigungsschwierigkeiten während und nach dem Gestaltungsprozeß führen. Einheitlichkeit
  der den Gestaltungsprozeß begleitenden Dokumentationen und
  die Verwendung von Standards verhindern dies. Ein Personal-
  wechsel ist eher verkraftbar.
- Die Flexibilität des Gestaltungsprozesses wird erhöht durch
  die Möglichkeit der Bildung von relativ selbständigen Subsystemen, da nur begrenzte Ursache-Wirkzusammenhänge betrachtet
  werden müssen und damit auf besondere Wünsche flexibel reagiert
  werden kann. Eine solche Subsystembildung ist nur bei Kenntnis
  aller Systemzusammenhänge, d.h. unter Berücksichtigung des
  Integrationsmaßes, sinnvoll möglich. Sie wird durch das Dokumentationssystem geliefert.

<u>G L I E D E R U N G</u>

I   Notwendigkeit der rechnergestützten Modellierung
betrieblicher Informationssysteme

II   Anforderungsprofil an ein rechnergestütztes Modell
betrieblicher Informationssysteme

III   Das Dokumentationssystem SIMMIS
     a) Betriebliches Informationssystem
        und Beschreibungsmodell
     b) Erfassung und Speicherung der Elemente
        und Strukturen
     c) Programme zur Erzeugung von Struktur-
        auswertungen

IV   Verwendung und Nutzen des Modells

V   Problematik von Integration und Flexibilität

<u>L i t e r a t u r v e r z e i c h n i s</u>

1   Bischoff, R.: Die Dokumentation betrieblicher Informations-
    systeme - Gestaltungsansatz unter Verwendung graphen-
    theoretischer Instrumentarien. BIFOA-Monographien,
    Bd. 5. Köln 1979 (August)

2   Grochla, E.; Bischoff, R.: Entwicklung computergestützter
    Instrumente für die Analyse und den Entwurf betrieb-
    licher Informationssysteme - dargestellt am Beispiel
    des Projektes SIMMIS. BIFOA-Forschungsbericht (im Druck)

3   Böheim, H.-J.: Das TN-Dokumentationssystem. Gesamtbeschrei-
    bung. (Stand Februar 1977) Oberhausen 1977
    (internes Arbeitspapier)

4   Hasse, V.; Schaedel, V.; Schüler, R.: Die Abbildung
    betrieblicher Informationssysteme in typischen
    Netzwerkstrukturen. Teil 1: Darstellung und
    Interpretation des Verfahrens. BIFOA-Forschungs-
    bericht 78/3. Köln 1979

5   Hasse, V.; Schmitz, H.: Die Analyse des Datenverarbei-
    tungsprozesses auf der Basis eines softwaremäßig
    realisierten Beschreibungskonzeptes mit Ablauf-
    bedingungen. BIFOA-Forschungsbericht 76/1.
    Köln 1976

6   Böheim, H.-J.; Lenards, H.-G.: Die Behandlung des DV-
    Prozesses im TN-Dokumentationssystem. Oberhausen
    1976 (internes Arbeitspapier)

7   Rhenius, T.; Schmitz, H.: System- und Programmdokumen-
    tation als Hilfsmittel der Softwareproduktion.
    BIFOA-Forschungsbericht (in Vorbereitung)

8   Schaedel, V.; Schüler, R.: Computergestützte Daten-
    organisation. BIFOA-Forschungsbericht 78/2.
    Köln 1979

9   Bischoff, R.: Grundlagen der Graphentheorie und einige
    ihrer Einsatzmöglichkeiten zur computergestützten
    Systemplanung. BIFOA-Forschungsbericht 73/6.
    Köln 1976

10 Döringer, H.: Zur Flexibilität integrierter Informa-
    tionssysteme. Probleme und Lösungansätze.
    Zeitschrift für Organisation, Nr. 6, 45. Jahrgang,
    1976, S. 311-319

Anhang 1:   VERWENDUNGSBEZIEHUNGEN DER ELEMENTE

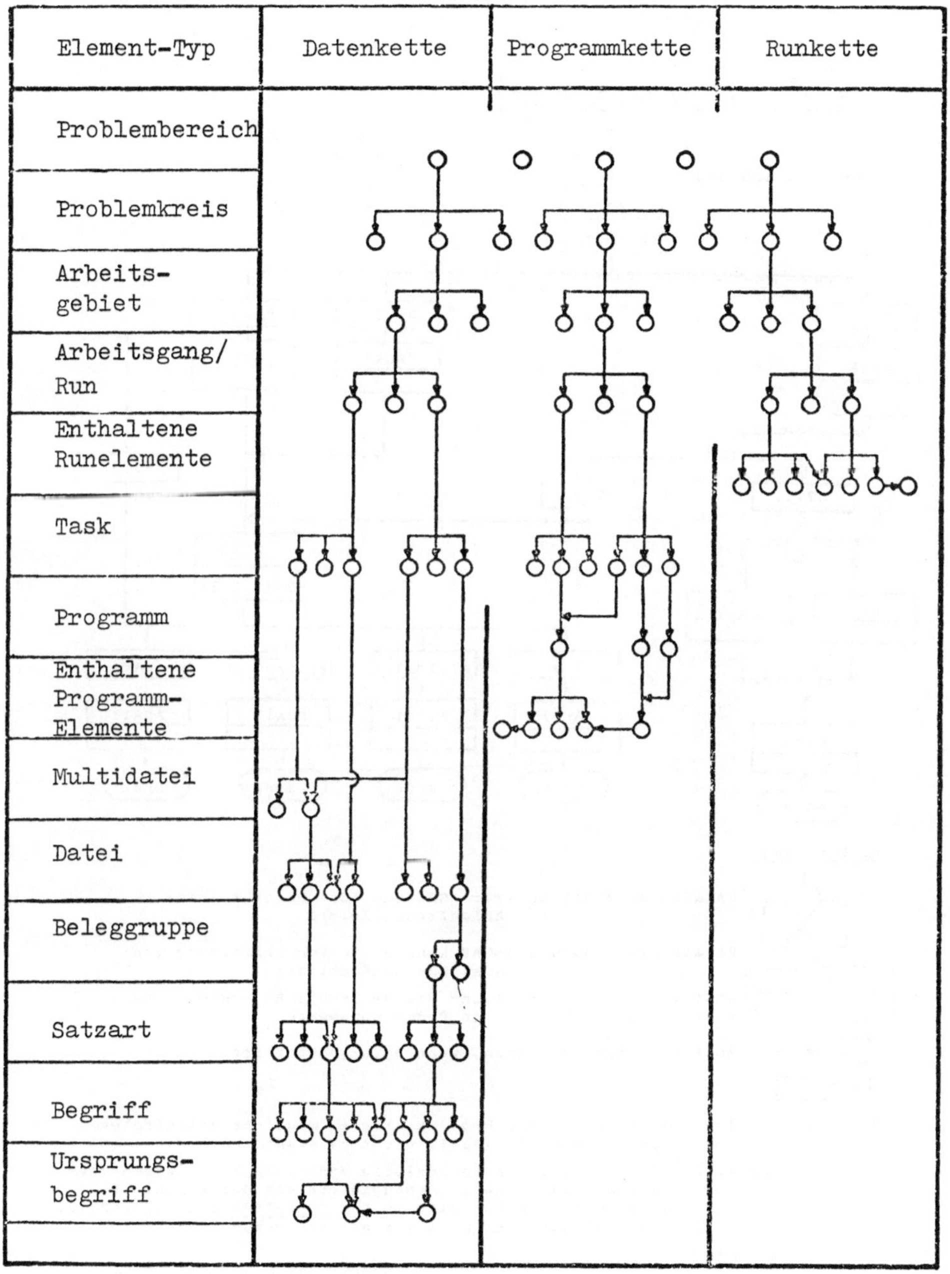

Anhang 2: DV-PROZESSNETZ

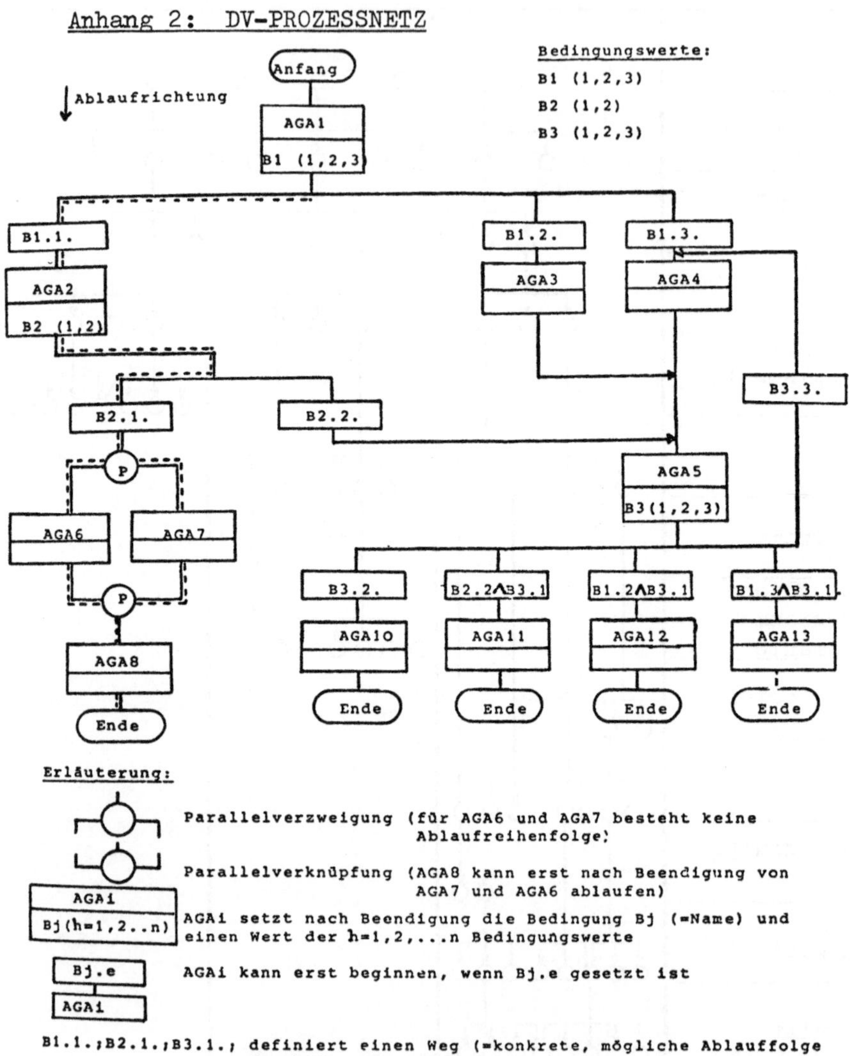

Erläuterung:

Parallelverzweigung (für AGA6 und AGA7 besteht keine Ablaufreihenfolge)

Parallelverknüpfung (AGA8 kann erst nach Beendigung von AGA7 und AGA6 ablaufen)

AGAi
Bj(h=1,2..n)
AGAi setzt nach Beendigung die Bedingung Bj (=Name) und einen Wert der h=1,2,...n Bedingungswerte

Bj.e
AGAi
AGAi kann erst beginnen, wenn Bj.e gesetzt ist

B1.1.;B2.1.;B3.1.; definiert einen Weg (=konkrete, mögliche Ablauffolge durch das Netz) (B3.1. nicht relevant)

B1.1.;B2.2.;B3.3.; liefert Weg, der in Schleife endet. Er kann jedoch verlassen werden, da in Abhängigkeit von der Durchlaufhäufigkeit der Schleife in der Schleife B3.1. oder B3.2. zum Verlassen der Schleife gesetzt werden kann.

<u>Anhang 3:</u> <u>DV-ORGANISATIONSNETZ</u> (für den linken Teil des Anhangs 2)

Ein Element in dieser Struktur ist ein Tripel:

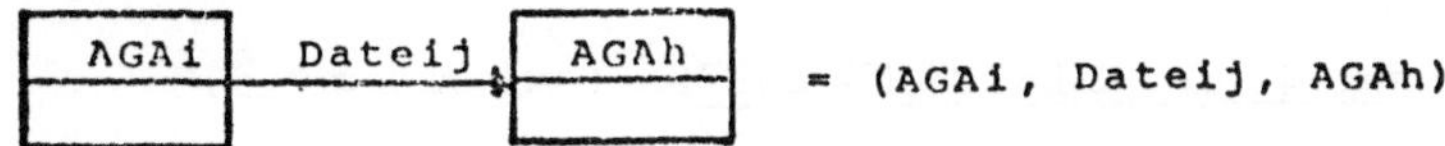

Es mögen folgende Beziehungen bestehen, die aus den erfaßten

binaren Beziehungen:

(AGAi, Dateij) und (Dateij, AGAh)

(AGAi, Dateik)   (Dateij, AGAl)

konstruiert werden können:

(D1, AGA1, D1)   (D1, AGA2, D5)   (D4, AGA2, D5)
(D2, AGA1, D1)   (D1, AGA2, D6)   (D4, AGA2, D6)
                 (D1, AGA2, D8)   (D4, AGA2, D8)

(D5, AGA6, D1)   (D5, AGA7, D7)
(D6, AGA6, D1)   (D6, AGA7, D7)

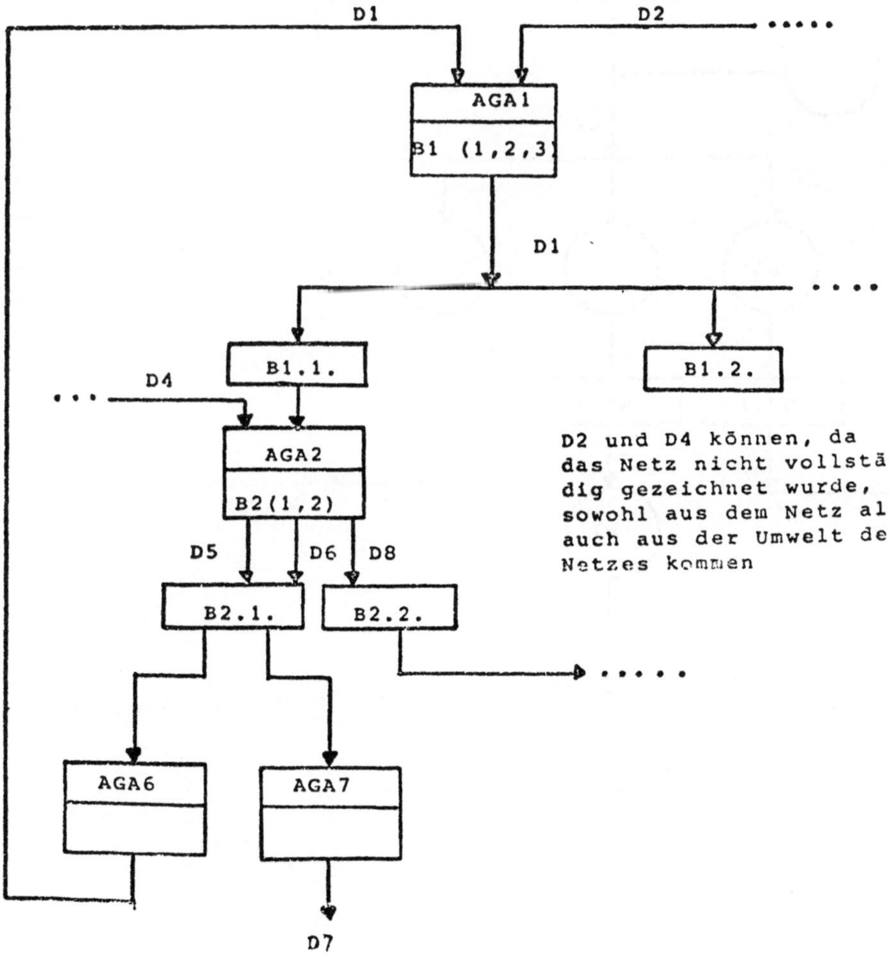

Anhang 4: <u>DATENERZEUGUNGSNETZ</u> (aus Anhang 3)

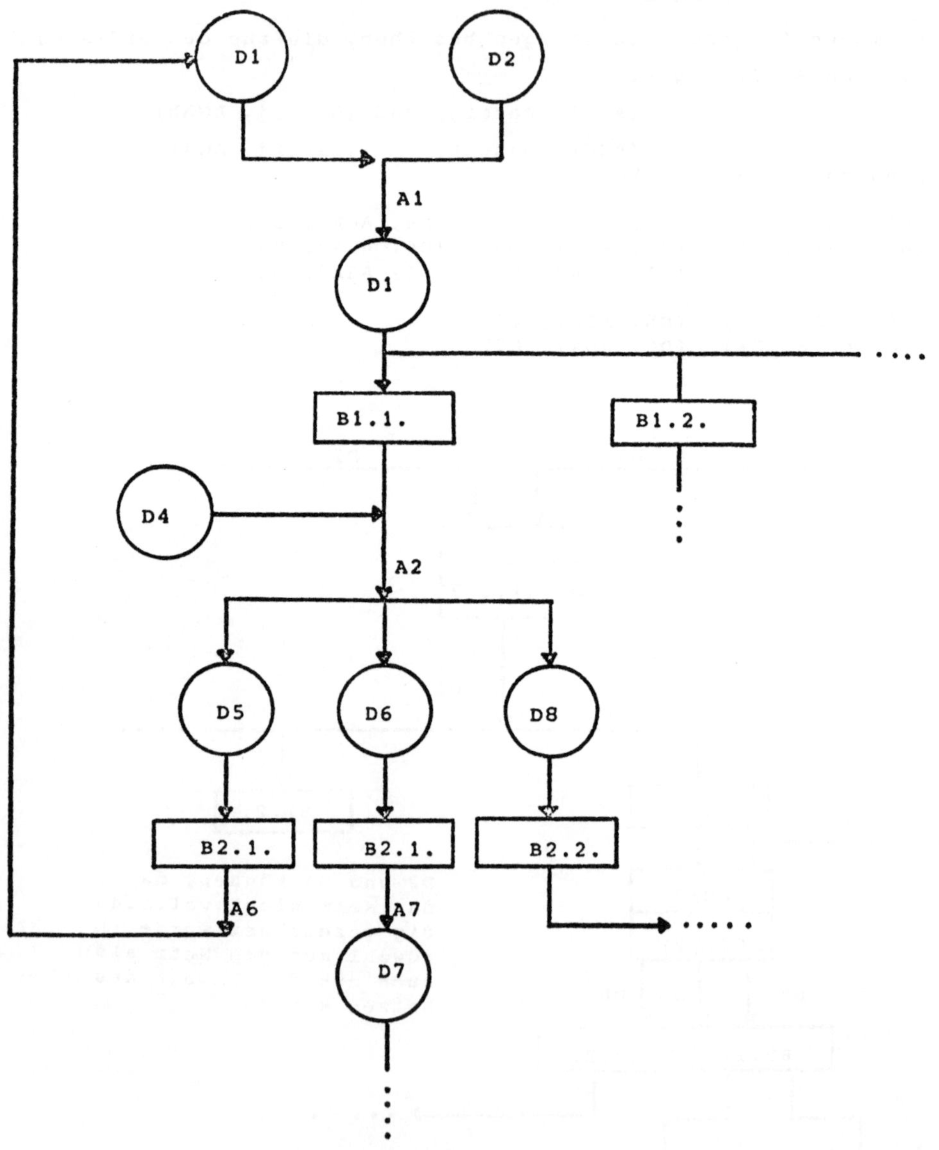

EVOLUTIONÄRER SYSTEM-ENTWURF

von Hans-Jürgen Ehling

Zentralabteilung Softwaretechnologie

AEG Software-Zentrum

Zusammenfassung: Der Entwurf von Software-Systemen wird als eine Entwicklung
(Evolution) von formalen Modellen beschrieben, die sich untereinander durch den
Grad ihrer Implementierungsnähe, durch ihre Präzision und durch das Maß ihrer Rea-
litätsentsprechung unterscheiden. Nach Darlegung des Prinzipiellen wird die Vorgehensweise an einem Beispiel dargestellt. Dabei wird zugleich eine sehr starke
Entwurfssprache demonstriert, die im Rahmen eines Datenstrukturierten Entwurfs-
verfahrens (DSE) entwickelt wurde. Nebenher zeigt sich, daß diese auf M. Jackson
zurückgehende Technik ein integraler Bestandteil des Präzisierungsprozesses ist und
von daher ihre methodische Rechtfertigung findet.

Inhalt

1. EINLEITUNG

Die Frage, wie ein Software-System zu entwerfen sei, hat viele beschäftigt und mancherlei Antworten gefunden. Keine hat bisher so recht befriedigt [1]; Teilantworten hat Michael Jackson mit seinen datenstrukturierten Entwurfstechniken gegeben. Aufbauend auf M. Jackson [2], J.-D. Warnier [3] und K. Orr [4] haben wir ein Verfahren, eine Sprache und eine Theorie für datenstrukturierten Entwurf (DSE) entwickelt, die uns einen neuartigen und - wie wir meinen - sehr geradlinigen Zugang zum Problem des System- und Prozeßentwurfs eröffnen.

Am Ende einer Systementwicklung steht ein Programm; davor - wird uns versichert - gibt es "Spezifikationen", "Grob-" und "Fein-Entwürfe" (oder ähnliches). Pragmatisch betrachtet erweist sich nur das Programm - nach Benennung von Programmiersprache und Betriebssystem - als eine bestimmte Größe. An den anderen Begriffen stört - außer ihrer Unbestimmtheit - vor allem ihr Mangel an Zusammenhang; sie sind - in gängiger Auffassung - stark voneinander abgesetzt: "Spezifikation" weiß nichts von "Entwurf"; "Grobentwurf" hat nicht auf "Feinentwurf" zu schauen. Die Übergänge sind jeweils neue erfinderische Akte; im Feinentwurf kommt dann schließlich der Teufel aus dem Detail.

Der Grundgedanke evolutionären Entwurfs ist demgegenüber: schon die erste Absichtserklärung über ein System beschreibt eine Menge, in der das zu Entwerfende liegen soll. Eine Menge läßt sich formal beschreiben, also tun wir es. Zusatzinformationen bedeuten Einschränkungen dieser Menge, also schränken wir sie formal ein. so fortfahrend, kommen wir schließlich zu einer programmierbaren Beschreibung.

Der "Teufel" in der Durchführung dieses Programmes hat dreierlei Gestalt. Erstens: <u>was</u> ist zu beschreiben - was ist die Klasse, in die alle Gegenstände unseres Interesses hineinpassen? Zweitens: <u>womit</u> - in welcher Sprache beschreiben wir? Drittens: <u>welche</u> Entwurfsoperationen gibt es, welche Veränderungen überführen die sukzessiven Beschreibungen ineinander, bewirken also die Evolution der Modelle?

In unserem knappen Raum muß die Antwort ein Torso bleiben. Wir werden im nächsten Abschnitt das Grundsätzliche zum "was" (ist der Gegenstand) und "welche" (Entwurfsoperationen) entwickeln, im darauffolgenden Abschnitt einiges an einem Beispiel demonstrieren. Das "womit" - die Sprache - muß dabei im Nebenher - so gut es geht - erläutert werden, obwohl erst sie die Seele des Ganzen ist.

2. ELEMENTE EVOLUTIONÄREN SYSTEMENTWURFS

2.1 Struktur der Entwicklungsobjekte

Die Entwicklungsobjekte werden als "Transaktionssysteme" betrachtet:

TRANSAKTIONSSYSTEME

Ein Transaktionssystem ist ein Netzwerk aus "(Transaktions-)Prozessen", gekoppelt über "Kanäle" und evtl. (exportierte) Variable.

Ein (Transaktions-)Prozeß besteht aus einer Folge autonomer "Transitionen" zwischen Bereitschaftszuständen, in denen der Prozeß auf Input-"Ereignisse" hört; bei Eintreffen des Ereignisses beginnt die nächste Transitionsfolge.

Ein Ereignis ist ein Signal, das nur einen Takt lang vorliegt. Eine Transition ist ein Zustandsübergang mit endlicher, aber unbestimmter Dauer.

Ein Kanal ist ein "synchronisierender" Mechanismus für den Transport von Ereignissen zwischen Prozessen. Ein Kanal hat (Ereignis-) Ein- und Auslässe (Ein Kanal kann durch ein Transaktionssystem "tieferer" Schicht interpretiert werden).

"Synchronisierend" heißt a) Abgabe von Ereignissen an Prozesse nur in deren Bereitschaftszuständen (für diesen Kanal); b) Verzögern der nächsten Transition eines liefernden Prozesses wenn der Kanal "voll" ist.

2.2 Modell (= Beschreibungs-) Schichten

Das Entwicklungsobjekt wird im Prinzip in mehreren "Schichten" beschrieben. Die Schichten werden unterschieden nach der Art des "Trägers" für das Transaktionssystem. Ein Träger ist die Gesamtheit der Zustände aller Variablen und Kanäle, also der Raum des Geschehens. Ein Träger wird charakterisiert (typisiert) durch Angabe der "Trägerorte" und der dort möglichen (evtl. abstrakten) (Signalwert-) Mengen; Trägerorte sind Namen für Variable und Kanal-Ein/Auslässe. Die Schichten werden in vier Gruppen eingeteilt:

MODELL-SCHICHTEN

> Kompaktmodelle: Beschreibung der Input/Outputbeziehungen des Systems mit mächtigen Signalwertmengen - d.h.: wenigen Trägerorten - und mächtigen Operationen - d.h.: kurzen "Historien" (= wenige Transitionen). "Wenig" ist im Vergleich mit den nachfolgenden Gruppen zu verstehen.
>
> Konfigurierte Modelle: enthalten die ggf. aufgrund der Struktur der Basismaschine erforderlichen Kanäle, z.B.: zu Hintergrundspeichern, zwischen Rechnern.
>
> Operationsangepaßte Modelle: Beschreibung mit schwächeren Operationen und kleineren Signalwertmengen - d.h. also: längeren Historien und mehr Trägerorten, vorbereitend für "Codierung" (= Beschreibung des Systems auf der Basismaschine).
>
> Betriebsmittelangepaßte Modelle: Beschreibung von Multiplex-Nutzung des Trägers der Basismaschine (falls zutreffend).

Konkret läßt sich das nur an formal durchgeführten Beispielen aufzeigen. Einiges dazu im Abschnitt 3. Die Beschreibungen werden - in der Reihenfolge der obigen Aufzählung - immer implementierungs-(Hilfsmittel-)näher und umfangreicher.

2.3 Modellevolution

Der Entwicklungsgang ist beschreibbar als eine Bewegung und Ausdehnung von Modellen (= Beschreibungen) in drei unabhängigen Dimensionen:

EVOLUTIONSRICHTUNGEN

> Hilfsmittelanpassung: kompakt   →   betriebsmittel-angepaßt
>
> Präzisierung: diffus   →   determiniert
>
> Realitätsanpassung: idealisiert → realistisch

Der Umfang eines Modells (die Menge des Beschreibungstextes) ist am kleinsten für kompakte, diffuse und idealisierte Modelle, am größten für betriebsmittelangepaßte, determinierte und realistische Modelle. Darauf beruht die Möglichkeit, schrittweise zunehmend längere Beschreibungen zu erhalten - also zu "Entwickeln".

2.4 Hilfsmittel (Implementierungs-) anpassung

Es geht darum, eine Oberschicht (mit kürzerer Beschreibung) durch eine Unterschicht auszudrücken. Zunächst - ohne Anspruch auf Systematik oder Vollständigkeit - einige Beispiele:

a) Höhere Programmiersprache durch
   Maschinensprache   - Stand der Technik

b) Entwurfssprache durch höhere
   Programmiersprache   - <u>wenn</u> eine Entwurfssprache verwendet
                                               wurde

c) Abstrakte Datentypen durch kon-
   krete Datentypen   - <u>wenn</u> abstrakte Datentypen verwendet
                                               wurden

d) Abstrakter Speicher/Peripherie-
   zugriff durch konkrete Zugriffe   - <u>wenn</u> unter Absehung von diesen Zu-
                                               griffseinheiten (z.B. Blockbildung) ent-
                                               worfen wurde

e) Nichtprozedurale Beschreibung durch
   prozedurale Beschreibung   - <u>wenn</u> nichtprozedurale Beschreibung
                                               möglich war

f) Virtuelle Betriebsmittel durch reale
   Betriebsmittel   - <u>wenn</u> mit virtuellen Betriebsmitteln ent-
                                               worfen wurde

g) Leistungen eines Prozesses durch
   mehrere Prozessoren   - <u>wenn</u> nicht von vornherein aufgeteilt
                                               worden war.

Hier gibt es ersichtlich drei Probleme:

1) Ist eine Sprache für die Oberschicht verfügbar? Das heißt: <u>kann</u> in der Schicht
   überhaupt entworfen werden?

   - das ist für b), c) und e) nur begrenzt zu bejahen.

2) Wenn ja: wann <u>sollte</u> in der Oberschicht entworfen werden? Die Systemgröße
   ist gewiß ein erstrangiger Faktor; außerdem wird die Antwort stark durch Pro-
   duktions-Hlfsmittel und durch Gewohnheiten beeinflußt sein.

3) <u>Wenn</u> in der Schicht entworfen wurde: was wird aus ihr, welche Rolle hat sie
   im Entwurfsprozeß?

   - wird sie bei der Realisierung durch die Unterschicht ersetzt oder interpre-
     tiert? (Ersetzung ist üblich bei a), b), g), e), evtl. c), d). Interpreta-
     tion zur Laufzeit ist üblich bei f), d), evtl. a), c)).
   - bei Ersetzung: bleibt sie Dokument (für Wartung, Benutzer)? (trifft zu
     immer: für a), bei Datenbanken für c), sollte zutreffen für b)).

Besonders in den Bereichen b), c), e) ist dieses Kapitel aus sprachlichen Gründen heute ziemlich dunkel, aber die wesentlichen Impulse sind gerade von dort zu erwarten.

Wir haben in 3. Gelegenheit, zwei (ersetzende) Fälle von d) zu zeigen, für eigentlich Interessanteres ist kein Raum.

2.5 Präzisierung

Das diffuseste Modell repräsentiert die Menge aller Abbildungen von Input-Strömen in Output-Ströme auf dem fraglichen Träger.

Vom Boden dieser mathematischen Betrachtungsweise aus fragt sich, wie eine solche Abbildungsmenge eigentlich eingeschränkt, verkleinert, werden kann - ohne daß nun sogleich eine bestimmte Funktion herausgegriffen wird; das ist ja in den komplexeren Fällen gerade nicht möglich.

Die eigentlich erstaunliche Antwort ist, daß es für diese Präzisierung überhaupt nur drei Techniken gibt:

PRÄZISIERUNGSTECHNIKEN

<table>
<tr><td>

• **Faktorisierung:** Darstellung als "Produkt" von Abbildungsmengen.

  Beispiele: - Logisches "und" aus zwei Maschinenwörtern ist das vielfache Produkt eines "und" aus zwei Bit.

          - Eine Folge von Abbildungen eines Input-Datums in ein Output-Datum ist das vielfache Produkt der einzelnen Abbildung.

• **Spaltung:** Darstellung als Vereinigung von Abbildungsmengen mit disjunkten Definitionsbereichen.

  Beispiel: Die Absolutwert-Funktion ist die Vereinigung der Identität für positive Argumente mit der Negation für negative Argumente.

• **Dekomposition:** Darstellung als "Hintereinanderschaltung" von Abbildungsmengen, z.B. $K = A * (B+C)$; d.h. "Es gibt ein Z, so daß: $Z = B + C$ und $K = A * Z$".

/✱ Anmerkung: in den Beispielen wurden z.T. konkrete Abbildungen ("✱", "+") statt Abbildungsmengen verwendet ✱/

</td></tr>
</table>

Die Verwertung von Faktorisierung und Spaltung bei Prozessen wird in 3. gezeigt werden.

2.6 Präzisierung bei Systemen

Präzisierung eines Systems bedeutet Zerlegung in Prozesse, eventuell verbunden durch Datenströme, die über Kanäle vermittelt werden. - Das entscheidende Problem ist die Bestimmung der Prozesse. Jedes System kann zwar im Prinzip als e i n Prozeß beschrieben werden, aber das versteht man dann nicht mehr. Ein Prozeß muß "erzählbar " sein, von Anfang bis Ende, auf begrenztem Schauplatz. Dazu wird gefordert:

PROZESS-BESTIMMUNG

> Verantwortungsgebot: jeder abhängige Ort des Systemträgers ("Nicht-Input") ist - von Anfang bis Ende - von genau einem Prozeß abhängig.
>
> Anschaulichkeitsgebot: "Fortschrittsgrade" dürfen - mit eventueller Ausnahme von Wiederholzählern - nicht als Variable benutzt werden. - Ein Fortschrittsgrad ist eine Verschlüsselung vergangener Transitionsfolgen ("Schalter", (Automaten-) "Zustand").

Das "Verantwortungsgebot" ist eine leicht dramatisierte Fassung der Forderung nach Determiniertheit jedes Prozesses. Wird ein Speicherplatz, ein Gerät usw. von mehreren Prozessen benutzt, dann müssen sich diese - per Kanal - an einen "Führungsprozeß" für das umstrittene Objekt wenden. - Die Folgen obiger Forderungen reichen weiter, als ihnen auf Anhieb anzusehen ist; das ließe sich nur exemplarisch entwickeln.

Nachdem nun Kriterien für die Prozeßbestimmung vorhanden sind, können die im vorigen angegebenen Präzisierungstechniken angewendet werden und zwar vom Output her rückwärts schreitend:

PRÄZISIERUNG VON SYTEMEN

> Parallel-Zerlegung: Output (zunächst: extern, später: intern) ist als "Produkt" von Outputs paralleler Prozesse darzustellen, wenn es e i n e n, der "Prozeß-Bestimmung" genügenden Prozeß für den gesamten Strom nicht gibt. - Das entspricht der Faktorisierung, aber "asynchron".
>
> Horizontal-Zerlegung: Der Input eines Prozesses (P) muß als Output eines anderen (Q) gebildet werden, wenn es keinen Prozeß gemäß der "Prozeß-Bestimmung" gibt, der - anstelle von P - den externen Input akzeptieren könnte. - Das entspricht der Dekomposition, aber asynchron.
>
> Kombination: Es zeigt sich eventuell, daß Inputs verschiedener Prozesse durch Aufspaltung der Outputs e i n e s, der "Prozeß-Bestimmung" genügenden Prozesses zu gewinnen sind. - Dies ist die Umkehrung von Spaltung, aber asynchron.

Man beachte, daß Präzisierung im Prinzip in jeder Schicht stattfinden kann; dies ist für den zeitlichen Verlauf der Entwicklungsprozesse von Bedeutung.

2.7 Realitätsanpassung

Anlaß jeder Systementwicklung ist ein Mangel, den der Benutzer empfindet. Die ersten Ziele des Systems werden als Mittel gegen diesen Mangel formuliert. Die Erfahrung hat gelehrt, daß wachsende Einsicht zu vielerlei Änderungen führt und daß bei genauer Formulierung - also beim Entwurf - geraume Zeitlang fortlaufend neue Erkenntnisse und damit Änderungen auftreten.

Wir können diesen Vorgang als eine Bewegung von einer ursprünglichen, "idealen" zu einer endgültigen "realistischen" Vorstellung über das System auffassen; deshalb sprechen wir von "Realitätsanpassung". Wie diese in der Modellevolution ihren Niederschlag findet, wird an einigen Beispielen in 3. gezeigt werden.

Realitätsanpassung verlängert natürlich ebenfalls die Beschreibungen; es ist deshalb denkbar - aber nicht ungefährlich - im Interesse einer raschen Übersicht zuerst eine bewußt "ideale" Beschreibung zu entwickeln.

3.   DEMONSTRATIONEN AM BEISPIEL

Wir betrachten ein notwendigerweise kleines System. Einen der Prozesse dieses Systems entwickeln wir - idealisiert und kompakt - bis zur Prozeßbeschreibung. Wir zeigen, welche Fragen sich im Vollzug der Evolution stellen und wie die Antworten sofort ihren Niederschlag in den formalen Beschreibungen finden. Da wir die DSE-Sprache aus Platzmangel nicht systematisch erklären können, erläutern wir die Diagramme anschließend in "strukturiertem Deutsch"; Hinweise auf die zugeordneten Formalisierungen haben z.B. die Form (→ "＊"), wenn der vorangegangene Text durch das Zeichen ＊ im Diagramm angezeigt wird.

3.1 Erste Schritte

3.11 Anstoß

"In einer technischen Anlage soll - mit Tastatursignalen - eine Meßwerterfassung an- und abgeschaltet werden.

Später sollen die erfaßten Daten - veranlaßt durch eine Eingabe auf einem Bediengerät - protokolliert werden."

Das soll und will keine Aufgabenstellung, sondern ein Denkanstoß zur Zielfindung sein. Mit einigen Zutaten verarbeiten wir das zu:

```
                              ⎧ IN.TASTATUR : START_STOP_      ⎧
OUT.DRUCKER :           ⎧ ⎫  ⎪ &                      STROM   ⎪
   PROTOKOLL_STROM       ⎩ ⎭  ⎨ IN.BEDIEN_EINGANG :            ⎧
                              ⎪     PROTOKOLL_ANFORDERUNG      ⎧
                              ⎪ &
                              ⎩ ANLAGE : MESSWERT_STROM        ⎧

                    MESSWERT_
                    ERFASS_SYSTEM
```

Dieses "Systemdiagramm" ist eine Nebenform der DSE-Sprache, es bedeutet:

```
MESSWERT_ERFASS_SYSTEM liefert
    Ereignisse an DRUCKER: (ein)
        PROTOKOLL_STROM {(siehe Anmerkung)
    aus
    (Input, bestehend aus)
        Ereignissen von TASTATUR: (ein)
          START_STOP_STROM {(siehe Anmerkung)
        und (→ "&")
        Ereignissen von BEDIENEINGANG: (ein)
          PROTOKOLL_ANFORDERUNG(s - Strom){(s. Anmerkung)
        und (→ "&")
        Werten von ANLAGE: (ein)
          MESSWERT_STROM {(siehe Anmerkung)
    (Input-Ende)
MESSWERT_ERFASS_SYSTEM-Ende
```

Anmerkung: ausführlich müßte es z.B. heißen:

```
        PROTOKOLL_STROM
          (das ist ein Datenstrom)
        PROTOKOLL_STROM-Ende
```

Es wird auch weiterhin die verkürzte Form benutzt.

3.12 Prozeßzerlegung

Es gibt in der obigen idealisierten Fassung nur einen Output, füglich keine Parallel-
zerlegung. Zur Horizontalzerlegung fragen wir nach dem Input für Protokoll-Strom:
angezeigt ist nur der Bedien-Eingang. Wir vermuten (Rückfrage!) Unabhängigkeit von
Messung und Protokollierung, erhalten damit zwei (hintereinandergeschaltete) Prozesse:

```
MESSWERT_        ⎧ PROTOKOLL_PZ  {/* macht Protokolle */
   ERFASS_       ⎨ &
   SYSTEM        ⎩ ERFASS_PZ     {/* erfaßt die Daten */
```

Ausführlich heißt das:

MESSWERT_ERFASS_SYSTEM besteht aus
   PROTOKOLL_PZ   /* macht Protokolle */
   und (→ "&")
   ERFASS_PZ   /* erfaßt die Daten */
MESSWERT_ERFASS_SYSTEM-Ende

Diese Diagramm hat die Hauptform der DSE-Sprache: alle Namen stehen links von der Klammer, die sie bezeichnen. Die Form "/* (ein Text) */" bedeutet einen Kommentar.

ERFASS_PZ liefert die Meßwerte über einen (puffernden) Kanal an PROTOKOLL_PZ. Ausführlicher, wieder mit einigen Zutaten:

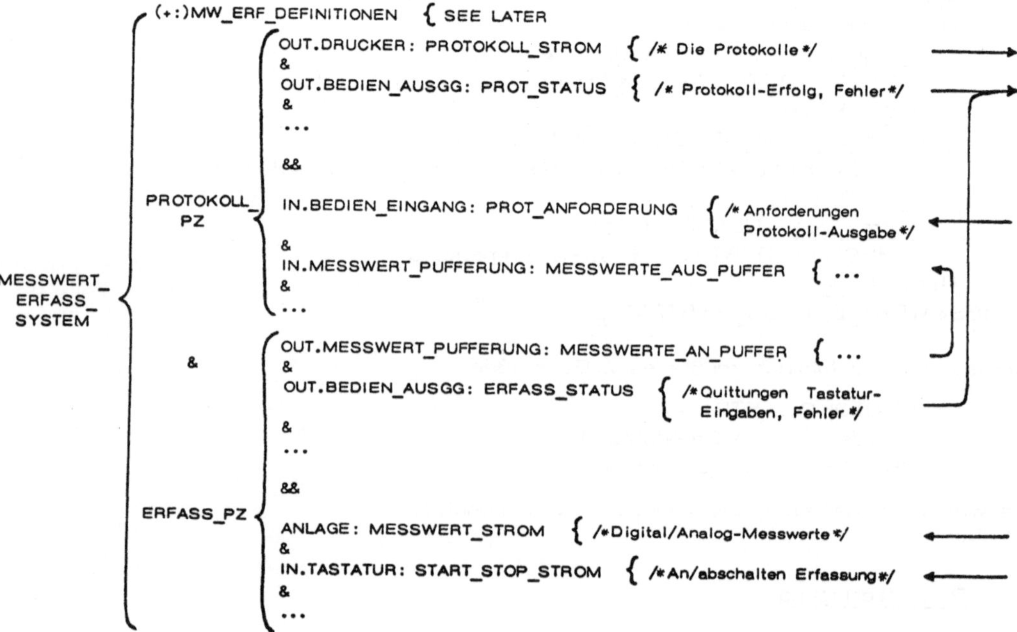

(Bedeutung: siehe nächste Seite)

Das bedeutet:

```
MESSWERT_ERFASS_SYSTEM

    Wähle (→ "(+:)") MW_ERF_DEFINITIONEN
                            werden später beschrieben (→ "SEE LATER")
                    MW_ERF_DEFINITIONEN-Ende

    bestehend aus

    PROTOKOLL_PZ, (der) liefert
       (Output bestehend aus)
          Ereignissen an DRUCKER: (das ist ein)
            PROTOKOLL_STROM {/*Die Protokolle*/
          und (→ "&")
          Ereignissen an BEDIEN_AUSGG: (das ist ein)
            PROT_STATUS {/*Protokoll-Erfolg, Fehler*/
          und (→ "&")
          (evtl.) weiterem (→ "...")
       (Output-Ende)

       aus (→ "&&")

       (Input bestehend aus)
          Ereignissen von BEDIEN_EINGANG: (das sind)
            PROT_ANFORDERUNG {/*Anforderungen ...*/
          und (→ "&")
          Ereignissen von MESSWERT_PUFFERUNG: (das sind)
            MESSWERTE_AUS_PUFFER {ein Datenstrom (→ "...")
          und (→ "&")
          (evtl.) weiterem (→ "...")
       (Input-Ende)
    PROTOKOLL_PZ-Ende

    und (→ "&")

    ERFASS_PZ, (der) liefert
       (Output, bestehend aus)
          Ereignissen an MESSWERT_PUFFERUNG: (das sind)
            MESSWERTE_AN_PUFFER {ein Datenstrom (→ "...")
          und (→ "&")
          Ereignissen an BEDIEN_AUSGG:
            ERFASS_STATUS {/*Quittungen ...*/
          und (→ "&")
          (evtl.) weiterem
       (Output-Ende)

       aus (→ "&&")

       (Input, bestehend aus)
          Werten von ANLAGE: (das ist ein)
            MESSWERT_STROM {/*Digital/Analog ...*/
          und (→ "&")
          Ereignissen von TASTATUR: (das ist ein)
            START_STOP_STROM {/*An/Abschalten ...*/
          und (→ "&")
          (evtl.) weiterem
       (Input-Ende)
    ERFASS_PZ-Ende
MESSWERT_ERFASS_SYSTEM-Ende
```

"&&" charakterisiert einen Prozeßtyp durch Input- und Outputströme; Output steht oberhalb, Input unterhalb des "&&"-Zeichens. (Die Textform liest: PROZESS liefert Output aus Input.)

Die Pfeile rechts im Diagramm gehören nicht zur Sprache; sie unterstützen die Erkennung des "Datenflusses". - Zwischen Protokoll- und Meßwertstrom ist der Kanal "MESSWERT_PUFFERUNG" geschaltet; dies vervollständigt die Horizontalzerlegung. - Als Beitrag zur Realitätsanpassung sind Status-Ausgaben vorgesehen (welche? wo? Rückfragen!)

In der Nebenform des Systemdiagramms lassen sich diese Verhältnisse übersichtlicher (aber: beengter) darstellen:

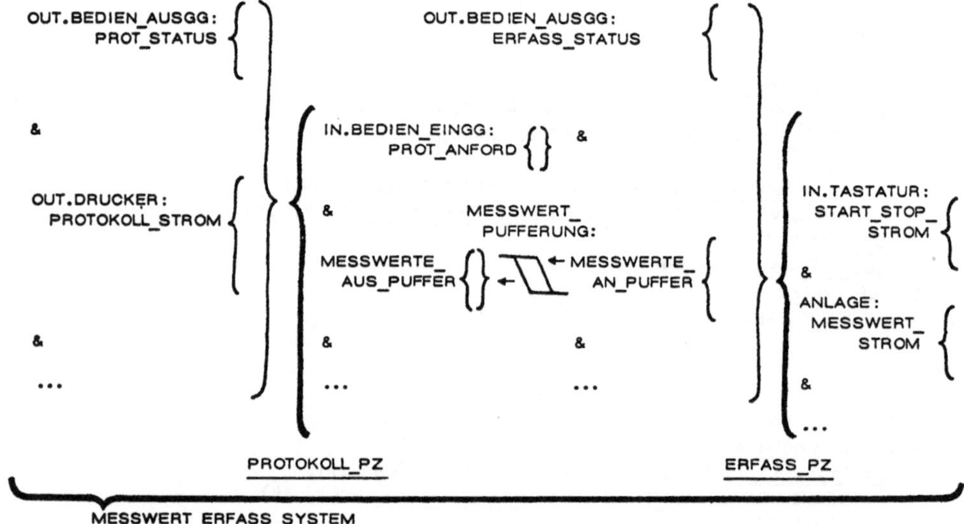

Das Symbol: zeigt an, daß hier ein Kanal mit "first in first out" Eigenschaften vorliegt.

3.2 Datenströme

Das bisherige Ergebnis benennt einige Trägerorte und beschreibt im übrigen ein Arbeitsprogramm. Prozeßtypen - Diagrammteile mit "&&" - sind tatsächlich Prozeßmengen, w e n n die Datenströme beschrieben sind, sie geben also eine diffuse Beschreibung. - Das Arbeitsprogramm besteht in der Ausarbeitung der MW_ERF_ DEFINITIONEN, (siehe das Hauptdiagramm 3.12):

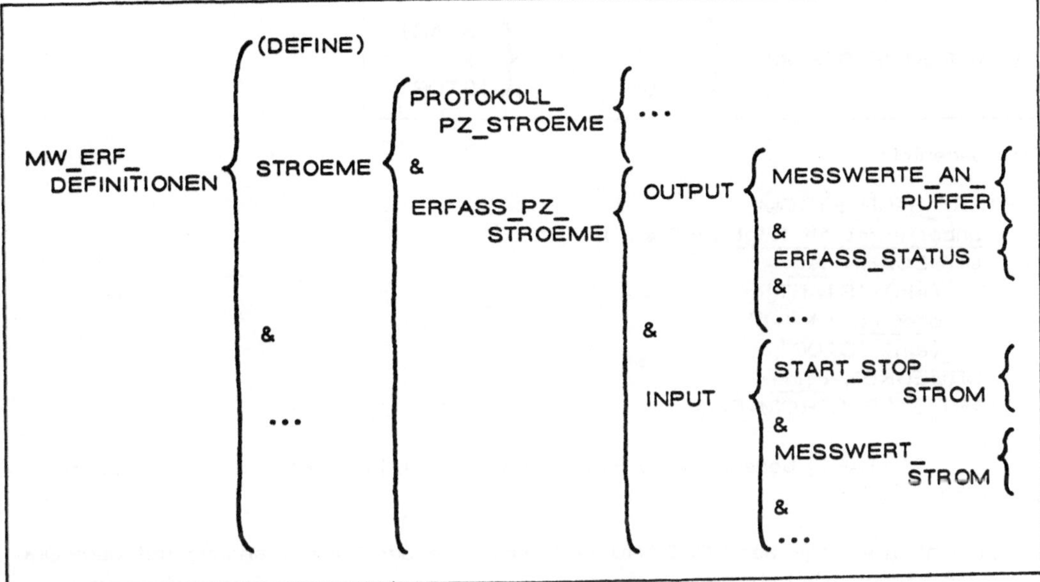

In DEFINE-Blöcken bedeutet "&" einfach das logische "und", alle Komponenten sind dort als Bool-Ausdrücke interpretierbar (z.B.: START_STOP_STROM = $\{\ldots\}$). Wir betrachten nun einige der Ströme.

3.21 START_STOP_STROM

<u>Ideal</u> wird am Anfang eines Meßvorganges "Start" gegeben, am Ende "Stop". Das heißt:

START_STOP_STROM	$\{$	VORGANG (*)	$\{$	'START' * 'STOP'

Das bedeutet:

```
START_STOP_STROM

    unbestimmt oft folgt (→ "(*)")
    VORGANG beginnt mit
        (einem) 'START'
        danach folgt (→ "*")
        (ein) 'STOP'
    VORGANG-Ende
START_STOP_STROM-Ende
```

<u>Real</u> kann jeder drücken, wann und was er will, also:

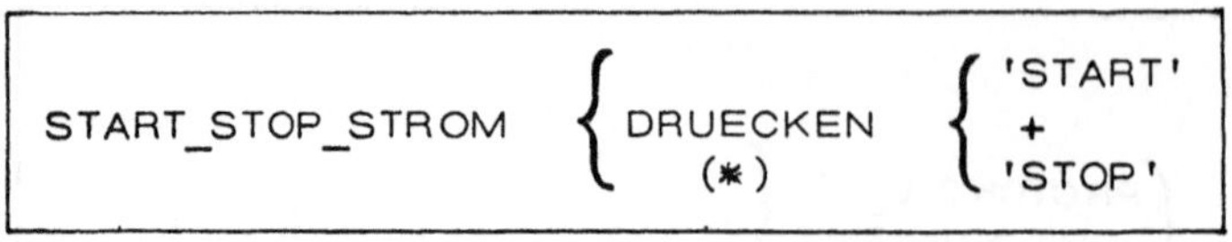

```
                         ⎧                ⎧ 'START'
START_STOP_STROM  ⎨ DRUECKEN    ⎨ +
                         ⎩    (*)          ⎩ 'STOP'
```

Das bedeutet:

```
START_STOP_STROM
   unbestimmt oft folgt (→ "(*)")
   DRUECKEN ist
      (ein) 'START'
      oder ist (→ "+")
      (ein) 'STOP'
   DRUECKEN-Ende
START_STOP_STROM-Ende
```

'START' = {START} bedeutet eine Einermenge, nur e i n Wert - START - ist im
Einzelfall möglich.

Dabei geht allerdings der VORGANG verloren, also der Zusammenhang mit dem Output; das können wir beheben:

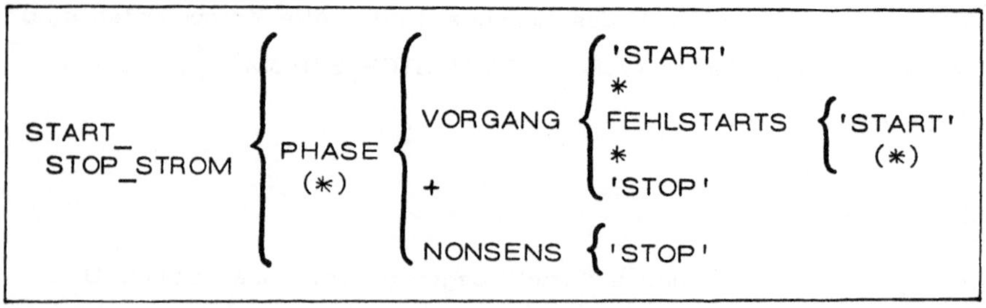

```
                 ⎧             ⎧              ⎧ 'START'
                 ⎪             ⎪              ⎪ *
START_           ⎪  PHASE  ⎪  VORGANG ⎨ FEHLSTARTS  ⎧ 'START'
STOP_STROM  ⎨    (*)     ⎨              ⎪ *              ⎨  (*)
                 ⎪             ⎪  +           ⎩ 'STOP'
                 ⎪             ⎪
                 ⎩             ⎩  NONSENS  ⎧ 'STOP'
```

Das bedeutet:

```
START_STOP_STROM
   unbestimmt oft folgt (→ "(*)")
   PHASE ist
      VORGANG beginnt mit
         (einem) 'START'
         danach folgt (→ "*")
         FEHLSTARTS
            unbestimmt oft folgt (→ "(*)")
            (ein) 'START'
         FEHLSTARTS-Ende
         danach folgt (→ "*")
         (ein) 'STOP'
      VORGANG-Ende
      oder ist (→ "+")
      NONSENS (das ist)
      (ein) 'STOP'
      NONSENS-Ende
   PHASE-Ende
START_STOP-Ende
```

83

Physisch ist das gleich dem vorigen. Wir verwenden diese Form später.

Nun noch ein Abstecher in eine Konfigurationsanpassung: die tatsächliche Struktur

des Tastatur-Kanals ist ein Parallel aus zwei Tasten, TSTART und TSTOP. Jede von

ihnen kann nur 'JETZT' sagen, aber man kann sie zugleich drücken:

```
IN.TASTATUR:        ⎧ TSTART:  _ _  ⎧ 'JETZT'
  START_STOP_STROM  ⎨ &             ⎩ (*)
                    ⎩ TSTOP:   _ _  ⎧ 'JETZT'
                                    ⎩ (*)
```

" _ _ " ersetzt einen Bezeichner für die nachfolgende Klammer.

Gleichwertig ist:

```
IN.TASTATUR:              ⎧         ⎧ TSTART: 'JETZT'
  START_STOP_STROM        ⎨ SCHRITT ⎨ +
                          ⎩  (*)    ⎨ TSTOP: 'JETZT'
                                    ⎨ +          ⎧ TSTART:'JETZT'
                                    ⎩ BEIDE      ⎨ &
                                                 ⎩ TSTOP: 'JETZT'
```

Das bedeutet:

```
Ereignisse von (Ort) TASTATUR: (das ist ein)
    START_STOP_STROM (ist)
        unbestimmt oft folgt (→ "(*)")
        SCHRITT, das ist
            bei (Ortsteil) TSTART: (ein) 'JETZT'
            oder ist (→ "+")
            bei (Ortsteil) TSTOP: (ein) 'JETZT'
            oder ist (→ "+")
            BEIDE, besteht aus
                bei (Ortsteil) TSTART: 'JETZT'
                und (→ "&")
                bei (Ortsteil) TSTOP: 'JETZT'
            BEIDE-Ende
        SCHRITT-Ende
    START_STOP_STROM-Ende
```

Es gibt Konfigurationen, die solches liefern können. Zu entscheiden bleibt, ob BEIDE

als START, als STOP oder als ungültig aufzufassen ist. Weiter ist zu entscheiden,

ob der ERFASS_PZ die echten Signale aus der Konfiguration entgegennimmt - 'START'

ist dann durch TSTART: 'JETZT' usw. zu ersetzen - oder ob ein neuer Prozeß (in

Interrupt-Nähe) die Kompaktsignale ('START', 'STOP') interpretierend erzeugen

soll.

3.22 MESSWERTE_AN_PUFFER

Die einfachste Form ist:

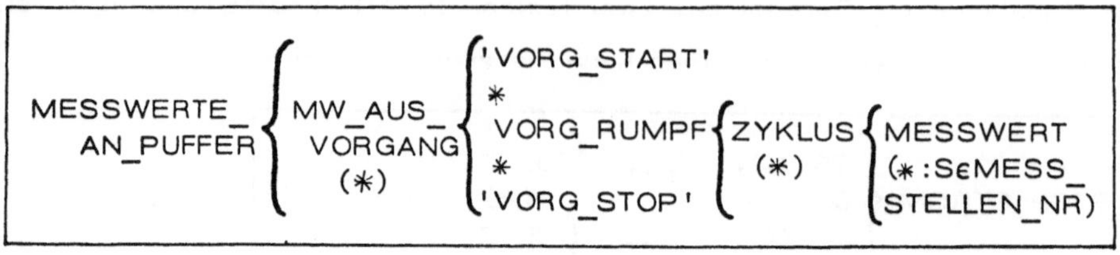

$$
\text{MESSWERTE\_AN\_PUFFER}
\left\{
\begin{array}{l}
\text{MW\_AUS\_}\\
\text{VORGANG}\\
(*)
\end{array}
\right\}
\left\{
\begin{array}{l}
\text{'VORG\_START'}\\
*\\
\text{VORG\_RUMPF}\\
*\\
\text{'VORG\_STOP'}
\end{array}
\right\}
\left\{
\begin{array}{l}
\text{ZYKLUS}\\
(*)
\end{array}
\right\}
\left\{
\begin{array}{l}
\text{MESSWERT}\\
(*:S\in\text{MESS\_}\\
\text{STELLEN\_NR})
\end{array}
\right.
$$

Das bedeutet:

```
MESSWERTE_AN_PUFFER
    unbestimmt oft folgt (→ "(*)")
    MW_AUS_VORGANG beginnt mit
        (einem) 'VORG_START'
        danach folgt (→ "*")
        VORG_RUMPF (ist)
            unbestimmt oft folgt (→"(*)")
            ZYKLUS (ist)
                für jedes S aus (der Menge) MESS_STELLEN_NR
                folgt (in aufsteigender Ordnung)
                (→ "(*:S∈MESS_STELLEN_NR)")
                (ein) MESSWERT
            ZYKLUS-Ende
        VORG_RUMPF-Ende
        danach folgt
        (ein) 'VORG_STOP'
    MW_AUS_VORGANG-Ende
MESSWERTE_AN_PUFFER-Ende
```

'VORG_START' bzw. 'VORG_STOP' begrenzen die Daten eines VORGANG, der ja eine durch die Tastatursignale ('START', 'STOP') gegebene, unbestimmte Länge (Zyklenzahl) hat.

Realer wäre, wenn nicht alle Meßwerte bei jedem Vorgang abzuliefern wären. Dann (mit MS_NR anstelle MESS_STELLEN_NR):

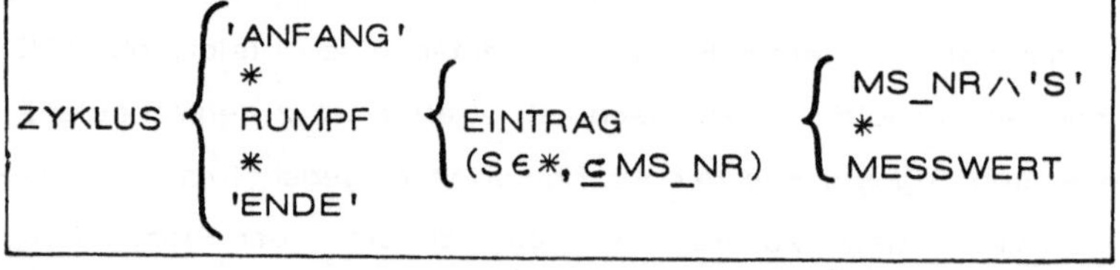

$$
\text{ZYKLUS}
\left\{
\begin{array}{l}
\text{'ANFANG'}\\
*\\
\text{RUMPF}\\
*\\
\text{'ENDE'}
\end{array}
\right\}
\left\{
\begin{array}{l}
\text{EINTRAG}\\
(S\in*,\subseteq\text{MS\_NR})
\end{array}
\right\}
\left\{
\begin{array}{l}
\text{MS\_NR}\wedge\text{'S'}\\
*\\
\text{MESSWERT}
\end{array}
\right.
$$

(Bedeutung: siehe nächste Seite)

Das bedeutet:

```
ZYKLUS beginnt mit
   (einem) 'ANFANG'
   danach folgt
   RUMPF
       für jedes S aus  (→ "(S ∈ *,)")
       einer Teilmenge  (→ "⊆" ) von MS_NR
       folgt (→ "*")  (in aufsteigender Ordnung) (ein)
       EINTRAG, beginnt mit
          (einer) MS_NR, und (→ "∧") (zwar mit einem) 'S'
          danach folgt (→ "*")
          (ein) MESSWERT
       EINTRAG-Ende
   RUMPF-Ende
   danach folgt (→ "*")
   (ein) 'ENDE'
ZYKLUS-Ende
```

Wenigstens eine der Begrenzungen (ANFANG, ENDE) ist nötig, da die Vorgänge (selbst ideal) nicht mehr durch Abzählen auseinander zu halten sind.

Nun wieder ein Abstecher in eine Konfigurationsanpassung: es soll in "Sätzen geblockt" werden, zur Vereinfachung gehen wir von der idealen Form aus:

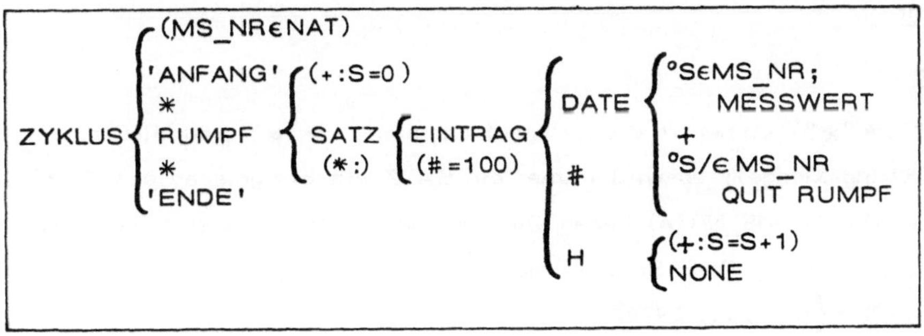

$$
\text{ZYKLUS}
\begin{cases}
\text{(MS\_NR} \in \text{NAT)} \\
\text{'ANFANG'} \\
* \\
\text{RUMPF} \\
* \\
\text{'ENDE'}
\end{cases}
\text{SATZ}
\begin{cases}
(+:S=0) \\
\\
\text{EINTRAG}
\begin{cases}
(*:) \\
(\#=100)
\end{cases}
\end{cases}
\begin{cases}
\text{DATE}
\begin{cases}
{}^\circ S \in \text{MS\_NR}; \\
\quad \text{MESSWERT} \\
+ \\
{}^\circ S/\in \text{MS\_NR} \\
\quad \text{QUIT RUMPF}
\end{cases} \\
\# \\
\\
H
\begin{cases}
(+:S=S+1) \\
\text{NONE}
\end{cases}
\end{cases}
$$

(Bedeutung: siehe nächste Seite)

Das bedeutet:

```
ZYKLUS beginnt mit
    vorausgesetzt, MS_NR ist eine natürliche Zahl (→ "(MS_NR∈NAT"),
    (einem) 'ANFANG'
    danach folgt
    RUMPF
        wähle (→ "(+:") S = 0
        endlos oft folgt      (→ "(*:)") (bis verlasse RUMPF, s.u.)
        SATZ
            100 mal steht hintereinander  (→ "(# = 100)")
            EINTRAG fängt an mit
              DATE, das ist
                  wenn S eine MS_NR (ist), (→"°S∈MS_NR")
                  (ein) MESSWERT
                  oder ist (→ "+")
                  wenn S keine (→ "/∈") MS_NR (ist),
                  verlasse (→ "QUIT") RUMPF
              DATE-Ende
              dahinter steht (→ "#")
              H (das ist)
                  wähle (→ "(+:") S(neu) = S+1
                  (sonst) nichts (→ "NONE")
              H-Ende
            EINTRAG-Ende
        SATZ-Ende
    RUMPF-Ende
    danach folgt
    'ENDE'
ZYKLUS-Ende
```

Dabei ist "folgt" (→ "*") immer zeitlich, "steht dahinter" (→ "#") räumlich zu verstehen (eine String-Menge); es wird immer ein SATZ als Ereignis an den Kanal gegeben. Zur Zählung der MS_NR(n) haben wir die Dummy-Komponente H benutzt. Natürliche Zahlen sind in der DSE-Sprache die Menge ihrer Vorgänger, das heißt z.B.: MS_NR = 2500 = $\{0, 1, \ldots 2499\}$.

3.23 MESSWERT_STROM

Die Anlage ist ein Ort mit vielen Teilen, nämlich allen fraglichen Meßstellen. Eine erste Vermutung könnte sein:

```
ANLAGE:                         ⎧ S : MESSWERT  ⎧ ANALOG  ⎧ REAL
    MESS_EINRICHTUNG ⎨              ⎨ +
                                ⎩ (&:S∈MS_NR)   ⎩ DIGITAL ⎧ 2
```

(Bedeutung: siehe nächste Seite)

Das bedeutet:

    Wert bei (Ort) ANLAGE: ist (vom Typ)
        MESS_EINRICHTUNG (ist:)
            für jedes S aus MS_NR liegt vor (→ "&")
            Wert bei (Ortsteil) S: (ist ein)
                MESSWERT, das ist (ein)
                    ANALOG(-Wert), das ist
                        (ein) REAL(-Wert)
                    ANALOG-Ende
                    oder (ist ein) (→ "+")
                    DIGITAL(-Wert), das ist
                        (ein Wert aus) 2
                    DIGITAL-Ende
                MESSWERT-Ende
        MESS_EINRICHTUNG-Ende

Hieraus können wir Ströme in beliebiger Reihenfolge ziehen, im einfachsten Fall:

$$\text{ANLAGE:}$$
$$\text{MESSWERT\_STROM} \left\{ \begin{array}{l} \text{MW\_EIN\_} \\ \text{VORGANG} \\ (\ast) \end{array} \right. \left\{ \begin{array}{l} \text{ZYKLUS} \\ (\ast) \end{array} \right. \left\{ \begin{array}{l} \text{S : MESSWERT} \\ (\ast : S \in \text{MS\_NR}) \end{array} \right. \ldots \left\{ \right.$$

Man sagt uns aber, daß es diverse Arten von Meßwerten gibt; sie bilden eine Menge MW_ART, z.B. MW_ART = {BOOL, INT8, INT16, REAL_EINFACH, ...}. Es gibt eine Typenzuordnung MS_TYPZU, eine Abbildung von MS_NR in MW_ART. Weiterhin werden nicht immer alle Meßstellen gemessen, und nicht in aufsteigender Folge. Folglich gibt es für jeden Vorgang eine aktuelle Anzahl AKTANZ $\in$ ABS(MS_NR)+1 (erinnere: Natürliche Zahlen "sind" ihre Vorgänger, ABS gibt den Umfang einer Menge) und eine Abbildung MS_REIHE von AKTANZ in MS_NR.

Diese Belehrung fixieren wir als:

$$\text{MESSWERT\_} \atop \text{STROM} \left\{ \begin{array}{l} (\text{MS\_TYPZU} \in (\text{MS\_NR} / -\!-\!\!> \text{MW\_ART})) \\[1em] \text{MW\_EIN\_} \\ \text{VORGANG} \\ (\ast) \end{array} \right. \left\{ \begin{array}{l} (+ : \text{AKTANZ} \in (\text{ABS}(\text{MS\_NR})+1), \\ \quad \text{MS\_REIHE} \in (\text{AKTANZ} / -\!-<> \text{MS\_NR}), \\[1em] \text{ZYKLUS} \\ (\ast) \end{array} \right. \left\{ \begin{array}{l} \text{SCHRITT} \\ (\ast : J \in \\ \text{AKTANZ}) \end{array} \right. \left\{ \begin{array}{l} (+S = \text{MS\_REIHE}(J)) \\ \text{ANLAGE.S : MS\_} \\ \quad\quad \text{TYPZU}(S) \end{array} \right.$$

(Bedeutung: siehe nächste Seite)

Das bedeutet:

```
MESSWERT_STROM (ist)
    vorausgesetzt,(→ "( "), MS_TYPZU ist (ein Element) aus
                          der Menge der Abbildungen
                          von MS_NR in MW_ART; (→ "/-->")
    unbestimmt oft folgt (→"(*)")
    MW_EIN_VORGANG (ist)
        wähle (→"(+: ") AKTANZ aus ABS(MS_NR)+1
                                    (und wähle) (→",")
            MS_REIHE aus
                der Menge der ein-eindeutigen Abbildungen
                von AKTANZ in MS_NR; (→"/--<>")
        unbestimmt oft folgt (→"(*)")
        ZYKLUS (ist)
            für jedes J aus AKTANZ folgt (→"(*:J∈AKTANZ)")
            SCHRITT
                wähle (→"(+: ") S = MS_REIHE(J);
                Wert bei (Ort) ANLAGE.S :(ist aus) MS_TYPZU(S)
            SCHRITT-Ende
        ZYKLUS-Ende
    MW_EIN_VORGANG-Ende
MESSWERT_STROM-Ende
```

Hier kommt zusätzlicher Input in Sicht, irgendwoher müssen AKTANZ und MS_REIHE
ja kommen (vielleicht eine Code-Ziffer, zusätzlich zu START?). - Gerade an diesem Beispiel sehen wir einiges an Listen, Hilfsvariablen usw. auftauchen.

3.3 Prozeßbeschreibung

Mit der Wahl der Datenströme sind Prozesse diffus bestimmt. Jetzt können sie präzisiert werden.

3.31 Präzisierung

Wir demonstrieren die zwei wichtigsten Formen: die Faktorisierung und die Spaltung.

FAKTORISIERUNG

Vorher:	Nachher:
Der ganze AUS_STR hängt ab vom ganzen EIN_STR; (z.B. umgekehrte Reihenfolge wäre möglich).	Jedes der Y hängt ab vom zugeordneten X; PROZESS ist ein (sequentielles) Produkt von MACHE.
PROZESS { OUT.A: AUS_STR { Y (*) && IN.B: EIN_STR { X (*)	PROZESS { MACHE { OUT.A: Y && (*) IN.B: X

PROZESS liefert
  Ereignisse an A: (ein)
    AUS_STR (ist)
      unbestimmt oft folgt (→ "(*)")
      (ein) X
    AUS_STR-Ende
  aus (→ "&&")
  Ereignissen von B:(ein)
    EIN_STR (ist)
      unbestimmt oft folgt (→ "(*)")
      (ein) Y
    EIN_STR-Ende
PROZESS-Ende
	PROZESS (ist)
	  unbestimmt oft folgt (→ "(*)")
	  MACHE liefert
	    Ereignis an A: (ein) Y
	    aus (→ "&&")
	    Ereignis von B: (ein) X
	  MACHE-Ende
	PROZESS-Ende

Auch rechts steht noch eine Menge von Prozessen, denn die Abhängigkeit der Y von den X bleibt offen. Aber die Menge rechts ist sehr viel kleiner geworden. - Faktorisierung ist auch parallel möglich (z.B. "bitweise" logische Verknüpfung zweier Rechner-Worte).

SPALTUNG

Vorher:	Nachher:
Hier könnte jeder Wert von AUSGANG sowohl von einem Q oder von einem R erzeugt werden.	Bei Werten aus Q wird mit MACHE1 ein U, bei Werten aus R wird mit MACHE2 ein V erzeugt.
PROZESS { OUT.A:AUSGANG { U + V && IN.B: EINGANG { Q + R	PROZESS { MACHE1 { OUT.A: U && IN.B: Q + MACHE2 { OUT.A: V && IN.B: R

PROZESS liefert
  Ereignis an A:
    AUSGANG ist
      (ein) U
      oder ist (→ "+")
      (ein) V
    AUSGANG-Ende
  aus (→ "&&")
  Ereignis von B:
    EINGANG ist
      (ein) Q
      oder ist (→"+")
      (ein) R
    EINGANG-Ende
PROZESS-Ende
	PROZESS ist
	  MACHE1 liefert
	    Ereignis an A: (ein) U
	    aus (→ "&&")
	    Ereignis von B: (ein) Q
	  MACHE1-Ende
	  oder ist (→ "+")
	  MACHE2 liefert
	    Ereignis an A: (ein) V
	    aus (→ "&&")
	    Ereignis von B: (ein) R
	  MACHE2-Ende
	PROZESS-Ende

Auch hier bleiben noch offene Abhängigkeiten, aber wieder ist die Menge der rechts noch möglichen Prozesse kleiner als die linke.

Präzisierung schränkt also die Vielzahl denkbarer Abhängigkeiten ein.

3.32 Anwendung der Präzisierungen

Damit diese Techniken anwendbar werden, müssen die Datenströme durch Einschieben von Blindnamen und "nichts" (NONE)-Komponenten auf dasselbe Aussehen gebracht - "angepaßt" - werden. Das folgende Diagramm zeigt den ERFASS_PZ-Typ mit angepaßten Datenströmen. Dabei wurden abgekürzt: MESSWERT_PUFFERUNG zu MW_PFG, TASTATUR zu TAST, MESS_STELLEN_NR zu MS_NR. Eingeschobene Blindnamen wurden in runde Klammern gestellt. Bei Nicht-Entsprechungen (NONE) wurde die Angleichung abgebrochen. Wir erhalten:

```
                     ┌ OUT.MW_PFG:    ┌         ┌ MW_AUS_  ┌ 'VORG_START'         ┌ 'ANFANG'                           ┌ 'S'
                     │ MESSWERTE_     │ (PHASE) │ VORGANG  │ *            ┌ ZYKLUS │ *         ┌ EINTRAG          ┌ 'S' │ #
                     │    AN_PUFFER   │ (*:)    │ +        │ V_RUMPF      │ (*)     │ Z_RUMPF  │ (*:S∈MS_NR)      │ MESSWERT
                     │                │         │ NONE     │ *            │         │ *        └                  └
                     │                │         └          └ 'VORG_STOP'  └         │ 'ENDE'
                     │                                                              │ *
                     │ &&                                                           └ °NONE
                     │
            ERFASS_  │ IN.TAST:       ┌         ┌ VORGANG  ┌ 'START'              ┌ NONE
            PZ      ─┤ START_STOP_    │ PHASE   │          │ *            ┌(ZYKLUS)│ *
                     │     STROM      │ (*:)    │ +        │ FEHLSTARTS   │ (*)     │ NONE
                     │                │         │          │ *            └         │ *
                     │                │         │          │ 'STOP'                 │ NONE
                     │                │         │          └                        │ *
                     │                │         │ NONSENS  ┌ 'STOP'                 └ °'START' /* vielleicht (→ "o")...*/
                     │                │         └
                     │ &
                     │
                     │ ANLAGE:        ┌         ┌ MW_EIN_  ┌ NONE                 ┌ NONE                        ┌ NONE
                     │ MESSWERT_      │ (PHASE) │ VORGANG  │ *            ┌ ZYKLUS │ *         ┌ (EINTRAG)       │ *
                     │     STROM      │ (*:)    │ +        │ (V_RUMPF)    │ (*)     │ (Z_RUMPF) │ (*:S∈MS_NR)     └ S:MESSWERT
                     │                │         │          │ *            └         │ *        └
                     └                │         │          └ NONE                   │ NONE
                                      │         └ NONE                              │ *
                                                                                    └ NONE
```

"(*:)" heißt: "endlos oft folgt", was hier richtiger ist als "(*)".

Das Ausschreiben der Bedeutung würde mehrere Seiten füllen und nichts zur Übersicht beitragen. Wir müssen den Leser bitten, die Diagrammteile mit den früher gegebenen Strombeschreibungen zu vergleichen. Die "Fehlstarts" werden jeweils am Zyklus-Ende akzeptiert (ohne Wirkung, aber der TAST-Kanal muß wegen eventuellem 'STOP' gehört werden).

Nunmehr fassen wir die Diagramme zusammen, wobei Prozeßteil-Bezeichner (z.B. "M_ZYKLUS", "M" für "mache") eingeführt und Datenstrombezeichner entfernt werden. Dies kann schrittweise von links nach rechts vorgenommen werden ("Reißverschluß"), wir zeigen das verkürzt:

Prozeßbeschreibung ERFASS_PZ

```
                    ┌INIT                              ┌OUT.MW_PFG: MW_AUS_VORGANG {
                    │/*Pz-Start*/         ┌M_VORGANG ─┤&& (s. unten)
                    │*                    │           │IN.TAST: VORGANG {
ERFASS_PZ ─┤EP_RUMPF ─┤M_PHASE ─┤+          │&
                    └          │(*:)      │           └ANLAGE: MW_EIN_VORGANG {
                               │
                               └M_NONSENS {IN.TAST: 'STOP'


                    ┌M_START {IN.TAST: 'START'
                    │        │*
                    │        └OUT.MW_PFG: 'VORG_START'
                    │
                    │*                                 ┌OUT.MW_PFG: ZYKLUS {/*aus MW_AUS ...*/
M_VORGANG ─┤M_V_RUMPF ─┤M_ZYKLUS ─┤&& (s. unten)
                    │            │(*)        │IN.TAST: (ZYKLUS) {/*aus FEHLSTARTS*/
                    │*                        │&
                    │                         └ANLAGE: ZYKLUS {/*aus MW_EIN ...*/
                    │
                    └M_STOP {IN.TAST: 'STOP'
                            │*
                            └OUT.MW_PFG: 'VORG_STOP'


                    ┌OUT.MW_PFG: 'ANFANG'
                    │*                              ┌ANLAGE.S:MESSWERT (=M) /*Lesen*/
                    │M_Z_RUMPF ─┤MW_LES   ─┤*                        ┌MS_NR/\'S'
M_ZYKLUS ─┤*            │(*:S∈MS_NR)  │OUT.MW_PFG: EINTRAG ─┤#
                    │OUT.MW_PFG: 'ENDE'              └                        └MESSWERT/\'M'
                    │*
                    └°IN.TAST: 'START'
```

Die Präzisierung wurde in MW_LES abgeschlossen, indem der gelesene MESSWERT (= M) zum auszugebenden gemacht wurde. Abgesehen davon hat sich an der Sprache nichts geändert. Als Beispiel für die Entstehung: M_START war in einem (weggelassenen) Zwischenstadium typisiert als:

```
            ┌OUT.MW_PFG: 'VORG_START'
            │&&
M_START ─┤IN.TAST: 'START'
            │&
            └ANLAGE: NONE /*d.i. gleich NONE, kann entfallen*/
```

Das sind korrespondierende, in gleicher Position stehende Stromkomponenten; siehe das vorige Diagramm. M_START entsteht durch Bildung einer Folge ("*") mit Input vorweg; die funktionelle Abhängigkeit ist schon fertig, da sie konstant ist.

Der Prozeß ist damit determiniert, allerdings in manchen Hinsichten unrealistisch. Z.B. müßte das hier "pausenlose" Erfassen durch Output/Input an/von einem Zeitgeberprozeß gerastert werden. - Abgesehen davon, verbleibt nur die Umformung in eine gesteuerte Version; dazu werden die Inputs soweit vorgezogen, daß Verzweigungen ("+") und Schleifenenden (*) rechtzeitig erkannt werden. Wir führen das nicht durch, versichern aber, daß es sich um eine bloße Äquivalenz-Umformung handelt (ohne Zusatz-Informationen).

4.   ZUSAMMENFASSUNG

a) Wir haben gezeigt, wie von einem "Denkanstoß" aus sich zunächst das "Arbeitsprogramm" der Datenstromentwicklung ergibt und wie daraus wiederum fugenlos
eine Prozeßbeschreibung entwickelbar ist. Wir versichern, daß dann ebenso stoß-
frei ein Code in beliebiger Programmiersprache herstellbar ist.

b) Zu ausreichender Demonstration a l l e r generellen Konzepte aus 2. wären mehr
Beispiele und breitere Erörterungen nötig - Datenverarbeitung ist eben vielgestal-
tig. Die Techniken der Prozeß-Entwicklung - das "Zusammenpassen" der Datenströme zur Prozeßbeschreibung - konnte auch nur höchst flüchtig berührt werden;
einiges mehr darüber in [4], dort auch weiteres zum Sprachkonzept.

c) Es konnten einige Abzweige in implementierungsnähere Modellschichten dargestellt
werden - wenn auch nur für das spezielle Thema der Konfigurationsanpassung. Die
aufblähende und verdunkelnde Wirkung schon solch kleiner Rücksichtnahmen - zwei
zusätzliche Ortsbezeichner (TSTART, TSTOP) für die TASTATUR-Darstellung, die
uninformative Signalbezeichnung 'JETZT' statt 'START', 'STOP'; die aufwendige
Zählung für den QUIT-Ausgang im geblockten ZYKLUS von MESSWERTE_AN_
PUFFER, der SATZ - Zwischenbegriff, die Blockungskonstante - alle diese Zu-
sätze oder Verzerrungen belasten bei Multiplikation mit 20 oder 100 (ähnlichen
Rücksichtnahmen) die Beschreibung schon erheblich.

d) Wir versichern, daß andere Schichtübergänge - wie der von nichtprozeduraler zu
prozeduraler Beschreibung - noch weitaus höhere Verlängerungen zur Folge haben.
(Nichtprozedurale Beschreibung ist in den "(+:"-Klammern möglich, z.B.
"(+:X $\in$ REAL; $\wedge$ X + Y = K, X $*$ (1 - M) + Y $*$ M = L)"; X, Y sind dann die Lösungen
des Gleichungssystems, abhängig von K, L, M). Ähnliches gilt für die Auflösung
abstrakter Datentypen; die Meßstellennummern dürfen z.B. Zeichenstrings sein
(Namen statt Nummern); ANLAGE ist dann ein Vektor mit Zeichenstrings als
Indexmenge - ein s o unmöglich realisierbarer Datentyp, aber unter Umständen
äußerst praktisch.

e) Vor allem haben wir gezeigt, wie Zusatzinformationen über das System gewonnen
werden und sogleich ihren Platz finden: der Entwerfende projiziert sein Verständnis in einen Datenstrom, versichert sich - verbalisiert wenn nötig, wir haben das
ständig praktiziert - beim Anwender und bekommt die Antwort, die er g e r a d e
j e t z t verwerten kann.

Am Rande sei vermerkt, daß die Diagramme schon jetzt (aus einer linearen Eingabeform) mechanisch herstellbar sind; weitere Hilfsmittel - u.a. Programmgeneratoren - sind in Arbeit.

f) Daß "Funktion" in den Datenströmen ihren Platz hat, zeigen der VORGANG im START_STOP-Strom oder die Abbildungen MS_TYPZU und MS_REIHE in MESSWERTE_AN_PUFFER; "Funktion" wird hier benannt und lokalisiert. Wir versichern, daß wir alles, was als "komplex" an Funktionen gilt, praktisch nur an den Datenströmen abhandeln (der Rest ist Fleißarbeit). Dabei helfen uns die in den "(+:"-Klammern definierbaren Hilfsobjekte - "Wertbezeichner"; dort benennen wir, was benötigt wird; später dann klären wir, woher wir es bekommen können. Es sollte dies den Streit um Daten- versus Funktions-"orientierung" versöhnlich beenden - "Funktion" wird benannt, wenn der Argument- oder der Wertbereich im Datenstrom lokalisierbar ist.

g) Schließlich dürfen wir feststellen, daß die Spanne vom "Denkanstoß" bis hin zur Realisierung mit e i n e r Sprache und aus e i n e m Denkansatz heraus - der Verkleinerung von Funktionsmengen, die wir "Präzisierung" nannten - überbrückt werden konnte.

5. LITERATUR

[1] Parker, John: Design Methodologies _ _ A Comparison.
ACM Software Engineering Notes 3, No. 4, October 1978, 12 - 19.

[2] Jackson, Michael A,: Principles of Program Design.
Academic Press (1975).

[3] Warnier, Jean-Dominique: Logical Construction of Programs.
H. E. Stenfort Kroese BV 1974.

[4] Orr, Kenneth: Structured Systems Development.
New York 1977.

[5] Ehling, Hans-Jürgen und Pfender, Michael:
Datenstrukturierter Software-Entwurf.
AEG/interner Bericht Z 5612 SB 014/78 (englisch).

MÖGLICHKEITEN UND PROBLEME DER INTEGRATION VON DATEN- UND METHODENBANKEN

Dieter GERNERT, TU München

1. Probleme beim Arbeiten mit Daten- und Methodenbanken

Beim Umgang mit Daten- und mit Methodenbanken können Schwierigkeiten ähnlicher Art auftreten. Es fällt nicht immer leicht, von Datenbeständen rechten Gebrauch zu machen, z.B. zu erkennen, welche Daten für den Einzelfall relevant sind, und es gibt typische Probleme und Fehler bei der Auswahl von geeigneten Methoden.

Bei der hier erörterten Zielvorstellung einer Integration von Daten- und Methodenbanken geht es darum,

1. qualifizierte Auswertungen vorhandener Datenbestände zu erleichtern (insbesondere solche, die über die Reichweite der üblichen Abfragesprachen hinausgehen), und

2. den Anwendern von mathematischen Methoden den Zugang zu Datenbasen zu ebnen.

Im folgenden werden zunächst Fragen der Methodenauswahl diskutiert. Es wird sich zeigen, daß von da her auch Rückwirkungen auf Entwurf und Betrieb von Datenbanken eintreten können, und daß gewisse Fortschritte im Bereich der Auswertungsmethodik unumgänglich sind, wenn man darauf abzielt, den Einsatz von Datenbanksystemen zu verbessern.

2. Komplikationen bei der Auswahl von Lösungsverfahren und Ansätze zu ihrer Bewältigung

2.1 Das Erscheinungsbild der Schwierigkeiten

2.11 Fachkundige Benutzer

Schwierigkeiten mit der Methodenauswahl treten keineswegs nur beim "casual user" auf. Aus Erfahrungen von Industriepraktikern geht hervor, daß häufig hochqualifizierte Fachleute, z.B. Entwicklungsingenieure, einfach nicht die Zeit haben, um die Literatur im Hinblick auf neue mathematische Verfahren (etwa zur Lösung spezieller Differentialgleichungssysteme) zu verfolgen.

2.12 Weniger geübte Benutzer

Zunächst soll die Notwenigkeit begründet werden, auch dem "general user" gewisse Bestände an Lösungsverfahren - z.B. Operations-Research-Verfahren - zugänglich zu machen. Gelegentlich wird etwa wie folgt argumentiert: Der Computer ist ein Präzisionsgerät, und wer es benutzen will, der soll sich eben die nötigen Kenntnisse aneignen, genauso wie man zum Autofahren einen Führerschein erwerben muß. Diese These dürfte freilich an einem entscheidenden Punkt vorbeigehen: Im Gegensatz zu Hochschulrechenzentren, wo man die Nutzungsmöglichkeiten rationieren muß, besteht in manchen Betrieben eine "negative Nachfrage" nach Computerleistungen; viele Sachbearbeiter alten Stils sind froh, wenn sie weiterhin in der gewohnten Weise (z.B. mit Karteien usw.) arbeiten dürfen. Aus der Sicht des Betriebsganzen besteht hingegen ein Interesse, den genannten Personenkreis an die EDV und die modernen Auswertungsverfahren heranzuführen.

Die Komplikationen bei der Verfahrensauswahl lassen sich wie folgt kurz zusammenfassen (vgl. [11], S. 53-57):

1. Gefahr der Schematisierung des Problemlösungsverhaltens (Beibehaltung früherer Lösungsmethoden ohne Rücksicht auf Besonderheiten des aktuellen Einzelfalls),

2. Tendenz zur Bevorzugung anschauungsnaher Verfahren,

3. "Zurechtbiegen" des Modells derart, daß eines der Verfahren in Betracht kommt, die gerade dem Modellautor bekannt sind,

4. Orientierung an vorhandenen Computerprogrammen.

Besonders ist daruf hinzuweisen, daß infolge dieser denkpsychologischen Einflüsse nicht nur weniger taugliche Verfahren ausgewählt werden, sondern auch bei der Modellbildung Verzerrungen eintreten, so daß die Kenntnisse des Modellautors über einen Ausschnitt der Realität sich nicht adäquat in dem Modell niederschlagen.

2.2 Methodenbanken

2.21 Aufbau und Dialogführung

In der Hauptsache besteht eine Methodenbank aus einer Modulbibliothek
und einem Dialogteil [2,9,23]. Der Dialogteil dient dazu, dem Benutzer
Auskunft über die gespeicherten Methoden zu geben und ihn Schritt für
Schritt an eine geeignete Methode (bzw. eine Kombination mehrerer Methoden) heranzuführen.

Der Dialog kann in Form mehrerer Hierarchiestufen organisiert sein,
wobei der Benutzer zunächst einen Überblick über alle Methodenklassen,
dann über eine Methodenklasse und schließlich Detailinformationen über
einzelne Methoden erhält [9]. Anderen Systemen liegt ein sehr umfangreicher Entscheidungsbaum zugrunde, der im Dialog durchlaufen wird, um
den Benutzer "vom Allgemeinen zum Speziellen" zu führen. An jedem Knoten werden Informationen über die Folgeknoten ausgegeben, worauf der
Benutzer sich für einen dieser Folgeknoten entscheiden muß, bis
schließlich nach dem Durchlaufen des Entscheidungsbaums eine Methode
gefunden worden ist [7,8,21].

2.22 Kritische Anmerkungen

Methodenbanken sind eines der am weitesten entwickelten Hilfsmittel
für die hier betrachteten Aufgaben; darüber hinaus sind sie - wenn
auch mit einigen Modifikationen - Voraussetzung für die Realisierung
der noch zu besprechenden Vorschläge. Die Kritik richtet sich lediglich gegen eine gewisse Art der Verwendung, vor allem gegen den aus-
schließlichen und isolierten Einsatz von Methodenbanken.

LISKOV und ZILLES ([17], S. 51) merken an, daß Prozeduren allein noch
nicht die angestrebte Erleichterung des Programmierens bewirken. Betrachtet man ferner die soeben skizzierten Formen der Dialogführung,
so erkennt man, daß die eigentlichen Schwierigkeiten nicht gelöst werden: die Entscheidung über die Verfahrensauswahl wird auf den Benutzer
abgewälzt. Und es liegt auf der Hand, was dabei herauskommt, wenn Vertreter gewisser Fakultäten (deren Umgang mit der Statistik gelegentlich
angezweifelt wird) entscheiden sollen, ob sie z.B. ein Problem der
Regressions- oder der Korrelationsanalyse haben.

Außerdem wird bei dem soeben skizzierten Methodenbankdialog das zugrundeliegende Modell nicht explizit offengelegt. Dadurch sind spätere Korrekturen und Aktualisierungen außerordentlich schwierig (auch dann, wenn man den Dialog vollständig protokolliert).

2.3 Abstrakte Datentypen

Nach LISKOV und ZILLES ([17], S. 51) ist ein abstrakter Datentyp definiert als "Klasse von abstrakten Objekten, welche durch die auf diesen Objekten verfügbaren Operationen vollständig charakterisiert wird". Formal läßt sich ein Datentyp schreiben als geordnetes Paar (V,O), wobei V eine Menge von Objekten und O eine endliche Menge von Operationen bezeichnet ([20], S. 90).

Dieses Hilfsmittel wurde zunächst in Verbindung mit den operativen Programmiersprachen entwickelt. Es soll dazu dienen, den Umgang mit häufig wiederkehrenden Strukturen zu erleichtern, und kann als Weiterentwicklung von integer, real, array usw. angesehen werden. Als Beispiel diene ein Datentyp graph: der eine Programmierer möchte etwa alle Cliquen eines Graphen ermitteln, ein anderer hat mit Verknüpfungen zweier Graphen zu tun - dies zeigt, daß die Angabe der verfügbaren Operationen notwendiger Bestandteil der Definition ist.

Die Entwicklung ist noch sehr im Fluß; u.a. geht es um Fragen einer strengeren axiomatischen Definition und formalen Spezifikation [5,20].

Gewisse Zweifel können sich einstellen, wenn man die neuere Literatur unter dem Gesichtspunkt der Benutzeradäquanz liest. Man denke etwa an qualifizierte Anwendungsprobleme, z.B. O.R.-Probleme, bei denen zahlreiche Nebenbedingungen unterschiedlichen Typs existieren und die zulässigen Lösungen anhand eines oder mehrerer Zielkriterien bewertet werden. Es ist sicher möglich, solche Aufgaben unter die weit gefaßte Definition zu subsumieren, doch ist noch nicht ersichtlich, wie das praktische Vorgehen sich gestaltet. Nach Meinung des Verfassers dürfte es darauf ankommen, die Idee der abstrakten Datentypen im Rahmen der nichtprozeduralen Prozedursprachen zu realisieren, wie es in Ansätzen bereits geschehen ist ([12], S. 483).

2.4 Nichtprozedurale Programmiersprachen

2.41 Allgemeines

Bei Verwendung einer nichtprozeduralen Programmiersprache (auch als
Problembeschreibungssprache, deklarative Sprache usw. bezeichnet) wird
ein Problem nicht in eine Folge von ausführbaren Anweisungen umgesetzt,
sondern lediglich beschrieben. Es wird festgelegt, "was geschehen soll
und nicht wie" ([15], S. 1).

Zur Abgrenzung sei festgehalten, daß viele der in der Literatur (vgl.
die Aufzählung in [22], S. 281) so bezeichneten "nichtprozeduralen
Beschreibungstechniken" lediglich ein Hilfsmittel in Verbindung mit
operativen Programmiersprachen sind, da sie zur teilweisen Beschreibung von Algorithmen oder von herkömmlichen Programmen dienen. Im
folgenden geht es aber um Problembeschreibungssprachen.

Nichtprozedurale Sprachen werden für verschiedene Anwendungsgebiete
bereits mit Erfolg eingesetzt. Daß auch in schwierigen Fällen eine
formale Beschreibung von Problemen und eine Compilierung möglich
sind, wird durch ein vor kurzem veröffentliches Beispiel plausibel
gemacht [13].

2.42 Vor- und Nachteile der nichtprozeduralen Sprachen

Die Nachteile liegen offensichtlich darin, daß die Erzeugung eines
entsprechenden Compilers schwieriger ist als bei den üblichen Programmiersprachen, sowie in dem erhöhten Zeit- und Speicherplatzbedarf
der Compilierung.

Die Vorteile lassen sich wie folgt kennzeichnen:

1. Da es leichter ist, ein Problem zu beschreiben, als es in ein her-
kömmliches Computerprogramm umzusetzen, ist die verbesserte Benutzeradäquanz offenkundig. Durch die konsequente Trennung von Modellbildung
und Verfahrensauswahl entfallen die unter 2.12 beschriebenen "psycho-
logischen Schmutzeffekte". Nach neueren Überlegungen sind diese Gesichtspunkte nicht das entscheidende Argument zugunsten der nichtprozeduralen Sprachen; vielmehr wird sich zeigen, daß die folgenden Aspekte mindestens ebenso wichtig sind, und daß diese Sprachen nicht

allein auf den "general user" abzielen.

2. Die hier betrachteten Verfahren machen es leichter möglich, nicht
   nur Modellparameter, sondern auch die Modellstruktur abzuändern
   ("Modellflexibilität" nach [24]); nach Ergebnissen der modernen
   Entscheidungstheorie ist diese Möglichkeit von zentraler Bedeutung.

3. Die formalisierte Beschreibung eines Problems impliziert zugleich
   die Speicherung der Entscheidungs- und Planungsprämissen (zur Notwendigkeit vgl. [16], S. 172).

4. Es wird möglich, grundsätzliche Situationsbeschreibung und einzel-
   fallbezogene Fragestellungen zu trennen. Damit wird es leichter,
   neuartige - beim Modellentwurf noch nicht absehbare - Fragen beantworten zu lassen. Anwendungen ergeben sich u.a. bei Frühwarn-
   systemen, wo es u.a. darauf ankommt, Folgewirkungen unerwarteter
   Ereignisse anhand eines Modells abzuschätzen.

5. Die auf längere Sicht folgenreichste Weiterentwicklung dürfte im
   Bereich der computergestützten Modellentwicklung liegen. Hierbei
   kann man z.B. Teilbereiche eines komplexen Systems (etwa einer Unternehmung) durch die jeweils besonders sachkundigen Personen beschreiben lassen, und anschließend die Teilmodelle zu einem Gesamt-
   modell zusammensetzen (bottom-up-Modellentwicklung). Während der
   Formulierung eines neuen Teilmodells können dessen vorläufige Fas-
   sungen mit anderen, im System bereits gespeicherten Teilmodellen
   ("Hintergrund-Beschreibungen") konfrontiert werden, wodurch sich
   weitreichende Möglichkeiten einer automatisierten Erkennung in-
   haltlicher Fehler ergeben.

3. Formalisierte Beschreibungen realer Weltausschnitte

3.1 Irreduzible Einheiten einer formalisierten Beschreibung

Wenn man nach den kleinsten, nicht weiter zerlegbaren Einheiten einer
formalen Beschreibung fragt, so findet man in der Literatur (bei Vernachlässigung unwichtiger, zum Teil historisch bedingter Varianten
der Ausdrucksweise) zwei miteinander konkurrierende Vorschläge:

A: Objekte, Eigenschaften und Relationen

B: Objekte und Relationen

Da die Entscheidung zwischen diesen Alternativen sich auf Datentypen
und Datenbankstrukturen auswirken kann, soll sie ausführlich erörtert
werden. Die triviale Tatsache, daß eine Eigenschaft (Prädikat, Attribut) als einstellige Relation betrachtet werden kann, trägt nichts zur
Lösung bei.

Der Vorschlag "A" geht zurück auf Charles Sanders PEIRCE (1839-1914,
vgl. [26], S. 45f). In neuerer Zeit ist sogar ein Buch unter dem Titel
"Dinge, Eigenschaften und Relationen" [25] erschienen. Hinweise auf
mehrere Quellen im Zusammenhang mit Informationssystemen findet man
bei [18], S. 62.

Die Alternative "B" wird u.a. von ABRIAL [1] und DÖRRSCHEIDT [4] angegeben. Nach DITTMANN ([3], S. 55) eignet sie sich hervorragend für
Datenstrukturen der logischen Benutzersicht.

Das entscheidende Argument zu Gunsten von "B" liegt in der Schwierig-
keit, zwischen Objekten und Eigenschaften zu unterscheiden, wie es
für "A" vorausgesetzt wird (vgl. auch [18], S. 62). Nach HESSE ([14],
S. 4o9) kann man ein und denselben physikalischen Sachverhalt auf
zweierlei Arten beschreiben: eine Ladung kann einen Ort haben, oder
aber der Ort besitzt eine Ladung. Das eine Mal ist die Ladung Objekt
und der zugehörige Ort Eigenschaft, das andere Mal ist es umgekehrt.
Ähnliche Beispiele aus anderen Bereichen lassen sich nach Belieben
angeben.

Nun wurde versucht, die Unterscheidung zwischen Objekt und Eigenschaft
doch noch aufrechtzuerhalten: ENGLES [6] unterscheidet zwischen identifizierenden und beschreibenden Attributen, die man den Objekten bzw.
Eigenschaften im Sinne von "A" gleichsetzen könnte. Im laufenden Betrieb einer Datenbank können jedoch einmalig vorkommende Merkmalsaus-
prägungen plötzlich mehrfach auftreten, und umgekehrt (daher die Verwendung von Ordnungsbegriffen, die per definitionen eindeutig sind).

Insgesamt sprechen all diese Überlegungen für "B". Dieser Vorschlag
soll hier, besonders für spätere Anwendungen, wie folgt ausgebaut
werden: Als eigentliche Bausteine einer formalen Beschreibung sollen
<u>Dateien</u> - mit einer zusätzlichen Festlegung - gelten. (Hierbei ist
eine Datei definiert als die Gesamtheit aller gleichartigen Datensätze; z.B. bilden alle Personaldatensätze die Personaldatei.) Die Eintragungen in einer Datei entsprechen den "Objekten", und es ist klar,

daß sich die "Eigenschaften" (z.B. die Haarfarbe einer Person) hier
einordnen lassen. Zwischen zwei Objekten einer Datei können nun end-
lich viele Relationen bestehen (Beispiel: X ist Vetter von Y), die
man genau so gut als Abbildungen bezeichnen kann. Eine Datei zusammen
mit den darauf definierten Abbildungen entspricht einer Kategorie; im
Hinblick auf die noch zu besprechende hierarchische Strukturierung
sollen solche Kategorien als Kategorien nullter Stufe bezeichnet
werden.

3.2 Makrostruktur einer formalisierten Beschreibung

3.21 Teilaspekte

Im Regelfall besteht eine formalisierte Problembeschreibung aus drei
Teilen:

1. einer Beschreibung der Ein- und Ausgabedaten,

2. einer Situationsbeschreibung, und

3. einer Beschreibung von Wert- und Zielvorstellungen.

Ausnahmsweise können die Teilbeschreibungen gemäß 2. oder 3. entfallen.

3.22 Hierarchische Strukturierung

Beim Arbeiten mit qualifizierten Problembeschreibungen kommt man un-
weigerlich in die Situation, daß auch hierarchisch strukturierte Systeme formal zu beschreiben sind. Das Auftreten hierarchischer Strukturen u.a. in den Bereichen des Lebendigen und der Organisationen ist
allgemein bekannt.

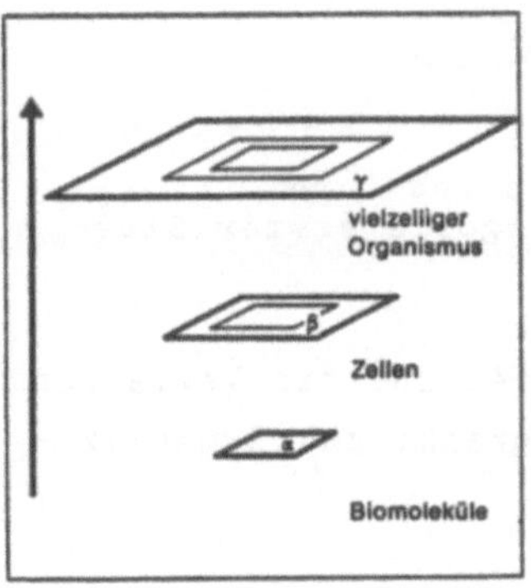

Bild 1: Hierarchische Strukturierung
        des Organischen
        (nach [27], S. 270)

Um solche Strukturen beschreibbar zu machen, wird von den unter 3.1
definierten Kategorien nullter Stufe ausgegangen, von denen eine in
Bild 2 schematisch dargestellt wird.

Bild 2: Kategorie nullter Stufe (schematisch)

Zwischen zwei solchen Kategorien K_o und K_o' können nun Funktoren (vgl.
z.B. [19], S. 12f) F: $K_o \rightarrow K_o'$ bestehen, die den Objekten aus K_o Objekte aus K_o' und den Relationen innerhalb K_o Relationen innerhalb K_o' zu-
ordnen (Einzelheiten, wie zusammengesetzte Abbildungen in K_o, müssen
hier übergangen werden). Außerdem können zwischen K_o und K_o' , die nunmehr als Ganzheiten betrachtet werden, Relationen bestehen (Beispiel:
zwei Zellen in einem Gewebe können benachbart und funktionsgleich
sein). Mit einer naheliegenden Vereinfachung lassen sich diese beiden
Möglichkeiten wie in Bild 3 schematisch darstellen.

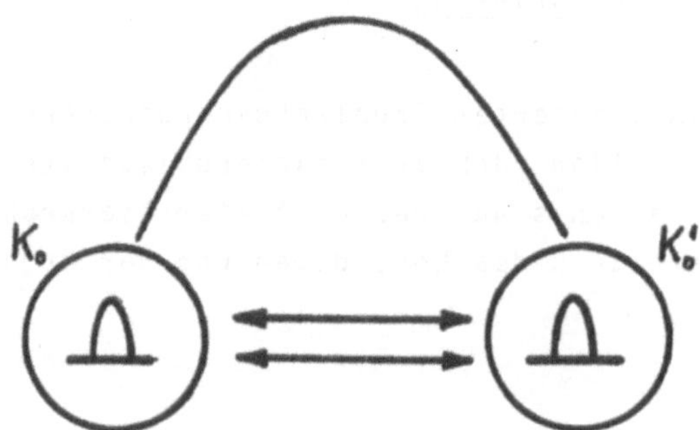

Bild 3: Zwei Kategorien nullter Stufe und ihre
Zusammensetzung zu einer Kategorie erster Stufe

Auf diese Weise erhält man Kategorien 1. Stufe, und das Verfahren
kann - ebenso wie die in Bild 3 eingeführte graphische Symbolik -
beliebig fortgesetzt werden.

Beim Arbeiten mit Problembeschreibungen tritt nun der Fall auf, daß
eine bereits vorhandene Beschreibung B_1 (z.B. die Beschreibung eines
betrieblichen Teilbereichs) in eine neu zu erstellende, übergeordnete
Beschreibung B_2 einzubauen ist (wobei eine sehr lose Analogie zu dem
Aufruf eines Bibliotheksprogramms besteht). Im Regelfall sind nicht
alle in B_1 enthaltenen Aussagen für B_2 von Belang. Dies führt auf den
Begriff des <u>Relevanzgraphen</u> (vgl. Bild 4).

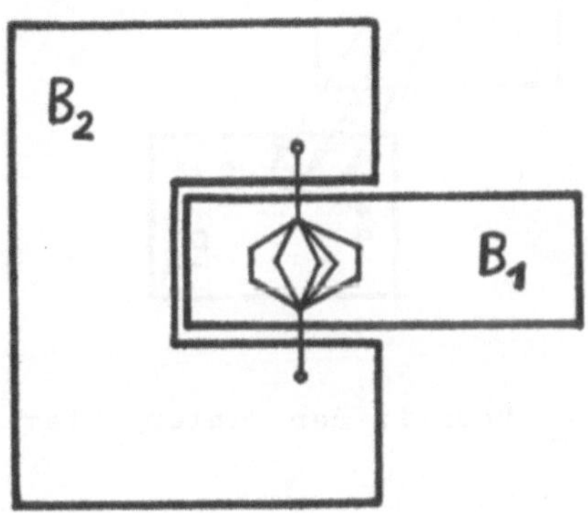

Bild 4: Relevanzgraph bei Eingliederung von B_1 in B_2

Dieser besteht aus genau denjenigen Statements in B_1, die für B_2 relevant sind (d.h. die nötig sind, um den in Problembeschreibung B_2 geforderten Output erzeugen zu können) zusammen mit den logischen Beziehungen zwischen diesen Statements und den Beziehungen zu Anknüpfungs-
punkten innerhalb B_2. Der Relevanzgraph kann mit Techniken konstruiert
werden, die für die Compilierung von nichtprozeduralen Sprachen entwickelt worden sind ([12], S. 484f).

Relevanzgraphen können auch mehr als zwei Hierarchiestufen durchlaufen,
z.B. von unten nach oben und auf anderem Wege wieder nach unten gehen.
(Dies entspricht etwa dem Fall, daß in einer Organisation eine Nachricht von der unteren Ebene an die Spitze gelangt und von dort Anweisungen an andere ausführende Organe ergehen.)

3.23 Interpretationen und Projektionen

Zwei Problembeschreibungen B_1 und B_2 können noch auf andere Weise miteinander in Bezeihung treten: B_2 liefert eine Interpretation für gewisse Begriffe, die in B_1 vorkommen.

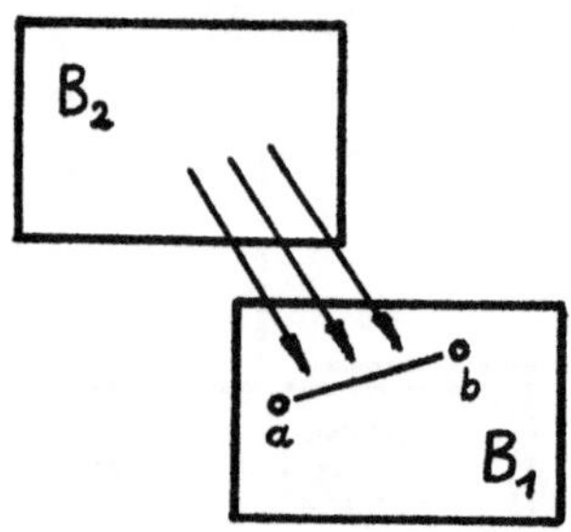

Bild 5: Zum Begriff der "Interpretation"

Z.B. bedeute in Bild 5 die zwischen a und b verlaufende Linie, daß a und b bezüglich eines Präferenzsystems miteinander verglichen werden müssen. In welchen Fällen nun tatsächlich a oder b präferiert wird, resultiert aus Angaben, die in B_2 enthalten sind.

Diese Technik der Interpretation dient u.a. dazu, daß man Situationsbeschreibungen und Beschreibungen von Zielsystemen (vgl. 3.21) unabhängig voneinander formulieren und abändern kann.

Verwandt hiermit ist die Methode der Projektion. Hierbei wird eine vorgegebene Beschreibung auf ein anderes sprachliches Bezugssystem reduziert. Beispiele sind die verschiedensten Vorgänge der Aggregation und Datenreduktion, der Übergang von der höheren zur niederen Geodäsie (Vernachlässigung der Erdkrümmung), die Darstellung eines räumlichen Gebildes in Grund-, Auf- und Seitenriß, oder die Umsetzung einer Orchesterpartitur in einen Klavierauszug. Ob eine Projektion berechenbar ist, ist für den Einzelfall zu prüfen (vgl. den Begriff "structure preserving morphism" in [28]).

3.3 Anforderungen an die Beschreibungsmethodik

Die Forderung nach <u>Transponierbarkeit</u> soll besagen, daß die formalen
Regeln des Beschreibens und Schließens unabhängig von dem "Ort" innerhalb einer hierarchischen Struktur sind. So sollen für zwei Kategorien
gleicher Stufe (etwa K_0 und K_0' in Bild 3) dieselben Regeln gelten,
aber auch für den Fall, daß nicht mehr Atome, sondern Moleküle als
kleinste Einheiten zugrundegelegt werden (horizontale und vertikale
Transponierbarkeit).

Unter <u>Modularität</u> soll hier verstanden werden, daß sich Teilbeschreibungen leicht miteinander verknüpfen lassen. Insbesondere soll es möglich sein, vorhandene Beschreibungen in eine neu zu verfassende einzubeziehen und Teilbeschreibungen (in Anlehnung an eine vorgefundene
hierarchische Struktur) unabhängig voneinander zu erstellen.

Weitere Bestimmungsfaktoren der Benutzeradäquanz sind

1. die Möglichkeit der "Begriffsbildung" (es soll möglich sein, für
   vorkommende Objekte, Relationen usw. bei Bedarf Bezeichnungen einzuführen),

2. die Lokalität der Bezeichnungen (keine Rücksicht auf Namen, die in
   anderen Teilbeschreibungen vorkommen),

3. die Bereitstellung sprachlicher Ausdrucksmittel wie bedingte Beschreibung und Angabe eines Geltungsbereichs (IF bedingung-i THEN
   beschreibung-k; FOR ALL x WITH ... beschreibung-m; in beiden Fällen ist die Ähnlichkeit mit herkömmlichen Programmiersprachen nur
   äußerlich).

4. Formalisierte Beschreibungen als Hilfsmittel einer Integration von Daten- und Methodenbanken

4.1 Schnittstellenbedingungen

Neben der eingangs genannten Zielvorstellung eines leichteren Zugangs
für Benutzer sind bei einer Verknüpfung von Daten- und Methodenbanken
zwei Forderungen nach "Unabhängigkeit" zu beachten.

Als erstes ist dafür zu sorgen, daß der Aufbau einer Datenbank unabhängig von den geplanten Auswertungen ist. Eine Rücksichtnahme auf die unterschiedlichen kognitiven Strukturen der Anwender, wie sie in [10] vorgeschlagen wird, läßt sich nämlich - wie noch gezeigt wird - günstiger durch andere Maßnahmen realisieren. Die Struktur der Datenbank sollte jedenfalls nicht von den Denkstilen der Benutzer abhängig gemacht werden, zumal die Benutzer wie auch ihre Denkstile wechseln können. (Beim Entwurf einer Datenbank wird man lediglich prüfen, <u>ob</u> eine bestimmte Datei aufgenommen werden soll. Dabei wird man die Häufigkeit des Zugriffs, die Wichtigkeit der Auswertungsergebnisse und die Kosten einer alternativen Gewinnung berücksichtigen.)

An zweiter Stelle steht die Forderung nach einer Trennung zwischen Problembeschreibung und Methodenauswahl, die sich mit dem unter 2.12 Ausgeführten begründen läßt.

4.2 Formalisierte Beschreibungen als Bindeglieder

Die genannten Forderungen lassen sich in der Weise realisieren, daß man formalisierte Problembeschreibungen als Bindeglieder zwischen Daten- und Methodenbanken einsetzt, wie in Bild 6 angedeutet.

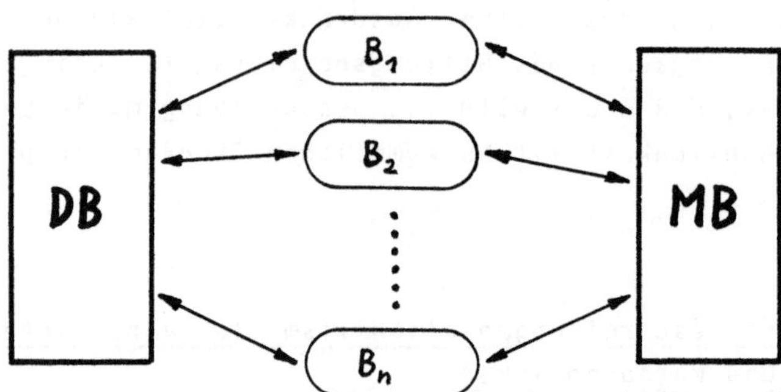

Bild 6: Problembeschreibungen als Bindeglieder
zwischen Daten- und Methodenbank

Bei der Bearbeitung einer solchen Problembeschreibung wird einerseits zu den relevanten Daten der Datenbank zugegriffen, andererseits werden die in Betracht kommenden Verfahren aus der Methodenbank ausgewählt.

Dabei läßt sich die Idee einer Anpassung an die unterschiedlichen kognitiven Strukturen der Benutzer verwirklichen: den Benutzern ist am besten damit gedient, daß sie ihre Aufgaben in einer nichtprozeduralen, problemspezifischen Programmiersprache formulieren können und dabei größtmögliche Unterstützung durch das System erhalten (vgl. 2.42). Die Möglichkeiten eines unmittelbaren Zugangs zu Datenbanken und eines Einsatzes von Methodenbanken im bisherigen Stil werden davon nicht berührt. Es ist auch unerheblich, ob die Problembeschreibungen, wie in Bild 6 angedeutet, voneinander isoliert oder (ganz oder teilweise) zu einer Modellbank zusammengefaßt sind.

4.3 Ausblicke

Viele der hier formulierten Mängelrügen und Zielvorstellungen sind seit Jahren bekannt. Doch dürfte aus diesen Ausführungen hervorgehen, daß sich nunmehr gangbare Wege zu einer Lösung abzeichnen.

Auf lange Sicht wird wahrscheinlich das wichtigste "Nebenprodukt" der hier beschriebenen Vorschläge ein besseres Verständnis für komplexe, insbesondere hierarchisch strukturierte Systeme sein.

Literatur

[1] ABRIAL, J.R., Data semantics. In: Modelling in data base management, hrsg. v. J.W. KLIMBIE u. K.L. KOFFEMAN, North-Holland, Amsterdam 1974, S. 181-200

[2] BARTH, H., Ein graphentheoretisches Konzept zur Beschreibung von Methoden- und Modellbanksystemen. In: Datenstrukturen, Graphen, Algorithmen, hrsg. v. J. MÜHLBACHER (Applied Computer Science 8), Hanser, München 1978, S. 317-335

[3] DITTMANN, E.-L., Ansätze zur Abbildung der Miniwelt in Datenstrukturen. Angew. Informatik 20 (1978) 47-56

[4] DÖRRSCHEIDT, A., Konzept des Objektbeschreibungsbaums als Grundstruktur eines graphentheoretischen Datenbankmodells. Lecture Notes in Computer Science, vol. 26, Springer, Berlin 1975, S. 532-541

[5] EHRIG, H., KREOWSKI, H.-J., PADAWITZ, P., Some remarks concerning correct specification and implementation of abstract data types. TU Berlin, Institut für Software und Theoretische Informatik, Bericht Nr. 77-13, August 1977

[6]   ENGLES, R.W., A tutorial on data base organisation. Annual
       Review on Automatic Programming $\underline{7}$ (1972) 1-64

[7]   ERBE, R., WALCH, G., Ein Dialogsystem zur Methodensuche.
       Lecture Notes in Computer Science, vol. 34, Springer, Berlin
       1975, S. 133-147

[8]   ERBE, R., WALCH, G., An interactive guidance system for method
       libraries. IBM Wiss. Zentrum Heidelberg, Techn. Rep.
       75.04.001, April 1975

[9]   ESPRESTER, A.C., Die Entwicklung einer Methodenbank und einer
       Methodenbanksprache. Angew. Informatik $\underline{20}$ (1978) 203-206

[10]   GAITANIDES, M., Zur Theorie der Benutzerakzeptanz: "Inquiring
       Systems" und Gestaltung von Informationssystemen. Angew.
       Informatik $\underline{20}$ (1978) 240-247

[11]   GERNERT, D., Benutzernahe Programmiersprachen. Hanser,
       München 1976

[12]   GERNERT, D., Eine benutzernahe Programmiersprache für Zwecke
       des Operations Research. Angew. Informatik $\underline{18}$ (1976) 481-486

[13]   GERNERT, D., Recent results in the automatic selection of
       numerical methods for the purpose of operations research.
       Vortrag beim III. Symposium über Operations Research,
       Mannheim, Sept. 1978 (erscheint in Kürze)

[14]   HESSE, M., Art. "Laws and theories" in: The Encyclopedia of
       Philosophy, vol. 4, hrsg. v. P. EDWARDS, Macmillan,
       New York 1967, S. 404-410

[15]   LEAVENWORTH, B.M., SAMMET, J.E., On overview of nonprocedural
       languages. ACM SIGPLAN Notices, vol. 9, nr. 4, April 1974,
       1-12

[16]   LINDEMANN, P., Unternehmensführung und Wirtschaftskybernetik,
       Luchterhand, Neuwied 1970

[17]   LISKOV, B., ZILLES, S., Programming with abstract data types.
       ACM SIGPLAN Notices, vol.9, nr. 4, April 1974, 50-59

[18]   LOCKEMANN, P.C., MAYR, H.C., Rechnergestützte Informations-
       systeme. Springer, Berlin 1978

[19]   MacLANE, S., Kategorien. Springer, Berlin 1972

[20]   MAJSTER, M.E., Data types, abstract data types and their specif-
       ication problem. Theor. Comp. Science $\underline{8}$ (1979) 89-127

[21]   MERTENS, P., NEUWIRTH, W., SCHMITT, W., Verknüpfung von Daten-
       und Methodenbanken, dargestellt am Beispiel der Analyse von
       Marktforschungsdaten. In: Computergestützte Unternehmens-
       planung, hrsg. v. H.D. PLÜTZENEDER, SRA, Stuttgart 1977,
       S. 291-331

[22]   PRESSMAR, D.B., Beschreibungssprachen für betriebliche
       Informationssysteme. In: Entwicklungstendenzen der System-
       analyse, hrsg. v. H.R. HANSEN, Oldenbourg, München 1978,
       S. 261-303

[23]   SCHIPS, B., Ein Beitrag zum Thema "Methodenbanken". Angew.
       Informatik $\underline{19}$ (1977) 465-470

[24]   SCHMIDT, R., Zur Verbindung von Modellen, Methoden und Daten
       bei Unternehmensplanung mit EDV. Vortrag bei der Tagung des
       Verbands der Hochschullehrer für Betriebswirtschaft,
       Darmstadt, Juni 1977

[25]   UJOMOV, A.I., Dinge, Eigenschaften und Relationen.
       Akademie-Verlag, Berlin 1965

[26]   WALTHER, E., Allgemeine Zeichenlehre. DVA, Stuttgart 1974

[27]   WUKETITS, F.M., Gesetz und Freiheit in der Evolution der
       Organismen. Umschau 79 (1979) Heft 9, 268-275

[28]   ZEIGLER, B.P., Towards a formal theory of modeling and
       simulation: structure preserving morphisms. J. ACM $\underline{19}$
       (1972) 742-764

Anschrift: Dieter GERNERT
          Schluderstr. 2, D-8000 München 19

LEISTUNGSANALYSE VON DATENBANKSYSTEMEN DURCH MESSUNG, ANALYTISCHE
MODELLE UND SIMULATION

W. Effelsberg, Th. Härder, A. Reuter

FB Informatik
TH Darmstadt

1. Einleitung

Bei der Entwicklung großer Software-Systeme sollte möglichst frühzeitig durch Untersuchung ihres Leistungsvermögens sichergestellt werden, daß sie vorgegebene Lei-
stungsanforderungen erfüllen und geplante Anwendungen entsprechend den Leistungs-
spezifikationen unterstützen können. Das Erkennen von Engpässen im Systemverhalten
oder das Aufdecken von Performancefehlern verlangen wegen der Beschränkung ihrer
Auswirkungen vom Entwickler möglichst frühzeitig korrektive Maßnahmen. Idealerwei-
se sollten deshalb in den verschiedenen Entwicklungsphasen eines Systems - also
bereits bei Planung und Entwurf und später bei Implementierung und Betrieb -
geeignete Methoden der Leistungsanalyse zur Verfügung stehen.

In (Lu71) werden allgemeine Methoden und Verfahren der Leistungsanalyse diskutiert.
Techniken mit hinreichender Anwendungsbreite für die allgemeinen Aufgaben der
Leistungsanalyse sind

> - Leistungsmessung
> - analytische Systemmodelle
> - Simulation.

Es soll kurz diskutiert werden, in welchem Rahmen diese Techniken für die Leistungsanalyse von Datenbanksystemen taugen.

Die Leistungsmessung wird herangezogen, um das Verhalten eines existierenden Systems
(Ist-System) in verschiedenen Situationen, etwa bei Normalbetrieb oder bei Überlast,
aufzuzeichnen und zu bewerten. Diese Feststellung des Leistungsvermögens bei einer
spezifischen Arbeitslast, die beispielsweise mit Hilfe von synthetischen Jobs
(Sch78) erzeugt werden kann, dient als Planungsgrundlage für den Einsatz des
Systems. Beim Erkennen von Engpässen oder Leistungsfehlern kann gezielt Abhilfe geschaffen werden. Gleichzeitig liefern die einzelnen Leistungswerte Beurteilungskri-
terien für die Tauglichkeit interner Systemkonzepte und Verarbeitungsprinzipien, so
daß gegebenenfalls durch Modifikation interner Systemparameter oder durch den Einsatz von besser geeigneten Bedienungsstrategien globale Systemverbesserungen erreicht
werden können.

Bei der Leistungsmessung lassen sich zwei verschiedene Ansätze unterscheiden. Bei externen Meßmethoden wird das Ist-System als "schwarzer Kasten" betrachtet und das Systemverhalten bei kontrollierter Arbeitslast überwacht und aufgezeichnet. Zur Erklärung des Systemverhaltens und zur Interpretation der gemessenen Werte ist dieser Ansatz im allgemeinen nicht ausreichend. Er kann lediglich zu vergleichenden Systemstudien eingesetzt werden. Engpaßerkennung und Systemoptimierung setzen ein detailliertes Systemverständnis voraus, das nur durch interne oder "analytische" Meßmethoden gewonnen werden kann. Ziel dieses analytischen Ansatzes ist die Aufzeichnung und Messung des internen Systemverhaltens. Dazu ist oft eine Modifizierung des Ist-Systems notwendig, um geeignete Daten bereitstellen zu können. Der umfangreiche Informationsbedarf bei der Leistungsanalyse von Datenbanksystemen verlangt eine Kombination von Meßmethoden nach beiden Ansätzen.

Analytische Systemmodelle erweisen sich als brauchbare Werkzeuge, das Leistungsvermögen eines Rechnersystems auf vielen Ebenen unterschiedlichen Detaillierungsgrades zu untersuchen. Auf jeder Betrachtungsebene wird versucht, die verschiedenen wesentlichen Parameter, Ereignisse und Beziehungen, die das Systemverhalten auf der jeweiligen Ebene bestimmen, herauszufiltern und ihre Zusammenhänge zu beschreiben. Ein Systemmodell ist eine Abstraktion, die nur signifikante Systemparameter und Beziehungen zwischen Systemkomponenten enthält (Gr73). Da jede Analyse des Systems nur eine Analyse des gewählten Modells ist, hängt die Bestimmung des Leistungsvermögens wesentlich von der Genauigkeit des Modells ab.

Auf der einen Seite fördert die Konzentration auf vergleichsweise wenige Systemparameter das Verständnis des Systemverhaltens, auf der anderen Seite können erst unter Berücksichtigung hinreichend vieler Zusammenhänge relevante Ergebnisse bei der Leistungsanalyse erwartet werden. In realen Datenbanksystemen ist die Anzahl der wesentlichen Beziehungen und Parameter jedoch so groß und von vornherein nicht genau bekannt, daß ein direkter und hinreichend genauer Zugang zur Leistungsanalyse mit Hilfe von Systemmodellen nicht möglich erscheint. Für einfach strukturierte Komponenten eines Datenbanksystems oder isolierbare Teilprobleme wie die Bestimmung der Zugriffszeit dagegen sind Modellbildungen vorteilhaft einzusetzen (WH76).

Die Simulationstechnik versucht, Ereignisabläufe in einem System nachzubilden und aufzuzeichnen, um sie der Analyse zugänglich zu machen. Da diese Abläufe in abstrakter Weise nachvollzogen werden, ist es unerheblich, ob das zu simulierende System bereits existiert oder erst entworfen werden soll (We76). Die Simulation erfordert ein funktionales Modell des zu analysierenden Systems, ein Modell der Arbeitslast und einen Simulator. Ein Simulator kann als spezielles Programmsystem für problembezogene Simulation wie FOREM/PHASE2 für Datenbank- und Dateizugriffe (Ow71) oder als allgemeines Programm in einer Simulationssprache wie GPSS oder SIMSCRIPT vorliegen. Er simuliert das Systemverhalten entsprechend dem funktionalen Modell des Systems und dem Arbeitslastmodell; dabei sammelt er Daten für die Leistungsanalyse.

Simulation gilt als ein mächtiges Werkzeug zum Auffinden von Modellösungen. Die
Formulierung des Modells setzt ebenso wie bei analytischen Modellen ein tiefes
Verständnis des Systems voraus. Im Gegensatz zu analytischen Modellen, die oft auf
speziellen mathematischen Theorien und Lösungsverfahren beruhen, ist die Simulation
sehr einfach. Beispielsweise ist die Untersuchung eines Scheduling-Algorithmus oder
einer Ersetzungsstrategie bei der Speicherverwaltung durch ein Simulationsmodell
leicht durchzuführen, falls eine geeignete Arbeitslast (Referenzstring) bekannt
ist, während die gleichen Aussagen auf Grund analytischer Modelle kaum abzuleiten sind.

Für die Zwecke der Leistungsanalyse von Datenbanksystemen erscheint die Simulation
als ausschließliches Hilfsmittel nur bedingt geeignet. Sie besitzt eine gewisse
Tauglichkeit bei der Leistungsvorhersage von neu zu entwerfenden Systemen und zur
Bestimmung einer geeigneten Systemstruktur beim globalen Systementwurf. Wie die
obigen Beispiele zeigen, lassen sich auch Lösungen für separierbare Teilprobleme
finden. Für die angestrebte Genauigkeit bei der Analyse komplexer Ist-Systeme
weist sie jedoch einen zu geringen Detaillierungsgrad auf.

Das Aufstellen von analytischen Modellen und Simulationsmodellen fördert jedoch
prinzipiell das Verständnis eines zu untersuchenden Systems auf einer bestimmten
Abstraktionsebene. Es erlaubt in vielen Fällen einen schnellen Überblick über das
Systemverhalten und liefert für bestimmte Fragen brauchbare Näherungslösungen.

Während die Leistungsmessung das Verhalten des Ist-Systems feststellt, können analytische Modelle und Simulation nur das Verhalten eines reduzierten Modells des Ist-
Systems beschreiben und vorhersagen. Diese Unterscheidung sollte man sich vor allem
bei der Interpretation der Leistungsdaten stets vor Augen halten. Modellbildung und
Messung werden oft auch als komplementäre Prozesse verstanden. Mit Hilfe der Messung müssen Daten gewonnen werden, die zur Validierung der Modelle gebraucht werden.
Modelle sollten andererseits das aufgezeichnete Systemverhalten erklären helfen.
Als Idealziel der Leistungsanalyse ist ein Modell des zu untersuchenden Systems
anzustreben, das die genaue Interpretation der erhaltenen Messungen gestattet
und als Ausgangspunkt für die Leistungsvorhersage dienen kann (Sv76).

2. Methoden der Leistungsmessung

Im Rahmen des Forschungsprojektes "Leistungsmessung und Vorhersage des Betriebsverhaltens beim Datenbanksystem UDS", das an der TH Darmstadt in Zusammenarbeit mit der
Firma Siemens durchgeführt wird, wurden die drei diskutierten Verfahren zur Leistungsanalyse des Datenbanksystems UDS eingesetzt. Im Vordergrund standen dabei zunächst
Verfahren der Leistungsmessung mit dem Ziel, Leistungsengpässe des Datenbanksystems
aufzudecken und ein detailliertes Verständnis des internen Systemverhaltens zu gewinnen.
Eine ausführliche Beschreibung und Diskussion der einzelnen Meßtechniken und -werk-
zeuge ist in (Hä79) enthalten. Wir beschränken uns deshalb auf eine kurze Zusammenfassung der wichtigsten Methoden.

Bei den extern anwendbaren Meßtechniken spielen Zeitmessungen der DBS-Aufrufe an
der Schnittstelle zwischen Anwendungsprogramm und Datenbanksystem eine zentrale
Rolle. Wesentlich für die Tauglichkeit dieser Methode sind eine hinreichende Ablese-
genauigkeit des Hardware-Timers, eine vom Anwendungsprogramm unabhängige Erfassung
und Aufzeichnung der Meßwerte und geeignete statistische und graphische Aufbereitun-
gen der gemessenen Zeiten.

Durch eine Analyse der Speicherungsstrukturen nach der Durchführung von Folgen von
Änderungsoperationen lassen sich ohne Modifikation des Datenbanksystems Rückschlüsse
auf das interne Systemverhalten gewinnen. Durch Ermittlung von Belegungsstatistiken,
Überlaufhäufigkeiten etc. können Einfüge- und Löschstrategien auf einfache Weise
überprüft und unerwartete Auswirkungen erkannt werden. Die Auswertung der Log-
Datei erwies sich für das Verständnis des internen Systemverhaltens als besonders
förderlich.

Die Unfähigkeit, extern gemessenes Systemverhalten, das nicht den Erwartungen entspricht, zu interpretieren, erzwingt die Einführung von Meßmethoden, die einen
höheren Detaillierungsgrad des Ablaufgeschehens bieten. Interne Timer-Messungen für
einzelne Moduln oder Modulgruppen oder eine dynamische Pfadlängenmessung gestatten
eine beliebig genaue Analyse des dynamischen Systemverhaltens und folglich eine Ur-
sachenbestimmung eines erkannten Engpaß- oder Fehlverhaltens des Datenbanksystems.
Der Nachteil dieser Verfahren liegt im extrem umfangreichen Anfall von Meßdaten, die
nur einen selektiven Einsatz bei einzelnen DBS-Aufrufen erlauben.

Die Aufzeichnung bestimmter interner Ereignisse wie physische Ein-/Ausgabe von
Datenseiten oder Reihenfolge und Häufigkeiten von Seitenreferenzen ist für ein
detailliertes Verständnis des Systemablaufs unerläßlich. Diese Information kann
dazu benutzt werden, Algorithmen der Betriebsmittelvergabe zu verbessern oder Er-
setzungs- und Schreibstrategien zu optimieren. Der Einsatz der verschiedenen Meß-
werkzeuge bei zahlreichen Meßreihen mit verschiedenen Datenbanktransaktionen er-
brachte deutliche Hinweise, daß die Protokollierung von geänderten Datensätzen

(Logging) und das häufige physische Lesen und Schreiben von Datenseiten Leistungsengpässe des Datenbanksystems verursachen. Daher wurden die beiden betroffenen Komponenten des Datenbanksystems, Log-Komponente und Systempuffer-Verwaltung, einer ge-
naueren Analyse unterzogen. Zur Behebung des Engpaßverhaltens wurden systematisch
verschiedene Optimierungsmöglichkeiten untersucht. Im Falle der Log-Komponente wurden analytische Modelle zur Berechnung der Kosten bei verschiedenen Protokollierungs-
strategien aufgestellt und ausgewertet. Dagegen wurde zur Vorhersage der Wirkung verschiedener Optimierungsmaßnahmen für die Systempuffer-Verwaltung einem Simulationsverfahren der Vorzug gegeben, das in Verbindung mit gemessenen Seitenreferenzstrings
Aussagen über die Güte von verschiedenen Seitenersetzungsstrategien lieferte. Die
Analyse der beiden genannten Komponenten wird in den beiden folgenden Abschnitten
näher beschrieben.

3. Die Log-Komponente: Leistungsvorhersage durch ein analytisches Modell

Die Log-Komponente bietet sich für eine isolierte Untersuchung mit Hilfe analytischer
Methoden aus folgenden Gründen an:

- Sie ist nur durch wenige, einfach zu beschreibende Schnittstellen mit dem Gesamtsystem verknüpft, d.h. mit einigen nicht sehr einschränkenden Annahmen kann die
  Modellbildung für die Zwecke der Leistungsanalyse völlig losgelöst von den umgeben-
  den Funktionsbausteinen erfolgen.

- Ein vollständiges Logging zum Zwecke des Vor- bzw. Zurücksetzens einzelner
  Transaktionen im Fehlerfalle erhöht die Ausführungszeiten ändernder Operationen
  bei den gegenwärtig verfügbaren DBMS mindestens um den Faktor 2 (verglichen mit
  den Zeiten ohne Protokollierung); teilweise wurden 3- bis 4-mal längere Zeiten
  gemessen. Verbesserungen an der Log-Komponente können somit wesentlich zur Verbesserung der Performance des Gesamtsystems beitragen.

Wir gehen grundsätzlich davon aus, daß das zu untersuchende DBMS eine Zusammenfassung zumindest der ändernden DML-Statements in Transaktionen als kleinste konsistenz-
erhaltende Einheiten verlangt; (zu den Einzelheiten dieses Konzeptes sei auf (EGLT76)
verwiesen). Das Logging in solch einer Umgebung dient zwei Zielen (wenn man Revisions-
gesichtspunkte und andere Gründe zum Aufzeichnen einer "Lebensgeschichte" des
Systems außer acht läßt):

- dem Rücksetzen unvollständiger Transaktionen auf Veranlassung des Benutzer-
  programms oder nach einem Systemzusammenbruch (UNDO-Logging)

- dem Wiederholen vollständiger Transaktionen nach einem Systemzusammenbruch oder
  von einem früheren Aufsetzpunkt aus (REDO-Logging).

Aus Platzgründen wollen wir uns hier auf den ersten Fall, das UNDO-Logging, beschränken, da dies i.a. höhere Kosten verursacht und mehr Optimierungsmöglichkeiten

bietet als das REDO-Logging. Die Rücksetzbarkeit nicht abgeschlossener Transaktionen kann grundsätzlich auf zwei Arten gewährleistet werden:

- durch Sicherung der von den updates betroffenen Datenbankbereiche im Zustand vor der Änderung (Before-Images); diese Methode bezeichnet man als physisches Zustands-Logging .

- durch Aufzeichnung der Art der Änderungsoperation und der zur Durchführung der dazu inversen Operation benötigten Parameter; je nach Art und Definitionsbereich der verwendeten Änderungsoperationen spricht man von logischem oder physischem Übergangslogging.

Da es (bis jetzt) keinen allgemeinen Algorithmus für das UNDO-Logging gibt, als dessen Spezialfälle sich die einzelnen Implementierungsansätze darstellen lassen, gibt es dementsprechend kein allgemeines Modell. Für jede der üblichen und denkbaren Log-Strategien muß vielmehr ein angepaßtes Modell aufgestellt und ausgewertet werden. Hierbei zeigt sich allerdings, daß alle diese Modelle in ähnlicher Weise von bestimmten, die Transaktionslast beschreibenden Parametern abhängen und neue Modelle sich daher leicht aus dem Repertoire schon bekannter entwickeln lassen.

3.1 Überlegungen zur Modellbildung

Der Versuch, das dynamische Verhalten der Log-Komponente durch Warteschlangen-Netzwerke, Petri-Netze o.ä. zu modellieren, würde die oben angesprochene isolierte Betrachtung unmöglich machen, da dann andere Teile des DBMS in der funktionellen Umgebung der Log-Komponente mit modelliert werden müßten oder zumindest ihr Verhalten durch Wahrscheinlichkeitsverteilungen zu charakterisieren wäre, über deren Aussehen kaum plausible, allgemeingültige Annahmen gemacht werden können. Für die Zwecke der Leistungsanalyse sind allerdings wesentlich "gröbere" Kenngrößen völlig hinreichend; die Beeinträchtigung des update-Betriebes einer Datenbank durch das Logging ist durch zwei Angaben befriedigend beschrieben: Die Größe L der für die Sicherung einer gegebenen Transaktion T benötigten Log-Datei in Seiten [1] und die Zahl E der für das Logging erforderlichen I/O-Operationen. Beide Größen sind durchaus nicht proportional; die erste wird durch Unterschiede in der Organisation der Log-Information (sequentielle oder wiederbenutzbare Log-Datei) bestimmt, die zweite hängt wesentlich von der Speicherorganisation und der Schreibstrategie für geänderte Seiten ab. Beide werden wiederum bestimmt durch das Zugriffsverhalten der die Änderungen bewirkenden Transaktion T. Da dies nicht vorhersehbar und auch durch eine einzige "charakteristische" Transaktion nicht nachbildbar ist, brauchen wir einige, das Zugriffsverhalten charakterisierende Variablen. Für unsere Zwecke werden wir im Folgenden eine Transaktion durch die Größen u, h, Δ s beschreiben, die folgende Bedeutung haben:

---

1) Seiten sind die Transporteinheiten fester Länge zwischen Hauptspeicher und Sekundärspeicher

- u ist die Zahl der ändernden DML-Statements
- h ist die Zahl der geänderten Datenbank-Seiten
- Δs ist die Differenz zwischen höchster und niedrigster geänderter (logischer)
  Datenbankseite im Benutzerdaten-Bereich.

Die Datenbank betrachten wir unterteilt in einen Benutzerdaten-Bereich, der die
Primär- und Zugriffspfad-Daten enthält und einen Systemdaten-Bereich, der Adreßta-
bellen, Freispeicher-Verwaltung usw. umfaßt. Eine solche Unterscheidung ist deshalb sinnvoll, weil beim Logging mit before images eine Protokollierung der System-
daten nicht erforderlich ist, während sie für Benutzerdaten erfolgen muß.
Die Verweise innerhalb des Benutzerdaten-Bereichs und zwischen beiden erfolgen
über logische Seitennummern, die auf physische Seitennummern abgebildet werden
(physische Seiten heißen auch slots); diese Abbildung kann die Identität zwischen
beiden Nummern-Mengen sein oder in Form einer Tabelle im Systemdaten-Bereich erfolgen. Der Benutzerdaten-Bereich besteht aus s logischen Seiten, die auf d slots
abgebildet werden; d $\geqslant$ s. Der Systemdaten-Bereich besteht aus einer Reihe von Tabellen, deren Einträge entweder den Datensätzen, den logischen Seiten oder den slots
zugeordnet sind; auch diese Tabellen werden auf einen separaten Bereich von slots
abgebildet.

Mit Hilfe der die Transaktionslast charakterisierenden Variablen können die Lei-
stungs-Kenngrößen für einen Log-Algorithmus, L und E, hinreichend genau bestimmt
werden. Der Platzbedarf für die Log-Datei bei verschiedenen Methoden der Dateiver-
waltung wird in (Pe78) und (Re78) ausführlich untersucht, allerdings ohne Berücksichtigung der Zahl der I/O-Operationen. Im nächsten Abschnitt soll exemplarisch
dargestellt werden, wie für einen neuen Log-Algorithmus E (und implizit auch L)
durch ein einfaches analytisches Modell vorhergesagt und mit den für konventionelle
Verfahren zu erwartenden Werten verglichen werden können.

3.2 Modellbildung für einen Log-Algorithmus zur Gewährleistung transaktionsbezogener
    Sicherungspunkte

Bei dem zu untersuchenden Log-Algorithmus handelt es sich um eine Modifikation des
Schattenspeicherkonzeptes (Lo77) derart, daß die jeweils von derselben Transaktion
geänderten Seiten in geeigneter Weise verkettet sind. Dadurch kann allein mit Hilfe
der Schattenseiten, ohne zusätzliches UNDO-Logging, die im ursprünglichen Schatten-
speicherkonzept nicht vorgesehene isolierte Rücksetzbarkeit einzelner Transaktionen
erreicht werden. Eine detaillierte Beschreibung dieses Algorithmus findet sich in
(HR79). In dem zu beschreibenden Modell müssen zwei Arten von Systemverwaltungsdaten
berücksichtigt werden:

- eine TID-Tabelle (zum TID-Konzept siehe (As76)), die für jede logische Daten-
  bank-Seite die Zahl der freien Bytes und den Verweis auf den zur Abspeicherung

benutzten slot enthält; pro Eintrag werden t Bytes benötigt.

- einen Bit-Vektor, der für jeden slot angibt, ob er belegt oder frei ist; pro
  Eintrag wird 1 Bit benötigt.

Die Länge des slots für die Primär- und die Sekundärdaten sei k. Will man nun die
Zahl der I/O-Operationen berechnen, die direkt oder indirekt auf das UNDO-Logging
zurückzuführen sind, so bestimmt man unter allen erforderlichen Lese-/Schreibvorgän-
gen zunächst die, die auch ohne alle Vorkehrungen für das Rücksetzen notwendig
wären. Offenbar muß in allen Fällen jede geänderte Seite aus beiden Datenbereichen
mindestens einmal zurückgeschrieben werden; häufigeres Wiedereinlesen und Rückschreiben ist unabhängig vom Logging und wird nur durch die Pufferverwaltung beeinflußt.
Da in dem zu untersuchenden Algorithmus eine geänderte Seite in einen neuen slot
geschrieben wird und der slot mit dem alten Inhalt als before image dient, läßt
sich jetzt schon das folgende festhalten:

- Zur UNDO-Sicherung einer Transaktion T mit den Parametern T: $(U, h, \Delta s)$ werden
  $L=h$ Seiten bis zum Ende der Transaktion (EOT) benötigt.

- Das Ausschreiben einer geänderten Seite hängt nur von der Pufferverwaltung ab
  (spätestens bei EOT werden alle geänderten Seiten ausgeschrieben), dieser Aufwand ist also nicht logspezifisch.

Dagegen verursacht der Log-Algorithmus Änderungen in der TID-Tabelle (Umsetzen des
Zeigers auf den neuen slot) und im Bit-Vektor (Belegen des neuen slot, Freigeben
des alten); diese geänderten Seiten werden aus mehreren Gründen erst bei EOT zurückgeschrieben (s. HR79). Der zusätzliche Aufwand für das Ändern der TID-Tabellen-
Einträge E_T ergibt sich wie folgt: Da Δs als Differenz der logischen Seitennummern definiert ist, folgt daraus unmittelbar die mittlere Zahl der geänderten
Tabellenseiten (unter Annahme einer Gleichverteilung der geänderten Seiten über
den Δs-Bereich; worst-case-Abschätzung).

$$E_{T1} = \left[\frac{t \cdot \Delta s}{k} \right] + \frac{2k}{2k-t \left(\Delta s \bmod \frac{k}{t} - 1 \right)} \tag{1}$$

Da die Tabellenseiten in einem eigenen Puffer verwaltet werden sollten, in dem pro
Transaktion durchschnittlich p_t Rahmen zur Verfügung stehen, kann es sein, daß bei
EOT einige der zurückzuschreibenden Seiten erst wieder eingelesen werden müssen.
Der Aufwand hierfür ist

$$E_{T2} = \begin{cases} E_{T1} - p_t & \text{für } E_{T1} > p_t \\ 0 & \text{sonst} \end{cases} \tag{2}$$

Der gesamte I/O-Aufwand durch das Ändern der TID-Tabelle beläuft sich somit auf

$$E_T = E_{T1} + E_{T2} \quad \text{(Lese- und Schreiboperationen als gleich teuer}$$
$$\text{vorausgesetzt)}$$

Dabei handelt es sich auch insofern um eine worst-case-Schätzung, als einige der
Tabelleneinträge durch Änderungen des freien Platzes in der jeweiligen Seite ohnehin
geschrieben werden müßten. Änderungen im Bit-Vektor gehen ebenfalls zu Lasten des Logging, da pro geänderter Seite der neue slot als belegt und der alte bei EOT als frei
markiert werden müssen. Wir nehmen an, daß das Intervall zwischen größtem und klein-
stem berührtem slot Δb zur Länge des Bit Vektors im Verhältnis $\Delta s/s$ steht. Auch
dies ist eine worst-case-Annahme und gilt nur bei zufälliger Zuordnung zwischen
logischen und physischen Seiten; jede Art von Clusterung, wie sie zumindest für die
häufigsten Transaktionen normalerweise angestrebt wird, ergibt ein relativ kleineres
Δb. Der I/O-Aufwand zur Änderung des Bit-Vektors läßt sich analog zu den obigen
Überlegungen folgendermaßen berechnen:

$$E_B = \left[\frac{\Delta b}{8k}\right] + \frac{16k}{16k - \Delta b \bmod 8k + 1} \text{ mit } \Delta b = \begin{cases} \frac{\Delta s}{s} \cdot d & \text{für } \frac{h}{\Delta s} \leqslant \frac{d-s}{s} \\[2ex] h \cdot \left(\frac{s}{d-s} + 1\right) & \text{für } \frac{h}{\Delta s} > \frac{d-s}{s} \end{cases} \qquad (3)$$

Der Log-Algorithmus kann darüber hinaus unter bestimmten Umständen Rückwirkungen auf
die Pufferverwaltung haben, die jedoch so gering sind, daß sie bei einer quantitativen
Analyse nicht berücksichtigt werden müssen. Damit ergibt sich für die Anzahl der
durch den zu untersuchenden UNDO-Log-Algorithmus verursachten zusätzlichen I/O-Ope-
rationen die worst-case-Schätzung.

$$E = E_T + E_B + 2 \qquad (4)$$

Die zwei zusätzlichen Zugriffe meinen das Schreiben eines Begin-of-Transaction-
sowie End-of-Transaction-Satzes in eine separate Protokoll-Datei.

3.3 Vergleich zweier Log-Algorithmen

Ein naheliegender Schritt ist es nun, die Zahl der für das Logging benötigten I/O-
Operationen mit der gesamten im Rahmen der Transaktion T anfallenden Ein-/Ausgabe
zu vergleichen; dazu muß allerdings neben der Log-Komponente noch ein analytisches Modell für die Pufferverwaltung betrachtet werden, was hier aus Platzgründen unterblei-
ben soll. Auf eine derartige Untersuchung in (HR79) sei verwiesen. Es ist jedoch
auch von Interesse, einen neuen Log-Algorithmus wie den in 2.2 vorgestellten mit
konventionellen Methoden, wie sie in den meisten gängigen DBMS implementiert sind,
zu vergleichen. Wir nehmen an, der Vergleichsalgorithmus V führe ein UNDO-Logging
in der Weise durch, daß für jede im Verlauf einer Transaktion geänderte Seite aus
dem Benutzerdatenbereich vor dem Rückschreiben in die Datenbank ein before-image
(BI) nach dem write-ahead-log-Prinzip in eine separate Log-Datei geschrieben wird;
pro geänderter Seite werde genau ein BI geschrieben. Wenn wir für die Vergleichs-
transaktion weiter annehmen, daß ein Viertel der berührten Systemverwaltungsdaten ge-

ändert werden (das ist für DBMS, die variabel lange Sätze verwalten, eine sehr
vorsichtige Schätzung) dann erhalten wir:

$$E = h + 0{,}25 \cdot E_{T1} + 2 \tag{5}$$

Bezeichnen wir nun die Kosten für den Vergleichsalgorithmus mit E_V und die des
neuen mit E_N, so ergibt sich für das Verhältnis

$$\frac{E_N}{E_V} = (2\left\lfloor\frac{t \cdot \Delta s}{k}\right\rfloor + 4k \;/\; (2k-t\;(\;\Delta s \bmod \frac{k}{t} - 1)) + \left\lfloor\frac{\Delta b}{8k}\right\rfloor + 16k \;/\; (16k - \Delta b \bmod 8k+1) - p_t + 2)$$

$$/(h + \frac{1}{4}\left\lfloor\frac{t \cdot \Delta s}{k}\right\rfloor + k/2(2k - t\;(\Delta s \bmod \frac{k}{t} - 1))+2) \tag{6}$$

Wir nehmen nun einige Vereinfachungen vor, indem wir für die transaktionsunabhän-
gigen Größen gängige Werte einsetzen (t = 6, K = 2048, P_t=2) und die Quotienten
unter Vernachlässigung der Restglieder auflösen; auf diese Weise erhalten wir:

$$\frac{E_N}{E_V} \approx ((2\left\lfloor\frac{\Delta s}{341}\right\rfloor + \frac{\Delta s \bmod 342}{1365} + 2\;) + (\left\lfloor\frac{\Delta b}{16384}\right\rfloor + \frac{\Delta b \bmod 16384}{32768} + 1\;))\;/$$

$$(h + \frac{1}{4}\left\lfloor\frac{\Delta s}{341}\right\rfloor + \frac{\Delta s \bmod 342}{170} + 2.25\;) \tag{7}$$

Es gelten die Randbedingungen, daß die Ausdrücke für die Zahl der geänderten
Tabellen- und Bitvektorseiten $\leqslant$ h sein müssen; für die Zahl der geänderten Bitvektorseiten gilt außerdem die obere Schranke d/16384. Der Ausdruck (7) wurde

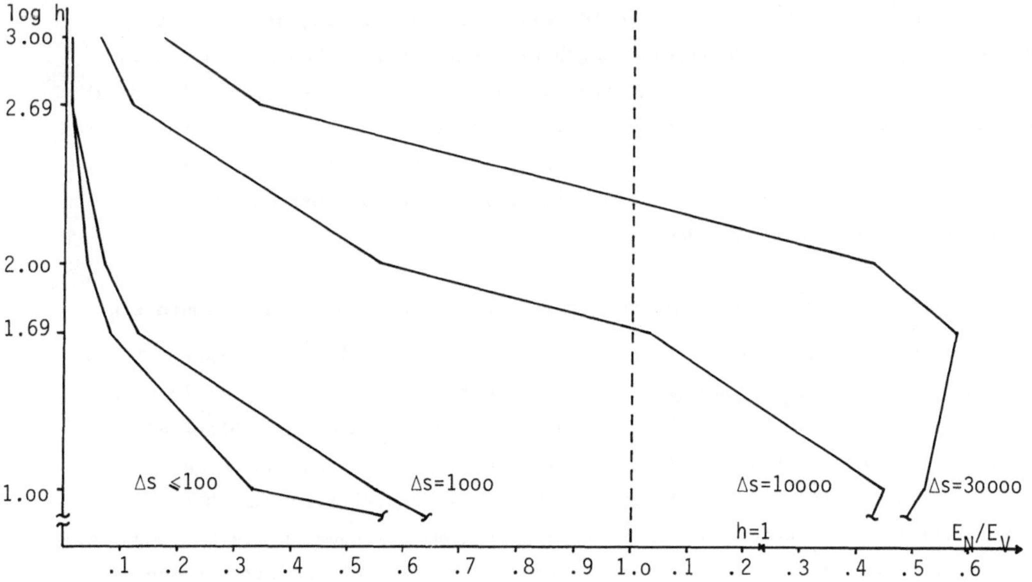

Abb.1 : Auswertung der Kostenfunktion für 2 Log-Algorithmen mit verschiedenen Parametern

getrennt nach E_N und E_v mit verschiedenen Parameter-Sätzen ausgewertet, das Ergebnis ist in Abb. 1 dargestellt (die Größe der Datenbank wurde mit s= 60000 und d= 72000 angenommen). Man sieht, daß trotz einer worst-case-Schätzung für den neuen Log-Algorithmus und einer sehr optimistischen für den Vergleichsalgorithmus der neue außer bei extrem kurzen Transaktionen bzw. stark gestreuten Referenzen weniger I/O-Operationen benötigt.

3.4 Bewertung der Analyseergebnisse

Es hat sich erwiesen daß ein einfaches analytisches Modell für einen neuen UNDO-Log-Algorithmus mit Hilfe von 2 die Transaktionslast beschreibenden Parametern angegeben werden kann. Diese Parameter können entweder systematisch variiert werden, oder, bei genauer Kenntnis der für eine konkrete Anwendung zu erwartenden Transaktionstypen, die "charakteristischen"Werte annehmen. Die so erhaltene worst-case-Abschätzung kann dann mit den Werten für die üblichen Verfahren verglichen werden, die bei einem beliebigen DBMS durch Messungen auf der externen Timer-Schnittstelle mit und ohne Logging leicht zu ermitteln sind.

Das REDO-Logging, das hier nicht behandelt wurde, kann sinngemäß in gleicher Weise modelliert werden; dabei gehen der Parameter u sowie ein Mittelwert für die Zahl der pro DML-Statement geänderten Felder ein. Mit diesen Werten lassen sich auch Verfahren für das physische Übergangslogging analysieren (Siehe Re78).

Die leichte Anwendbarkeit analytischer Modelle für die Leistungsvorhersage von Log-Algorithmen liegt also in der Einfachheit der zu untersuchenden Verfahren begründet und darin, daß die Transaktionslast als Betriebsumgebung nur durch wenige leicht zu variierende Parameter beschrieben werden muß. Genau dieser letzte Punkt gilt nicht bei der Untersuchung von Pufferverwaltungs-Verfahren; deren Leistungsverhalten hängt ab von der Referenzierungshäufigkeit von Datenbankseiten und von der Reihenfolge, mit der diese Referenzen erfolgen. Das aber ist (zumal für parallele Transaktionen) durch Wahrscheinlichkeitsverteilungen oder andere Wertaggregate nicht mehr hinreichend genau modellierbar; hier ist eine Kombination von Messung und Simulation besser geeignet, aussagefähige Ergebnisse zu erhalten. Davon wird im nächsten Abschnitt die Rede sein.

4. Die Systempuffer-Verwaltung: Leistungsvorhersage durch Messung und Simulation

Der gesamte Datenbestand einer Datenbank ist im allgemeinen in Seiten fester Länge (meist 2048 oder 4o96 Bytes) aufgeteilt; diese Seiten sind die Transporteinheiten bei der physischen Ein- und Ausgabe. Wenn nun eine auf der Datenbank ablaufende Transaktion bestimmte Daten benötigt, ermitteln die Zugriffspfadroutinen des Database Handlers die Nummern der Datenbankseiten, die zum Zugriff auf die Daten des Benutzers durchlaufen werden müssen. Diese Seitennummern werden an die Systempuffer-Verwaltung des Datenbanksystems weitergegeben; sie ist für die Bereitstellung der Datenbankseiten im Hauptspeicher des Rechners zuständig. Die Anforderung einer

Seite durch die Zugriffspfadroutinen wird als logische Seitenreferenz bezeichnet.
Nur wenn eine benötigte Seite nicht im Systempuffer gefunden werden kann, wird
ein Zugriff zum Hintergrundspeicher erforderlich; die Systempuffer-Verwaltung entscheidet dann auf Grund einer Ersetzungsstrategie (zum Beispiel LRU), welche der
im Puffer vorhandenen Seiten freigegeben werden soll, und liest die neue Seite in
den Systempuffer ein. Der Zugriff auf eine Datenbankseite auf dem Hintergrundspeicher wird auch als physische Seitenreferenz bezeichnet. Der Zusammenhang
zwischen logischen und physischen Referenzen wird in Abb. 2 noch einmal zusammenfassend dargestellt.

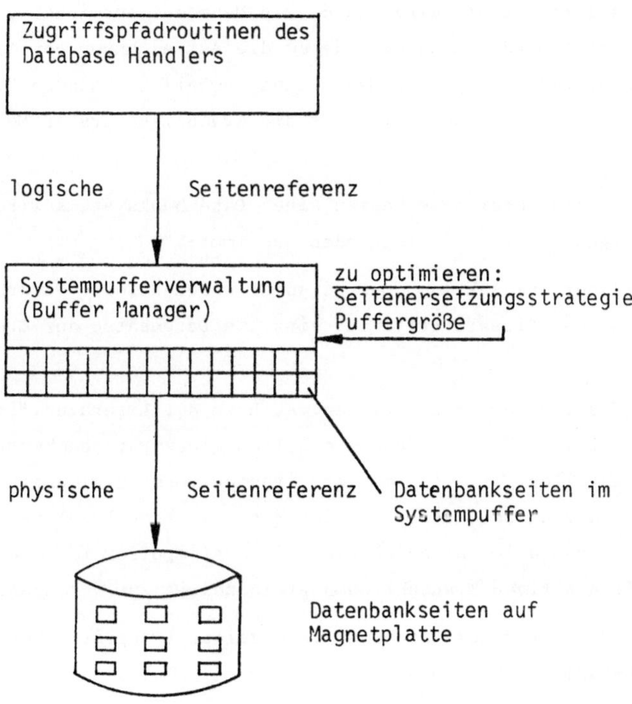

Abb.2: Schematische Darstellung der Datenzugriffe eines Datenbanksystems

Eine Folge von Seitenreferenzen, wie sie beim Ablauf von Datenbanktransaktionen
entsteht, heißt Seitenreferenzstring. Logische Seitenreferenzstrings sind weitgehend problemabhängig, während physische Seitenreferenzstrings entscheidend durch
die Größe und die Seitenersetzungsstrategie des Systempuffers beeinflußt werden.
Da eine physische Seitenreferenz wesentlich zeitaufwendiger ist als der Zugriff
zu einer Seite im Systempuffer (mindestens Faktor 10), ist es das Ziel der Optimierung der Systempuffer-Verwaltung, die Anzahl physischer Seitenzugriffe für
charakteristische logische Seitenreferenzstrings des Datenbanksystems zu minimieren.

Hierzu ist zunächst das logische Seitenreferenzverhalten des Datenbanksystems zu analysieren , um erste Hinweise auf geeignete Ersetzungsstrategien für den Systempuffer zu erhalten. Als Analyse-Hilfsmittel können hierbei Meßverfahren zur Aufzeichnung logischer Seitenreferenzstrings benutzt werden. Ein solches Verfahren wird im folgenden Abschnitt beschrieben.

4.1 Messung und Auswertung des Referenzverhaltens eines Datenbanksystems

Im Rahmen des Forschungsprojektes "Leistungsmessung und Vorhersage des Betriebsverhaltens beim Datenbanksystem UDS", das an der TH Darmstadt in Zusammenarbeit mit der Firma Siemens durchgeführt wird, wurde ein Meßmodul entwickelt, das in den Database Handler eingebaut wird und unter anderem die Aufzeichnung von logischen und physischen Seitenreferenzstrings auf Magnetband ermöglicht. Nähere Einzelheiten hierzu finden sich in (Ef79). Daher seien nur die Ergebnisse erster Messungen kurz erläutert.

Das logische Seitenreferenzverhalten eines Datenbanksystems wird im wesentlichen durch die folgenden drei Einflußgrößen bestimmt:

- Zugriffsart der Transaktion (zum Beispiel sequentielle Verarbeitung großer Datenmengen oder Direktzugriff auf einzelne Datensätze auf Grund von wahlfreien Schlüsseln)

- Parallelitätsgrad der Transaktionen. Auch in der Literatur finden sich Hinweise darauf, daß Lokalität im Referenzverhalten eines Datenbanksystems insbesondere dann festzustellen ist, wenn mehrere Transaktionen gleichzeitig ablaufen (intra-transaction sequentiality, inter-transaction locality, (RR76)). Dies rührt daher, daß alle Datenbankseiten im Systempuffer (abgesehen von gesperrten Seiten) allen aktiven Transaktionen gleichzeitig zur Verfügung stehen.

- Zugriffspfadstruktur der Datenbank (zum Beispiel Zugriff über ein Hash-Verfahren, über eine B-Baum-Struktur usw.).

Da alle diese Größen beim Entwurf eines allgemein verwendbaren Datenbanksystems nicht festgelegt werden können, sondern vielmehr von Anwendung zu Anwendung verschieden sind, können charakteristische Seitenreferenzstrings immer nur für ganz bestimmte Anwendungstypen angegeben werden. Über Lokalität in logischen Referenzstrings, die ja die Grundvoraussetzung für den sinnvollen Einsatz eines Systempuffers ist , lassen sich jedoch auf Grund erster Messungen zwei weitere, allgemeingültige Aussagen machen:

- Lokalität rührt weitgehend von Referenzen zu Zugriffspfadseiten her; das sind Seiten aus Adreßumsetztabellen, B -Bäumen usw.

- Die Wiederbenutzungswahrscheinlichkeit für eine Datenbankseite im Systempuffer
  nimmt mit zunehmendem Alter der Seite relativ langsam ab; hierin unterscheidet
  sich das Datenbank-Referenzverhalten vom Referenzverhalten von Programmen unter
  virtuellen Betriebssystemen. Ähnliche Ergebnisse werden in FLW78 berichtet, wo
  auch mögliche Gründe für das unterschiedliche Verhalten angegeben werden
  (FLW78, S. 191).

Auf der Grundlage dieser durch Messung gewonnenen Kenntnisse über das Seitenreferenzverhalten lassen sich nun Überlegungen anstellen, welche Ersetzungsstrategien für
den Systempuffer eines Datenbanksystems geeignet sind. Das Ziel ist dabei die Minimierung der Fehlseitenrate im Systempuffer und damit die Minimierung der Anzahl physischer Ein-/Ausgabevorgänge. Da Lokalität von Zugriffen vor allem dann beobachtet
werden kann, wenn mehrere Transaktionen gleichzeitig ablaufen, kommen nur globale
Ersetzungsstrategien in Frage, also solche, die alle Seiten im Puffer ohne Rücksicht auf ihre Zugehörigkeit zu bestimmten Transaktionen in gleicher Weise behandeln. Zum Vergleich verschiedener solcher Strategien wurde ein Simulationsverfahren
entwickelt, das im folgenden Abschnitt näher beschrieben wird.

4.2 Simulation der Systempuffer-Verwaltung

Bei der Systempuffer-Verwaltung eines Datenbanksystems handelt es sich um eine
leicht isolierbare Komponente mit klar definierten Schnittstellen; daher ist eine
Leistungsanalyse verschiedener Varianten durch Simulation relativ einfach durchführbar. Unter Simulation wird hier die Erprobung verschiedener Ersetzungsstrategien für den Systempuffer unter künstlichen Umgebungsbedingungen verstanden. Die
Ergebnisse der Simulation sollen zur Auswahl einer optimalen Ersetzungsstrategie aus
einer Reihe alternativer Strategien dienen und zugleich Hinweise für eine Optimierung der Puffergröße liefern.

Als Eingabedaten für die einzelnen Simulationsläufe dienen logische Seitenreferenzstrings des Datenbanksystems, die mit Hilfe eines in den Database Handler integrierten
Meßmoduls auf Magnetband aufgezeichnet werden. Die Verwendung echter Referenzstrings
hat gegenüber dem Einsatz eines analytischen Referenzmodells, zum Beispiel einer
Markow-Kette (Ea78), einen wesentlichen Vorteil: Veränderungen an der Zugriffspfadstruktur oder an der Transaktionslast des Datenbanksystems wirken sich auf die gemessenen Referenzstrings unmittelbar aus und gehen dadurch in die Simulation ein,
während bei der Modellierung von Seitenreferenzen durch einen stationären stochastischen Prozeß solche Veränderungen nicht nachgebildet werden können. Da aber gerade
Zugriffspfadstruktur und Transaktionslast die wichtigsten Einflußgrößen für logische Seitenreferenzstrings sind, erscheint ein mathematisches Modell auf hoher
Abstraktionsebene für unsere Zwecke wenig brauchbar.

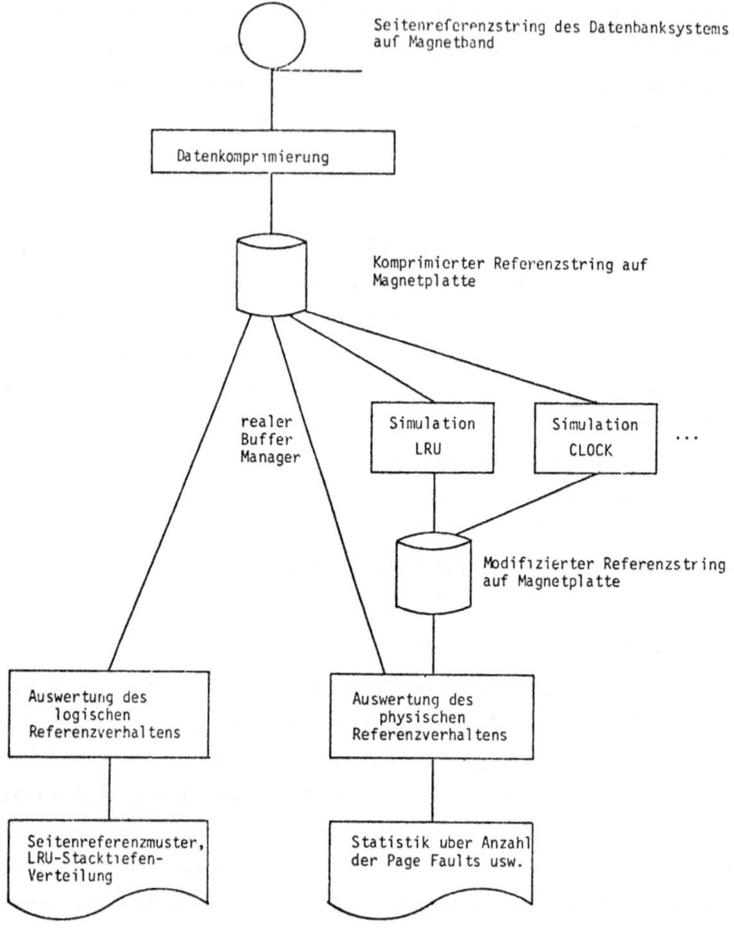

Abb.3: Programmsystem zur Auswertung des Referenzverhaltens und zur Simulation
verschiedener Ersetzungsstrategien für die Systempuffer-Verwaltung

Der Ablauf einer Simulation sei anhand von Abb. 3 kurz dargestellt. Der gemessene
Seitenreferenzstring des Datenbanksystems wird wegen des außerordentlich hohen
Datenvolumens zunächst komprimiert und auf Magnetplatte abgespeichert. Jede logische Referenz enthält dabei neben der Nummer der angesprochenen Datenbankseite ein
Kennzeichen, ob die Seite von der im Datenbanksystem vorhandenen Routine zur Systempuffer-Verwaltung im Systempuffer vorgefunden wurde oder nicht. Die komprimierte
Plattendatei ist nun die Grundlage für die Auswertung des logischen Referenzverhaltens einerseits (vgl. Abschnitt 4.1) und für die Simulation verschiedener Ersetzungsstrategien und Vorhersage des zu erwartenden physischen Referenzverhaltens
andererseits. Für jede zu untersuchende Ersetzungsstrategie (z.B. LRU, LFU, CLOCK)
gibt es ein Programm, das die logischen Seitenreferenzen als Eingabe benutzt und

einen simulierten Systempuffer verwaltet. Dabei kann die Puffergröße als Parameter
angegeben werden. Als Ausgabe wird jeweils eine Plattendatei erstellt, die wieder
alle logischen Seitenreferenzen enthält, wobei jedoch das Kennzeichen für "im
Puffer gefunden" vom Simulationsprogramm neu gesetzt wird. Die so modifizierten
Referenzstrings werden anschließend mit einem gesonderten Programm ausgewertet,
wobei Statistiken über die Benutzungshäufigkeiten einzelner Datenbankseiten, ihre
Fehlseitenraten, mittlere Distanzen zwischen Page Faults usw. ausgegeben werden.
Da die Ausgabedateien der Simulationsprogramme dasselbe Format haben wie die
"echten" Referenzstrings, kann auch das physische Referenzverhalten der im Datenbanksystem eingebauten Pufferverwaltung mit demselben Statistik-Programm ausgewertet
werden.

Mit Hilfe der hier beschriebenen Programme wurde probeweise eine sehr einfach
strukturierte CODASYL-Datenbank (sechs Satzarten, drei Sets) mit einigen elementaren Transaktionen analysiert. Dabei ergaben sich beispielsweise für einen
String aus 122272 Seitenreferenzen bei weitgehend sequentiellem Zugriff von drei
parallel ablaufenden Transaktionen die folgenden Werte:

E R S E T Z U N G S S T R A T E G I E

Datenbank-system	LRU	LFU	FIFO	CLOCK	RANDOM
Fehlseiten-rate (%) 4,75	4,75	8,08	4,79	4,76	5,07

Das Datenbanksystem benutzt nach Auskunft des Herstellers die Strategie LRU. Die
niedrigen Fehlseitenraten rühren vor allem vom sequentiellen Zugriff her, bei dem
sich zahlreiche aufeinanderfolgende Referenzen auf dieselbe Datenbankseite beziehen.
Eine Variation der Puffergröße wurde für die Strategie LRU durchgeführt. Hierbei
ergaben sich folgende Fehlseitenraten:

PUFFERGRÖSSE	FEHLSEITENRATE
16 Seiten	4,92%
40 Seiten	4,75%
128 Seiten	4,28% .

Die angegebenen Zahlenwerte treffen nur für die stark vereinfachte Modell-Daten-
bank zu. Zur Gewinnung praxisnäherer Resultate werden zur Zeit Messungen von Seitenreferenzstrings an echten Anwender-Datenbanken vorbereitet, die eine komplexere
Zugriffspfadstruktur und Transaktionslast aufweisen. Die beschriebenen Simulations-
und Auswertungsprogramme können dabei ohne Veränderung übernommen werden.

5. Zusammenfassung

In der vorliegenden Arbeit wurde die Anwendbarkeit von Meßverfahren, analytischen
Modellen und Simulation zur Untersuchung der Leistungsfähigkeit von Datenbanksystemen
diskutiert. Am Beispiel der Log-Komponente und der Systempuffer-Verwaltung wurde
aufgezeigt, unter welchen Bedingungen analytische Modelle bzw. Simulationsverfahren sinnvoll eingesetzt werden können. Es wurde deutlich gemacht, daß beide Methoden
auch im besten Falle das Systemverhalten nur mit Einschränkungen nachzubilden bzw.
vorherzusagen gestatten. Ihr Nutzen dürfte daher vornehmlich in der Entwicklung
eines tieferen Verständnisses der zu untersuchenden Datenbank-Komponenten liegen.
Zur Validierung von Modellen an existierenden Systemen sind stets Messungen des tatsächlichen Systemverhaltens erforderlich.

<u>Literaturverzeichnis</u>

As76   Astrahan, M.M.et al.: System R: Relational Approach to Data Base
        Management, in: ACM Transactions on Database Systems, Vol.1, No.2,
        June 1976, pp.97-137.

Ea78   Easton, M.C.: Model for Database Reference Strings Based on Behavior of
        Reference Clusters, in: IBM Journal of Res. and Development, Vol. 22, No.2,
        March 1978, pp.197-202.

Ef79   Effelsberg, W.: Messung und Auswertung des Seitenreferenzverhaltens von
        Datenbanksystemen, Forschungsbericht DVI 79-1, FG DatenverwaltungssystemeI,
        FB Informatik, TH Darmstadt.

EGLT76 Eswaran, K.P., Gray, J.N., Lorie R.A., Traiger, I.L.: The Notions of
        Consistency and Predicate Locks in a Database System, in: Comm. of the
        ACM, Vol. 19, No.11, Nov. 1976, pp.624-633

FLW78   Fernández, E.B., Lang, T., Wood, C.: Effect of Replacement Algorithms on
        a Paged Buffer Database System, in: IBM Journal of Res. and Development,
        Vol.22, No.2, March 1978, pp. 185-196.

Gr73   Graham, R.M.: Performance Prediction, in: Advanced Course on Software Engi-
        neering, Lecture Notes in Economics and Mathematical Systems 81, Springer-
        Verlag 1973, pp. 395-463.

Hä79   Härder,T.: Leistungsanalyse von Datenbanksystemen, in: Angewandte Informatik,
        4/79, pp.141-150.

HR79   Härder,T., Reuter,A.: Optimization of Logging and Recovery in a Database
        System, erscheint im Tagungsband der IFIP TC-2 Working Conference, Venedig,
        Juni 1979.

Lo77   Lorie, R.A.: Physical Integrity in a Large Segmented Database, in:
        ACM Transactions on Database Systems,   Vol.2, No.1, March 1977,
        pp.91-104.

Lu/1   Lucas, H.C.: Performance Evaluation and Monitoring, in: Computing Surveys,
        Vol.3, No.3, Sept. 1971, pp. 79-91.

Ow71   Owens, P.J.: PHASE II - A Data Base Management Modeling System, in:
        Proc. IFIP Congress, Ljubljana 1971, North Holland Publishing Company,
        Amsterdam, 1971, pp.827-832.

Pe78   Peinl, Peter: Analyse von Speicherungsstrukturen im UDS, Diplomarbeit,
        Sept.1978, FG Datenverwaltungssysteme I, FB Informatik, TH Darmstadt.

Re78   Reuter, A.: Vorschläge zur Optimierung der Log-Komponente in Datenbank-
        systemen, Forschungsbericht DVI 78-2, FG Datenverwaltungssysteme I,
        FB Informatik, TH Darmstadt

RR76   Rodriguez-Rosell, J.: Empirical Data Reference Behavior in Data Base
        Systems, in: Computer 9, 9(1976), pp.9-13.

Sch78   Schultze-Bohl, J.: Leistungsmessung von Datenbanksystemen mit Hilfe
        synthetischer Jobs, Forschungsbericht DVI 78-4, FG Datenverwaltungs-
        systeme I, FB Informatik, TH Darmstadt.

Sv76   Svoboda, L.: Computer Performance Measurement and Evaluation Methods:
        Analysis and Applications, Elsevier Computer Science Library, New York,
        1976.

We76   Wedekind, H.: Systemanalyse, Hanser-Verlag, München-Wien, 1976.

WH76   Wedekind, H., Härder, T.: Datenbanksysteme II, BI-Wissenschaftsverlag,
        Zürich 1976.

LEISTUNGSASPEKTE BEI DATENBANKSYSTEMEN

Helmut Thoma
Institut für Informatik II
Universität Karlsruhe

1. EINLEITUNG

Wesentlich für die Entwicklung, die Auswahl und den Betrieb von
Datenbanksystemen ist die Beurteilung ihres Leistungsvermögens bei
gegebenen Benutzeranforderungen. Die Leistungsbestimmung ist deshalb
Gegenstand zahlreicher Untersuchungen. Hierbei werden unterschiedliche
Ziele mit unterschiedlichen Methoden verfolgt, die zu einer Vielzahl
von Leistungsmaßen führen [CY77, Hä79, Hi78, Lo78]. Jede Leistungs-
studie erfordert deshalb die Festlegung der interessierenden
Zielgrößen und der sie beeinflussenden Parameter. Die Leistungsmaße
selbst sind an der Zielsetzung der Leistungsstudie orientiert [Fe78,
Sv76].

Für ein bestimmtes, vorgegebenes Ziel ist es wünschenswert, ein
einziges, allgemein anerkanntes Leistungsmaß zu finden. Im vorliegenden Ansatz wird als Ziel angenommen, daß das Datenbanksystem eine
"black box" darstellt, zugänglich nur durch seine Benutzerschnittstelle, und daß diese black box auf ihre technische Leistungsfähigkeit
zu untersuchen ist. In einem solchen Ansatz interessiert demnach die
Leistung des Systems aus Benutzersicht in Abhängigkeit bestimmter
Systemschnittstellen. Die Realisierung des Systems, z.B. auch sein
Speicheraufwand, kann nicht in die Betrachtung eingehen, da sie nach
außen nicht sichtbar wird. Beobachtbar ist jedoch der Zeitaufwand, der
mit der Bearbeitung eines Benutzerauftrags durch das System verbunden
ist. Es ist daher naheliegend - auch in Analogie zu den Naturwissen-
schaften - als Standard eines Leistungsmaßes den Quotienten aus Arbeit
und Zeit einzuführen. Das Problem reduziert sich dann offenkundig auf
die Bestimmung eines geeigneten Arbeitsmaßes. Wir legen hierbei nach
dem zuvor Gesagten folgendes zugrunde: Ein Benutzer überträgt einem
System gewisse Aufgaben, die seinem Problembereich entstammen. Diese
Aufgaben möchte er korrekt erledigt wissen, das System muß also
gegenüber dem Benutzer eine problemgerechte Wirkung zeigen. Wie das
System die Anforderung behandelt, ist dabei völlig uninteressant. Nur
die vom Benutzer gestellte Aufgabe entscheidet, welche Arbeit das
System zu erbringen hat, nicht irgendwelche Entwurfs- und Implementierungsaspekte des Systems.

Zur Bestimmung der Arbeit von Rechnersystemen sind einige Veröffent-
lichungen mit informationstheoretischen Ansätzen bekannt. Hierbei wird
die Entropie ermittelt, die für eine Anforderung auf dem Wege von der
Aufgabenstellung bis zur Ermittlung der Lösung vom System abgebaut
werden muß. Dabei kann man sich auf einer implementierungsnahen Ebene
bewegen, indem man von maschinennahen Operatoren [He72, He77, Ko72,
Ro73] oder von Kontrollstukturen einer höheren Programmiersprache
ausgeht [Ch77]. Umgekehrt kann man auch Algorithmen konzeptionell in
Finzelschritte zerlegen [Pe78, Wa69]. Dieses Arbeitsmaß betrachten wir
jedoch als nicht zweckmäßig zur Fvaluierung von Anforderungen an
Datenbanksysteme. Implementierungsnahe Betrachtungsebenen führen zu
einem implementierungsabhängigen Arbeitswert und genügen nicht der
geforderten Realisierungsunabhängigkeit. Höhere Abstraktion führt zwar
zur Unabhängigkeit von der Realisierung. Unterschiedliche Abstrak-
tionsgrade und eine sich daraus ergebende unterschiedliche Anzahl von
Einzelschritten beeinflussen jedoch die Entropie wesentlich. Als Folge
hiervon müßte für alle Operatoren von Datenbanksystemen eine
gemeinsame implementierungsunabhängige Abstraktionsebene festgelegt
werden, Leistungsstudien müßten auf diese Ebene beschränkt werden.

Der vorliegende Ansatz wird daher einen anderen Weg einschlagen, indem
er die Eigenschaften der Benutzerschnittstelle, d.h. das jeweilige
Datenmodell einschließlich seiner Operatoren zugrundelegt. Kapitel 2
enthält im wesentlichen eine Diskussion der Einflußfaktoren auf die
Arbeit. In Kapitel 3 wird ein Simulationsmodell zur Ermittlung der
Arbeit von Datenbanksystemen entwickelt, das ab Kapitel 4 auf das
Netzwerkmodell angewendet wird.

2. EINFLÜSSE AUF DIE LEISTUNG

Die Arbeit, die ein Datenbanksystem für einen Benutzer zu erledigen
hat, ist allein mit Hilfe solcher Größen zu ermitteln, die der
Benutzer an der Schnittstelle zum System sehen bzw. vereinbaren kann
und die zum Problembereich der Anforderung gehören. Zur Wahl dieser
Größen gehen wir von einer Charakterisierung der Aufgaben aus, die von
Datenbanksystemen zu erfüllen sind. Datenbanksysteme haben Daten
aufzunehmen, diese und die zwischen ihnen bestehenden logischen
Beziehungen zu verwalten und Daten bereitzustellen. Sie haben keine
Daten auszuwerten. Infolgedessen hat die aus Benutzersicht erforder-
liche Anzahl von Zugriffen einen wesentlichen Einfluß auf die Arbeit
[BBLN76]. Welche Zugriffe sind dabei zu berücksichtigen? Unsere
Definition der Arbeit abstrahiert von der Realisierung. Folglich
dürfen Zugriffe, die ausschließlich durch die physikalische Struktu-

rierung der Datenbasis bedingt sind, nicht berücksichtigt werden. Die Existenz von Sekundärdaten und von Zugriffspfaden hat keinen Einfluß auf den Umfang einer Benutzeranforderung und damit auf die Arbeit, die das System zu erledigen hat. Unterschiedlicher Realisierungsaufwand und damit unterschiedliche Leistungsfähigkeit sollen sich ja gerade darin widerspiegeln, daß Systeme für gleiche Arbeit unterschiedlichen Aufwand treiben und dadurch unterschiedliche Zeiten benötigen. Es bleibt also lediglich die logische Sicht, die der Benutzer von den Daten hat, d.h. das betreffende Datenmodell und das für eine bestimmte Anwendung vereinbarte Schema. Die zur Erfüllung einer Benutzeranforderung vom System zu erbringende Arbeit ist also gleich der Anzahl der aus logischer Sicht notwendigen Datenzugriffe.

Das Datenmodell umfaßt die Menge der an der Benutzerschnittstelle angebotenen Konzepte zur Modellierung des Problembereichs. Es legt die Menge der anwendbaren Operatoren und deren Wirkung fest [LM78]. Art, Umfang und logische Beziehungen der den Objekten und Beziehungen des Problembereichs entsprechenden Daten führen in einer Datenbasis zu einem bestimmten Zustand. Die Arbeit, die ein Datenbanksystem zu erbringen hat, ist somit abhängig vom jeweiligen Datenbasiszustand, von den in einer Benutzeranforderung auftretenden Operatoren und von deren durch das Schema beeinflußten Wirkung.

Manche Benutzerschnittstellen bieten auch die Möglichkeit, physikalische Strukturen festzulegen. Obwohl vom Benutzer selbst definiert oder ausgewählt, werden diese physikalischen Größen hier jedoch nicht in das Arbeitsmaß integriert. Sie werden als Aktualisierung einer parametrisierten Systemrealisierung verstanden, die das Zeitverhalten des Systems beeinflußt.

Der Vergleich der Leistung von Datenbanksystemen wirft die Frage auf, ob es sinnvoll ist, Systeme unterschiedlicher Datenmodelle zu vergleichen oder ob der Vergleich auf Systeme mit gleichem Datenmodell beschränkt sein soll. Der erste Fall läßt sich allerdings nicht von der Frage trennen, inwieweit sich ein Datenmodell für das Benutzerproblem im Vergleich zu einem anderen eignet. Darüberhinaus wirft das Ziel, ein datenmodellneutrales Arbeitsmaß zu entwickeln, auch grundsätzliche Probleme auf, etwa die Einführung eines allgemeinverbindlichen semantischen Datenmodelles, auf das dann andere Datenmodelle abzubilden wären. Vergleichbare Probleme werden an anderen Stellen und in anderem Zusammenhang untersucht und müssen als noch nicht abschließend geklärt gelten. Wir werden daher an dieser Stelle zunächst den zweiten Weg einschlagen und nach Mitteln suchen, mit denen sich für jedes Datenmodell ein spezifisches Arbeitsmaß angeben läßt.

Die zweite Komponente der Leistungsdefinitionsgleichung ist die Zeit, in der eine Benutzeranforderung vom System erledigt wird. Diese kann mit herkömmlichen Methoden, z.B. simulativ, analytisch oder durch Leistungsmessung, ermittelt werden [Bi77, GIP75, GT76, Hä79, HS77, NYK75, OJ76, Sc76]. Der Ermittlung der Zeit wird deshalb im Rahmen dieser Betrachtungen keine weitere Aufmerksamkeit geschenkt.

Selbstverständlich ist der benötigte Speicherplatz für die Beurteilung eines Datenbanksystems ebenfalls interessant. In unserem Ansatz geht er jedoch nur mittelbar in die Leistung ein, indem er nämlich die Zeit zur Ausführung eines Auftrages beeinflußt [BBLN76]. Bei veränderten Zielsetzungen könnte er natürlich auch unmittelbar in Bewertungsmaße von Datenbanksystemen eingehen.

3. MODELL ZUR BERECHNUNG DER ARBEIT

Im folgenden wird nun eine Methode vorgestellt, mit der man die Arbeit ermitteln kann, die ein Benutzer von einem bestimmten Datenbanksystem zur Erfüllung seiner Anforderung benötigt. Es handelt sich hierbei um ein aus mehreren Teilen bestehendes Simulationsmodell. In seinen Bestandteilen schlagen sich die im letzten Kapitel diskutierten Einflußgrößen nieder: das Schema, die Semantik der Operatoren und der aktuelle Datenbasiszustand. Ein Simulator benutzt dieses Modell, um für ein Programm mit einer Folge von DML-Aufrufen die Arbeit als Anzahl logisch notwendiger Datenzugriffe zu bestimmen. Abb. 1 verdeutlicht den Zusammenhang der im folgenden noch näher beschriebenen Komponenten.

3.1 Modell der Operatoren

Jedem für das zu simulierende Datenbanksystem definierten Operator entspricht im Simulationsmodell ein "abstrakter" Operator. Abstrakt bedeutet nach dem in Kap.2 Gesagten, daß der Operator zu charakterisieren ist durch

a) die Veränderungen, die er im Modell der Datenbasis hinterläßt
b) die Arbeit, die er in Form von Zugriffen innerhalb des Modells der Datenbasis verrichtet.

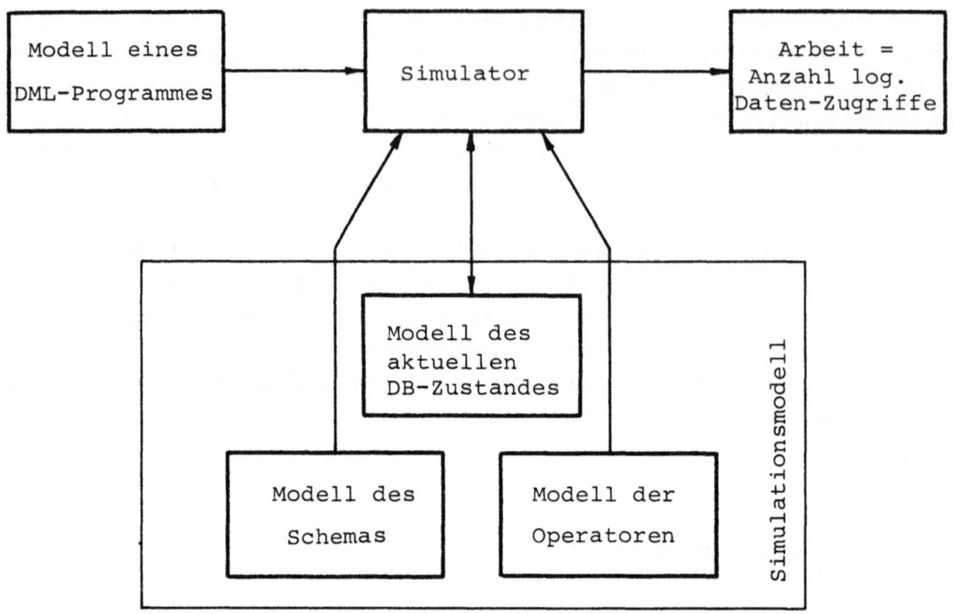

Abb.1   Komponenten des Simulationsmodells

Die Wirkung der Operatoren gemäß a) wird mit Regeln für die Fortschreibung des in Kap. 3.3 beschriebenen Zustands-Modells spezifiziert. Diese Regeln werden hier mit Hilfe von Vor- und Nachbedingungen
beschrieben. Hierzu wird eine ähnliche Methode wie die in [Ho69]
verwendete Abstraktionsmethode benutzt. Die Vorbedingungen legen fest,
unter welchen Umständen eine Operation ausgeführt werden kann, die
Nachbedingungen regeln die Änderungen im Modell des Datenbasiszustandes (siehe Beispiel in Kap.4.3).

Zur Charakterisierung der Arbeit nach b) gehen wir davon aus, daß ein
Operator stets nur mit gewissen Ausschnitten der Datenbasis zu tun
hat. Einen solchen Ausschnitt wollen wir grundsätzlich als eine
geordnete Menge betrachten. Damit läßt sich die Arbeit eines
Zugriffsoperators zu einer Exemplarmenge der Mächtigkeit n wie folgt
definieren:

- Verwendet der Operator bei der Auswahl des Datums aus der Exemplarmenge ein Attribut, über das die Ordnung der Daten definiert ist:

$$work(Operator) = \begin{cases} 1 & \text{für } n=0 \\ \lfloor 1+ldn \rfloor & \text{für } n \geq 1 \end{cases} \quad \text{Datenzugriffe}$$

Die Arbeit solcher Operatoren wird also auf die Anzahl maximal notwendiger Vergleiche festgesetzt, die das schnellste, mit Elementenvergleich arbeitende Suchverfahren in einer geordneten Menge benötigt.

- ist dem Operator der "Ort" des Datums in der Exemplarmenge bereits bekannt (Direktzugriff):

       work(Operator) = 1   Datenzugriff

- durchläuft ein Operator die Exemplarmenge von Element zu Element sequentiell:

       work(Operator) = Summe der Direktzugriffe

Für jeden Schritt ist also dieselbe Arbeit wie für einen Direktzugriff aufzubringen.

Die Erweiterung des Simulationsmodells auf ungeordnete Exemplarmengen ist einfach und soll hier nicht näher betrachtet werden.

3.2 Modell des Schemas

Ein Datenbasisschema beschreibt die zulässigen Datenbasiszustände und die zulässigen Übergänge zwischen ihnen [BBBC76]. In einem Simulationsmodell, das Modelle des Datenbasiszustandes und der Operatoren enthält, bleibt diese Rolle des Schemas erhalten, nunmehr auf die Bedürfnisse der Modelle zugeschnitten. Ein Modell des Schemas muß dann Angaben enthalten

- zur Konkretisierung von Typen aus dem Konzept des betreffenden Datenmodells
- über die Anwendbarkeit der typspezifischen (modellierten) Operatoren und zur Auswahl spezieller Operator-Varianten (vgl. Kap. 4.1)
- zur Exemplar-Auswahl

Unterschiedliche Objekte und Beziehungen des Problembereichs werden bei Datenbanksystemen auf unterschiedliche Datentypen abgebildet. Die Wirkung der Operatoren eines Datenbanksystems kann dabei (zumindest bei einigen Datenmodellen) von logischen Beziehungen zwischen Objekten abhängen. Bei der Modellierung eines Schemas für die Simulation wird es deshalb meist nötig sein, sowohl Objekttypen als auch Beziehungstypen zu spezifizieren. Ein Beziehungstyp verbindet dann je zwei unterschiedliche Objekttypen miteinander.

Was die Population des einzelnen Typs betrifft, so erfolgt im Simulationsmodell eine Abstraktion von den Werten der Ausprägungen, also beispielsweise von den Attributwerten eines Verbundes, wenn das Datenmodell eine Objektmodellierung durch Verbunde vorsieht. Für die Exemplare innerhalb eines Typs wird jedoch genau eine Ordnung unterstellt. Damit kann sowohl der (logische) "Ort" eines Datums in seiner durch den Typ definierten Menge durch eine Ordnungszahl bestimmt werden als auch eine Identifizierung des Exemplars mit Hilfe dieser Ordnungszahl erfolgen. Das Modell des Schemas enthält deshalb an Stelle der Angaben zu den Ausprägungen eines Typs Angaben zu den Ordnungszahlen. Hierzu gehört auch, daß die untere und obere Grenze der Mächtigkeit eines Typs festgelegt wird.

Soll bei der Simulation die Auswahl eines Exemplars stochastisch erfolgen, ist der zugehörige Datentyp im Modell des Schemas entsprechend zu kennzeichnen und es ist eine geeignete Wahrscheinlichkeitsverteilung zu definieren. In diesem Fall ist weiterhin festzulegen, wie häufig die zu erzeugenden Ordnungszahlen den im Modell des Datenbasiszustandes festgehaltenen aktuellen Bereich der Ordnungszahlen überschreiten dürfen, um auch erfolglose Operationen simulieren zu können.

3.3 Modell des aktuellen Datenbasiszustandes

Ziel dieser Komponente des Simulationsmodells ist es, den aktuellen Datenbasiszustand in einem innerhalb gewisser Grenzen wählbaren Detaillierungsgrad nachzubilden. Allen Zustandsmodellen ist gemeinsam, daß sie für jeden Objekttyp des Schemas eine oder mehrere Datenmengen (Exemplar des Objekttyps) aufweisen. (Die Zahl kann von den Anforderungen des Datenmodells abhängen.) Je zwei Datenmengen können durch ein oder mehrere Exemplare desselben Beziehungstyps zusammengefaßt werden. Mit jeder Menge wird ihre derzeitige Mächtigkeit vermerkt.

Der gewählte Detaillierungsgrad geht in die Beschreibung der Beziehungen ein. Bei einer rein deterministischen Vorgehensweise, die lediglich den mittleren Wert der Arbeit ermittelt, können alle Bezüge auf einzelne Mengenelemente entfallen, da nur noch die Tatsache der

Auswahl, nicht aber das ausgewählte Element, von Bedeutung ist. Die genaue Wertemenge eines Beziehungstyps interessiert dann also nicht. Wünscht man andererseits statistische Aussagen, so ist auch festzuhalten, welche Exemplare eines Objekttyps mit welchen eines anderen Objekttyps in Beziehung stehen. In diesem Fall kommt es zu einer stochastischen Simulation, deren Ergebnisse statistisch angemessen auszuwerten sind.

Generell läßt sich zu jedem aktuellen Zustand einer Datenbasis ein bezeichneter und bewerteter Digraph angeben, im folgenden <u>Abhängigkeitsgraph</u> genannt. Ein Knoten des Abhängigkeitsgraphen repräsentiert die aktuelle Teilmenge des Wertevorrats eines bestimmten Objekttyps. Einfüge- und Entfernungsoperatoren führen im Abhängigkeitsgraphen zu einer Fortschreibung der Knotenmächtigkeit, die zusammen mit eventuellen datenmodellspezifischen Angaben die Knotenbewertung bildet. Beispielsweise kann es bei entsprechendem Detaillierungsgrad bei der Modellierung der Zustände für ein bestimmtes Datenmodell notwendig werden, ein bestimmtes Exemplar - durch Typ und Ordnungszahl - zu kennzeichnen, wenn ein zuletzt benutztes Exemplar entscheidenden Einfluß auf die Zahl der Zugriffe einer darauf folgenden Operation haben kann.

Eine Kante des Abhängigkeitsgraphen repräsentiert ein oder mehrere Exemplare eines Beziehungstyps. Falls die Beziehungen im Detail interessieren, wird die entsprechende Paarmenge Teil der Kantenbewertung. Die Kantenbewertung kann durch notwendige datenmodellspezifische Angaben vervollständigt werden.

Der für ein Simulationsexperiment gewählte Anfangszustand kann sich durchaus von der leeren Datenbasis unterscheiden, z.B. wenn der Betrieb mit einer vorhandenen Datenbasis Gegenstand der Untersuchung ist. Der Anfangszustand ist also zu modellieren.

Angemerkt sei noch, daß der gewählte Detaillierungsgrad für das Modell des Datenbasiszustandes Auswirkungen auf das Modell der Operatoren, d.h. deren Semantik, hat.

3.4 Modellierung des DML-Programmes und Simulation

Soll die Simulation eigengesteuert vorgenommen werden, so müssen das oder die interessierenden DML-Programme in einer für den Simulator interpretierbaren Form codiert werden. Dieser überprüft nun jeden Operatoraufruf des modellierten Programmes hinsichtlich des Typs seiner Operanden und hinsichtlich der statisch vorgegebenen Grenzmächtigkeiten der betroffenen Exemplarmenge (beides im Modell des Schemas definiert). Wenn die betreffende Operation möglich ist, erfolgt im allgemeinsten Fall die Generierung einer Ordnungszahl zur Selektion eines Exemplars, und der Abhängigkeitsgraph wird gemäß der modellierten Operator-Semantik fortgeschrieben. Der Beitrag des Operators zur Gesamtarbeit wird ebenfalls dem Modell der Operatoren entnommen und falls erforderlich berechnet.

Die vom Datenbanksystem zu leistende Arbeit ist, wie wir gesehen haben, von der Größe der Datenbasis abhängig. Um die Leistung eines vorgegebenen Systems zu messen, muß deshalb sichergestellt werden, daß beim Experiment die Datenbasis auch tatsächlich die bei der Ermittlung der Arbeit zugrundegelegte Größe besitzt. Inwieweit dazu vorab aus einer realen Datenbasis der Abhängigkeitsgraph rechnergestützt erstellt werden kann, bleibt noch zu untersuchen.

4. KONKRETISIERUNG DES SIMULATIONSMODELLS FÜR DAS NETZWERKMODELL

Die in Kap. 3 entwickelten Vorschriften zur Gestaltung eines Simulationsmodells sollen im folgenden für ein spezifisches Datenmodell - das Netzwerkmodell - konkretisiert werden. Die Konkretisierung erfolgt mit dem größtmöglichen Detaillierungsgrad, also bis zur Exemplarebene. Für die Arbeit werden deshalb keine Mittelwerte betrachtet. Wir konstruieren also ein Simulationsmodell, das es ermöglicht, zu einem gegebenen Datenbasiszustand die für beliebige Folgen von Netzwerkoperationen anfallende Arbeit zu ermitteln. Durch Bestimmung der jeweils benötigten Zeit (vgl. Kap. 2) läßt sich dann für ein vorgegebenes Datenbanksystem (nach dem Netzwerkmodell) dessen Leistung bzgl. der Benutzeranforderung errechnen.

In der folgenden Diskussion werden die in [LM78] definierten Begriffe verwendet. Eigenschaften des Netzwerkmodells werden nur insoweit beschrieben, als sie hier zum Verständnis benötigt werden, ihre Kenntnis wird ansonsten vorausgesetzt (vgl. z.B. [Da77]). Die

Komponenten des Simulationsmodells werden aus Gründen der Verständlichkeit in einer vom vorhergehenden Kapitel abweichenden Reihenfolge beschrieben.

4.1 Modell des Schemas

Das Modellierungskonzept für die Satztypen des Netzwerkmodells abstrahiert von den Attributen und sieht eine Exemplaridentifikation über Ordnungszahlen vor. Im einzelnen hat die Satztyp-Beschreibung folgendes Aussehen:

$$\langle\text{Name des Satztyps}\rangle, \text{LOCATION MODE} = \begin{Bmatrix} \text{CALC} \\ \text{SEQ} \end{Bmatrix}, (\langle\text{min}\rangle,\langle\text{max}\rangle)$$
$$[,\text{DISTRIBUTION}=\langle h\rangle, \text{HIT RATIO}=\langle p\rangle]$$

Mit der "LOCATION MODE" erfolgt eine Auswahl zulässiger Operatoren. Ist für den betreffenden Satztyp der Datenbasis eine Attributmenge als Schlüssel ausgezeichnet (CALC), kann außer den übrigen Operatoren zur Exemplarselektion auch der Format-2-FIND-Operator angewendet werden. Die Festlegung der geringsten bzw. größtmöglichen Anzahl von Exemplaren des Satztyps während der Simulation erfolgt mit <min> bzw. <max>. Die Verteilung bezüglich der Auswahlhäufigkeit der Exemplare gibt <h> an; die Wahrscheinlichkeit, daß das zu selektierende Exemplar tatsächlich in der Menge ist bzw. bei Einfüge-Operatoren noch nicht in der Menge ist, wird in <p> festgelegt.

Sammlungstypen werden mit der Angabe ihres Ankersatz- und ihres Gliedsatztyps modelliert:

$$\langle\text{Name des Sammlungstyps}\rangle, \text{OWNER}=\langle\text{Name des Ankersatztyps}\rangle,$$
$$\text{MEMBER}= \text{Name des Gliedsatztyps}, \text{INSERTION}=\begin{Bmatrix} \text{AUTOMATIC} \\ \text{MANUAL} \end{Bmatrix},$$
$$\text{RETENTION}=\begin{Bmatrix} \text{FIXED} \\ \text{MANDATORY} \\ \text{OPTIONAL} \end{Bmatrix}, \text{SET SELECTION}=\begin{Bmatrix} \text{CURRENT} \\ \text{OWNER}[(\langle\text{Liste der Sammlungstypen}\rangle)] \end{Bmatrix}$$

Die Mitgliedschaft von Gliedsatzexemplaren bzgl. des Einfügens in bzw. Ausfügens aus Sammlungsexemplaren definieren INSERTION bzw. RETENTION. Die Art der automatischen Auswahl eines Sammlungsexemplars, die bei manchen Operationen erfolgt, beschreibt die SET SELECTION-Klausel. Dabei kann sich die Auswahl per Ankersatz über mehrere Sammlungstypen erstrecken, so daß eine ganze Liste von Sammlungstypen festgelegt werden muß.

4.2 Modellierung eines Datenbasis-Zustandes

Abhängigkeitsgraphen zur Modellierung von Datenbasis-Zuständen erhalten im Zusammenhang mit dem Netzwerkmodell folgende Semantik:

<u>Knoten</u>: Alle Exemplare eines Satztyps der Datenbasis werden als geordnete Menge auf einen Knoten des Abhängigkeitsgraphen abgebildet. Dies ist möglich, weil von den Gebieten abstrahiert wird, da diese physikalische Zusammengehörigkeit widerspiegeln, und die Operatoren infolgedessen satztypspezifisch sind. Da wir einen hohen Detaillierungsgrad nachbilden, enthält die Knotenbewertung außer der aktuellen Anzahl der Exemplare des Satztyps (= höchste vorkommende Ordnungszahl) auch die Ordnungszahl des aktuellen Exemplars des Satztyps, auf das sich viele Operatoren des Netzwerkmodells ebenso wie auf den Inhalt des Arbeitsbereiches beziehen. Deshalb enthält das Bewertungstripel des Knotens auch die Ordnungszahl desjenigen Exemplars des Satztyps, das sich außer in der Datenbasis auch im Arbeitsbereich befindet. Zur Kennzeichnung des aktuellen Exemplars des Programmlaufs werden dessen Satztyp und Ordnungszahl außerhalb des Abhängigkeitsgraphen geführt. Nicht vorhandene aktuelle Exemplare bzw. leere Arbeitsbereiche werden mit 0 initialisiert.

<u>Kanten</u>: Eine gerichtete Kante des Abhängigkeitsgraphen repräsentiert alle Exemplare eines Sammlungtyps: der Ursprungsknoten ist die Abbildung des Ankersatztyps, der Zielknoten diejenige des Gliedsatztyps. Die bei dem gewählten Detaillierungsgrad notwendige Zuordnung von Ankersatzexemplaren zu Gliedsatzexemplaren erfolgt mit Hilfe einer Kantenbewertung, deren Umfang von der Mächtigkeit des Anker- und des Gliedsatztyps abhängt. Die Kantenbewertung formuliert damit die Teilmengenbildung durch Sammlungstypen innerhalb eines Satztyps.

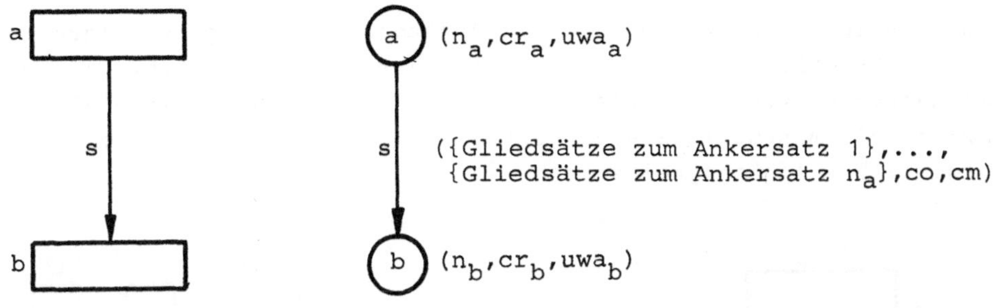

a   Ankersatztyp   b Gliedsatztyp   s Sammlungstyp

n   höchste Ordnungszahl eines Satztyps (=Anzahl der Exemplare)
cr Ordnungszahl des aktuellen Exemplars des Satztyps
uwa Ordnungszahl des Exemplars im Arbeitsbereich
co Ordnungszahl des Ankers des aktuellen Exemplars der Sammlung
cm Ordnungszahl des Gliedsatzes, falls dieser aktueller Satz
    der Sammlung ist

Abb. 2   Aufbau der Knoten- und Kantenbewertung
          des Abhängigkeitsgraphen bzgl. des
          Netzwerkmodells

Abb. 2 verdeutlicht den Aufbau der Knoten- und Kantenbewertungen. Das aktuelle Exemplar der Sammlung wird mit Hilfe der Ordnungszahl des dazugehörigen Ankers bezeichnet. Falls ein Gliedsatz aktueller Satz der Sammlung ist, wird dessen Ordnungszahl in der letzten Komponente der Kantenbewertung geführt. Somit ergeben sich für die letzten beiden Komponenten der Kantenbewertung folgende Wertekombinationen:

co=0, cm=0   kein aktuelles Sammlungsexemplar
co$\geq$1, cm=0   Ankersatz ist aktueller Satz der Sammlung
co$\geq$1, cm$\geq$1   Gliedsatz ist aktueller Satz der Sammlung

Eine singuläre Sammlung kann man sich als Sammlungstyp mit genau einem Exemplar ohne Ankersatz vorstellen. Sie wird deshalb wie ein Satztyp auf den Abhängigkeitsgraphen abgebildet: auf einen Knoten. Streng genommen liegt der Abbildung eines Satztyps auf einen Knoten bereits die Annahme zugrunde, daß seine Exemplare Glieder einer singulären Sammlung sind. Denn nur unter dieser Voraussetzung kann auf die Exemplare eines Satztyps sequentiell zugegriffen werden. Wir unterstellen daher, wie bei manchen Datenbanksystemen (z.B. UDS [Si78]) üblich, daß der Wertevorrat eines Satztyps gleichzeitig Wertevorrat einer singulären Sammlung ist.

Beispiel

Gegeben seien das Schema und die Abhängigkeiten der Exemplare gemäß
Abb. 3. Exemplar a1 sei aktuelles Exemplar von Satztyp a, beider
Sammlungstypen und Exemplar des Arbeitsbereiches. Ebenfalls sei
Exemplar c2 im Arbeitsbereich vertreten. Dann ergibt sich der in Abb.
4 dargestellte Abhängigkeitsgraph.

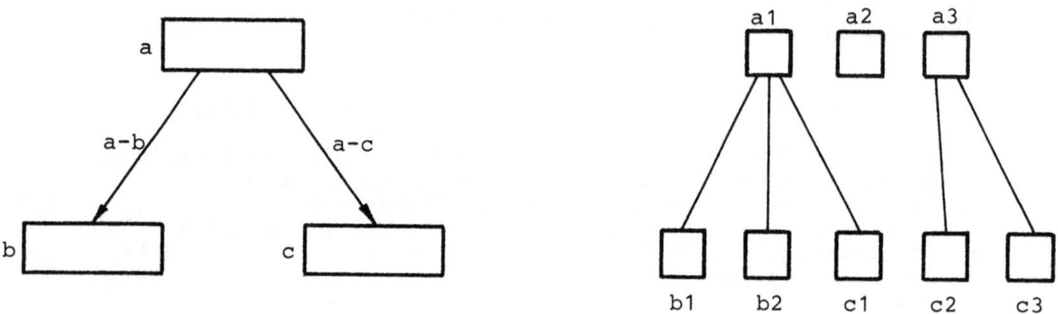

Abb. 3   Schema mit Abhängigkeiten der Exemplare

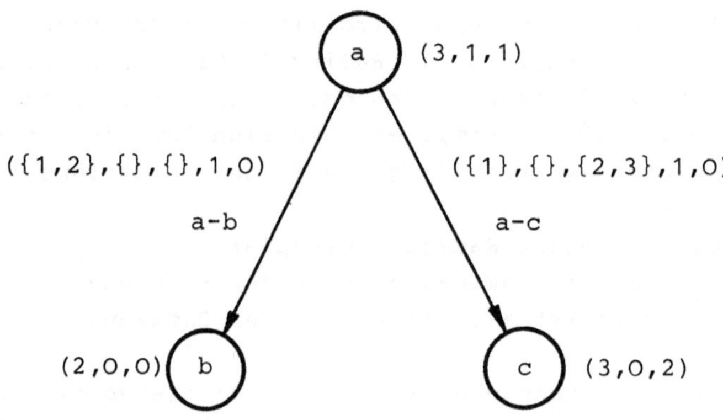

Abb.4   Abhängigkeitsgraph zu Abb.3

Eine weitere Beschreibungsform eines Abhängigkeitsgraphen befindet
sich in Kap. 5 bei der Definition des Anfangszustandes einer
Simulation.

4.3 Modell der Operatoren

Bei der Modellierung der Operatoren des Netzwerkmodells ist die Semantik der DML-Operationen mit Bezug auf das Simulationsmodell zu beschreiben. Hierzu gehören die Veränderungen, die der Operator im Abhängigkeitsgraphen hinterläßt und die Arbeit, die er in Form von Zugriffen innerhalb des Abhängigkeitsgraphen verrichtet.

Die vorgenommenen Veränderungen im Abhängigkeitsgraphen schlagen sich beim Netzwerkmodell ausschließlich in Veränderungen der Knoten- und Kantenbewertungen nieder, da die Struktur des Graphen selbst durch die Definition von Satz- und Sammlungstypen gegeben ist und damit vom Schema und nicht vom Zustand abhängt. Sowohl die Mächtigkeiten der Knoten, die Angaben zu aktuellen Exemplaren und zu den Arbeitsbereichen als auch die Mengen innerhalb der Kantenbewertung können hierbei verändert werden.

Die verrichtete Arbeit ist aus der Struktur des Abhängigkeitsgraphen und den Knoten- und Kantenbewertungen zu ermitteln. Grundlage hierfür bilden die in Kap. 3.1 zusammengestellten Definitionen für die Arbeit verschiedener Operatorarten. Typischer Operator mit einer Arbeit von $\lfloor 1+ldn \rfloor$ Datenzugriffen für $n \geq 1$ und 1 Datenzugriff für $n=\emptyset$ ist beispielsweise die Format-2-FIND-Variante, die der "FIND ANY <Satztyp>"-Operation entspricht. Die gewöhnliche MODIFY-Operation, die GET-Operation oder die Formate 1 bzw. 6 der FIND-Operation (Suche mit "database key" bzw. "find owner") sind typische Vertreter mit der von der Mächtigkeit des Satztyps unabhängigen Arbeit von 1 Datenzugriff. Sequentielle Operatoren sind beispielsweise die Formate 3 bzw. 7 der FIND-Operation, bei denen die Summe der Direktzugriffe ermittelt werden muß. Beim Format-7-FIND können jedoch genauso wie z.B. beim STORE-Operator durch eine unter Umständen notwendige automatische Auswahl eines oder mehrerer Sammlungsexemplare weitere Beträge hinzukommen, deren Höhe von dem jeweiligen Zustand des Abhängigkeitsgraphen und dem Modell des Schemas bestimmt ist.

Als Beispiel sei hier die Semantik des einfachen Format-7-FIND-Operators beschrieben, der sich auf das aktuelle Exemplar des angesprochenen Sammlungstyps bezieht:

<u>find-7 current</u>(s:arc)

```
pre    s.co > 0
       s.terminal_vertex.uwa ∈ s.(s.co)
       work=‾w‾o‾r‾k
post   s.cm=s.terminal_vertex.uwa
       s.terminal_vertex.cr=s.terminal_vertex.uwa
       type_of_crun=s.terminal_vertex
       ord_no_of_crun=s.terminal_vertex.uwa
       ∀ (x:arc) with (s.terminal_vertex=x.terminal_vertex ∧ ∃ (k:ord_no)
         with(k ∈ ord(x.terminal_vertex) ∧ k=s.terminal_vertex.uwa)):
                      (x.cm=k
                       x.co=i with (k ∈ x.i))
       ∀ (x:arc) with (s.terminal_vertex=x.initial_vertex):
                      (x.co=s.terminal_vertex.uwa
                       x.cm=0)
       work=‾w‾o‾r‾k+card({l | l ∈ s.(s.co) ∧ l ≤ s.terminal_vertex.uwa})
```

Falls das gesuchte Exemplar nicht als Gliedsatz des aktuellen
Sammlungsexemplars enthalten ist, vereinfacht sich die Semantik, da
keine aktuellen Exemplarwerte verändert werden müssen:

```
find-7 current(s:arc)
pre    s.co>0
       s.terminal_vertex.uwa ∉ s.(s.co)
       work=‾w‾o‾r‾k
post   work=‾w‾o‾r‾k+card(s.(s.co))
```

Die Vorbedingungen werden mit **pre**, die Nachbedingungen mit **post**
eingeleitet. Die Typangaben **vertex**, **arc**, **initial_vertex** und **termi-
nal_vertex** bezeichnen die Bilder des Satz-, Sammlungs-, Ankersatz- und
Gliedsatztyps im Abhängigkeitsgraphen. Der Punkt dient als Selektor:
z.B. bedeutet s.terminal_vertex.uwa ∈ s.(s.co), daß das (mit Hilfe der
Ordnungszahl) im Arbeitsbereich uwa des Gliedsatztyps der Sammlung s
bezeichnete Exemplar in der Menge enthalten ist, die über den
aktuellen Ankersatz der Sammlung s in eben dieser Sammlung s
ausgewählt wird (d.h. in der Menge der Gliedsätze des aktuellen
Exemplars der Sammlung s). Die Bedeutungen von n, **cr**, **uwa**, co und cm
entsprechen den in Abb. 2 eingeführten Attributen der Knoten- bzw.
Kantenbewertungen; x.i bezeichnet die i-te Komponente der Kantenbewertung von x, also die Menge der Gliedsätze des i-ten Ankers. Die
Typangabe **ord_no** steht für Ordnungszahl, ord(r) hat als Ergebnis die
Menge der aktuellen Ordnungszahlen eines Satztyps r. Die Kardinalität
einer Menge s liefert card(s). Die Variablen **type_of_crun** und
ord_no_of_crun bezeichnen den aktuellen Satz des Programmlaufs, work
enthält den ermittelten Wert an Arbeit. Überstrichene Größen
kennzeichnen deren Zustand der Vorbedingung.

4.4 Durchführung der Simulation

Die bisher beschriebenen Komponenten des Simulationsmodells für die Modellierung des Schemas, des Datenbasiszustandes und der Operatoren müssen in einer für den Simulator interpretierbaren Form zusammengefaßt werden:

<u>model</u> <Modellname>
<u>schema_description</u>
  <Modell des Schemas>
<u>operator_description</u>
  <Modell der Operatoren>
<u>initial_state</u>
  <Modell des Datenbasiszustandes zu Beginn einer Simulation>

Die Codierung der DML-Programme in einer für den Simulator interpretierbaren Form erfolgt in Anlehnung an die in [Da77] verwendete DML-Syntax und wird für einige Operationen in Kap. 5 gezeigt. Für Zwecke einer aufzeichnungsgesteuerten Simulation oder zum Nachvollzug definierter Versuchsbedingungen kann es wünschenswert sein, die Exemplarselektion nicht mit Hilfe eines Zufallszahlengenerators, sondern determiniert vorzunehmen. In solchen Fällen ist bei denjenigen Operatoren, die von der Ordnungszahl der Exemplare Gebrauch machen, eine solche auszugeben. Außer den DML-Operationen ist noch ein Operator zum Füllen des Arbeitsbereichs notwendig, der die entsprechende Operation der Wirtssprache modelliert. Zusätzlich werden noch Kontrollstrukturen benötigt, um die Ablaufstruktur von Anwenderprogrammen nachbilden zu können. Die Simulation läuft dann in der in Kap. 3.4 beschriebenen Weise ab. Die Variable "work" des Simulators, deren Wert der Arbeit entspricht, wird zu Beginn der Simulation mit 0 initialisiert.

5. BEISPIEL

Gegeben sei eine im Netzwerkmodell dargestellte m:n Beziehung zweier Satztypen a und b. Die graphische Darstellung des Schemas, die Beziehungen auf Exemplarebene und die zugehörigen Bewertungen des Abhängigkeitsgraphen zeigt Abb.5.

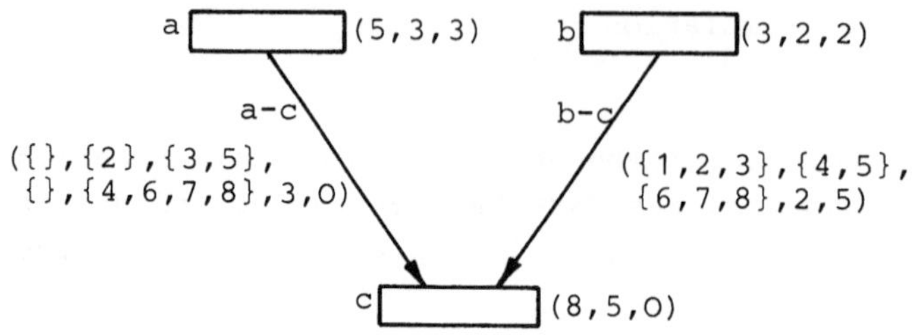

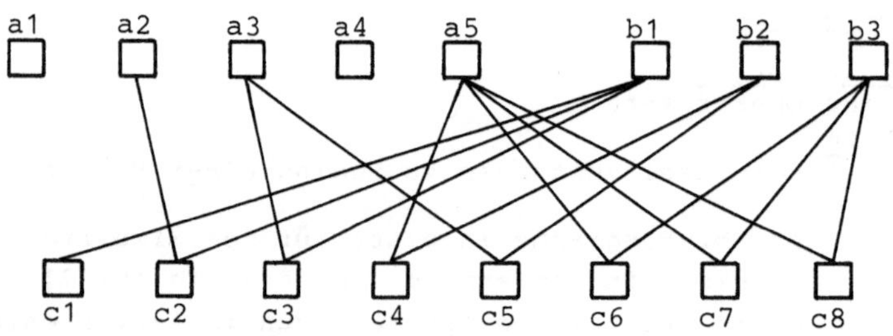

Abb. 5   Schema, Exemplarebene und Bewertungen des
Abhängigkeitsgraphen des Beispiels

Gesucht ist nun die Arbeit, die ein Datenbanksystem bei der gegebenen
Ausgangskonstellation zu erbringen hat, um den Inhalt desjenigen
Exemplars vom Typ b in den Arbeitsbereich zu bringen, das über c6 mit
a5 in Beziehung steht.

5.1   Modell der DML-Operatoren

Das Modell für ein der Aufgabenstellung gerechtes DML-Programmstück
hat folgendes Aussehen:

Modell:	Bedeutung:
move 5,a	Ordnungszahl 5 → a.uwa
find-2 a	find any a
move 6,c	Ordnungszahl 6 → c.uwa
find-7 a-c, current	find c within a-c current using c.uwa
find-6 b-c	find owner within b-c
get	get b

Bedingte Sprünge zur Nachbildung der Ablaufstrukturen des DML-Pro-
gramms sind nicht berücksichtigt.

5.2 Simulationsmodell zur Aufgabenstellung

In diesem Beispiel sind nur diejenigen Operatoren spezifiziert, die
vom Modell des DML-Programmstücks benötigt werden:

```
model  beispiel

schema_description

vertices: a, location mode=calc,(0,100)
          b, location mode=calc,(0,100)
          c, location mode=seq,(0,700)

arcs    : a-c, owner=a,member=c,insertion=manual,retention=optional,
          set selection=owner
          b-c, owner=b,member=c,insertion=automatic,retention=mandatory,
          set selection=owner

operator_description

          move (z:ord_no, s:vertex)
          pre z ≥ 0
          post s.uwa=z

          get
          pre ord_no_of_crun > 0
              work=work
          post type_of_crun.uwa=ord_no_of_crun
              work=work+1

          find-2(s:vertex)
          pre s.loc_mode=calc      ***location mode of s=calc***
              0 < s.uwa ≤ s.n
              work=work

          post type_of_crun=s
              ord_no_of_crun=s.uwa
              s.cr=s.uwa
              ∀ (x:arc) with (s=x.terminal_vertex ∧ ∃(k:ord_no) with
              (k ∈ ord(x.terminal_vertex) ∧ k=s.uwa)):
                      (x.cm=s.uwa
                        x.co=i with (s.uwa ∈ x.i))
              ∀ (x:arc) with (s=x.initial_vertex):(x.co=s.uwa
                                                    x.cm=0)
              work=work+entier(1+ld(s.n))

              ***entier(y)=⌊y⌋***
```

```
find-6(s:arc)
pre  s̅.c̅m̅ > 0
     work=wo̅r̅k

post type_of_crun=s.initial_vertex
     ord_no_of_crun=i with (s̅.c̅m̅ ∈ s.i)
     s.initial_vertex.cr=i with (s̅.c̅m̅ ∈ s.i)
     s.cm=0
     ∀ (x:arc) with (s.initial_vertex=x.terminal_vertex ∧∃ (k:ord_no)
     with (k ∈ ord(x.terminal_vertex) ∧(k=i with (s̅.c̅m̅ ∈ s.i))):
               (x.cm=k
                x.co=l with (k ∈ x.1))
     ∀ (x:arc) with (s.initial_vertex=x.initial_vertex):
               (x.co=i with (s̅.c̅m̅ ∈ s.i)
                x.cm=0)
     work=wo̅r̅k+1


find-7 current(s:arc)

(pre und post siehe Kapitel 4.3)


initial_state

type_of_crun=a
ord_no_of_crun=3

vertices: a(n=5, cr=3, uwa=1)
          b(n=3, cr=2, uwa=2)
          c(n=8, cr=5, uwa=0)

arcs:     a-c({},{2},{3,5},{},{4,6,7,8}, co=3, cm=0)
          b-c({1,2,3},{4,5},{6,7,8}, co=2, cm=5)
```

5.3 Ergebnisse

Nach der Simulation befindet sich das Modell der Datenbasis in folgendem Zustand:

```
type_of_crun=b
ord_no_of_crun=3
vertices: a(n=5,cr=5,uwa=5)
          b(n=3,cr=3,uwa=3)
          c(n=8,cr=6,uwa=6)
arcs: a-c({},{2},{3,5},{},{4,6,7,8}, co=5, cm=6)
      b-c({1,2,3},{4,5},{6,7,8}, co=3, cm=0)
```

Das Datenbanksystem hat bei der definierten Simulationsumgebung eine Arbeit von 7 Datenzugriffen zu verrichten. Diese teilt sich in die einzelnen Anweisungen folgendermaßen auf:

Operator:	Arbeitsanteil [Datenzugriffe]:
move 5,a	0
find-2 a	$\lfloor 1 + 1d5 \rfloor = 3$
move 6,c	0
find-7 a-c,current	$card(\{4,6\}) = 2$
find-6	1
get	1

6. SCHLUSSWORT

Mit diesem Beitrag wurde ein Ansatz zur Bestimmung der Arbeit
vorgestellt, die ein Datenbanksystem bei der Erfüllung einer
Benutzeranforderung zu erbringen hat. Dieser Ansatz enthält eine ganze
Reihe noch offener Fragen. Er erscheint jedoch gerechtfertigt unter
der Prämisse, daß die Leistung von Datenbanksystemen aus Benutzersicht
nur unter Einbeziehung der dem Benutzer bekannten Eigenschaften und
der von ihm definierten Daten sinnvoll ermittelt werden kann.

Literaturverzeichnis

[BBBC 76] Benci,E.; Bodart,F.; Bogaert,H.; Cabanes,A.: Concepts for
the Design of a Conceptual Schema. In: Nijssen,G.M. (Hrsg.):
Modelling in Data Base Management Systems. North-Holland.
1976. 181-200.

[BBLN 76] Bubenko jr., J.A.; Berild,S.; Lindencrona-Ohlin,F.;
Nachmens,S.: From Information Requirements to DBTG-Data
Structures. F.D.T. Bulletin of ACM-SIGMOD, vol.8(2). 1976.
73-85.

[Bi 77] Bieber,J.: Entwurf und Implementierung einer auf einem
Kostenmodell basierenden Leistungsmessungs-Komponente für
Datenbanksysteme. Technische Universität Berlin, Fachbereich
Informatik. 1977.

[Ch 77] Chen,E.T.: Program Complexity and Programmer Productivity.
Proc. COMPSAC. 1977. 142-148.

[CY 77] Chen,P.P.; Yao,S.B.: Design and Performance Tools for Data
Base Systems. Int. Conf. on Very Large Data Bases. 1977.
3-15.

[Da 77] Date,C.J.: An Introduction to Database Systems. 2. Auflage.
Addison-Wesley. 1977.

[Fe 78] Ferrari,D.: Computer Systems Performance Evaluation.
Prentice-Hall. 1978.

[GIP 75] Griffith,W.G.; Ingerman,D.; Price,C.E.: A Simulation Model
of UNIVAC's DMS-1100 - more than just a Performance
Evaluation Tool. Symposium on the Simulation of Computer
Systems III. 1975. 91-98.

[GT 76]   Ghosh,S.P.; Tuel jr.,W.G.: A Design of an Experiment to model Data Base System Performance. IEEE Transactions on Software Engineering, vol 2(2). 1976. 97-106.

[Hä 79]   Härder,T.: Leistungsanalyse von Datenbanksystemen. Angewandte Informatik 4. 1979. 141-150.

[He 72]   Hellerman,L.: A Measure of Computational Work. IEEE Transactions on Computers, vol 21(5). 1972. 439-446.

[He 77]   Hellerman,L.: A table of Work Formulae with Derivations and Applications. ACM-SIGMETRICS, vol 6(1). 1977. 35-54.

[Hi 78]   Hill jr.,E.: A Comparative Study of Very Large Data Bases. Lecture Notes in Computer Science 59. Springer. 1978.

[Ho 69]   Hoare,C.A.R.: An axiomatic basis for computer programming. Comm. ACM, vol 2. 1969. 576-580, 583.

[HS 77]   Hultén,C.; Söderlund,L.: A Simulation Model for Performance Analysis of Large Shared Data Bases. Int. Conf. on Very Large Data Bases. 1977. 524-532.

[Ko 72]   Kolence,K.W.: Software Physics and Computer Performance Measurements. Proc. ACM Nat. Conference. 1972. 1024-1040.

[LM 78]   Lockemann,P.C.; Mayr,H.C.: Rechnergestützte Informationssysteme. Springer. 1978.

[Lo 78]   Lochovsky,F.H.: Data Base Management System User Performance. Technical Report CSRG-90. University of Toronto. 1978.

[NYK 75]   Nakamura,F.; Yoshida,I.; Kondo,H.: A Simulation Model for Data Base System Performance Evaluation. National Computer Conference. 1975. 459-465.

[OJ 76]   Oliver,N.N.; Joyce,J.D.: Performance Monitor for a relational Information System. Proc. of the ACM Annual Conference. 1976. 329-333.

[Pe 78]   Perl,J.: Entropie von Problemen. In: Mühlbacher,J. (Hrsg.): Datenstrukturen, Graphen, Algorithmen. Hanser. 1978. 180-190.

[Ro 73]   Rozwadowski,R.T.: A measure for the quantity of Computation. In: Measurement and Evaluation. Annual SIGME Symposium of Special Interest Group of Measurement and Evaluation. 1973. 100-111.

[Sc 76]   Scheuermann,P.J.: A Simulation Model for Data Base Systems. State University of New York, Stony Brook. 1976.

[Si 78]   Siemens: Softwareprodukt UDS. Universelles Datenbanksystem (BS1000). Subschema DDL und DML. Bestell-Nr. D15/5168-02. 1978.

[Sv 76]   Svobodova,L.: Computer Performance Measurement and Evaluation Methods: Analysis and Applications. American Elsevier. 1976.

[Wa 69]   Warshall,S.: On Computational Cost. In: Annual Review in automatic programming, No.5. 1969. 309-330.

Methoden und Algorithmen zur

automatischen Informationsverwaltung[1]

B. Commentz-Walter[2]

H.-J. Schek[3]

Abstract

Formal methods for an automatical extraction of secondary information
from primary and usage information are described. Two related aspects
are discussed:
(1) Catalogues describing primary data shall be extended by selected
'important' or 'characteristical' data items and relations between
them for an overview on the data files.
(2) Performance in the execution of powerful functions shall be
improved by more sophisticated internal secondary (index) data,
suitable also for textual fields in formated data base systems. Basic
underlying algorithms are tested. Experiments in several applications
are presented.

----

1) Fachtagung der FG 'Formale Modelle für Informationssysteme' der GI,
Tutzing, Mai 1979.

2) Universität Saarbrücken, zur Zeit
Wiss. Zentrum IBM, Tiergartenstraße 15, 6900 Heidelberg.
3) Wiss. Zentrum IBM, Tiergartenstraße 15, 6900 Heidelberg.

1. Einleitung

Informationssysteme sollen interaktiv durch den Anwendungsexperten und EDV-Laien direkt benutzt werden können. Hierbei ist die Art der Benutzung i. a. nicht vorhersehbar. An solche Informationssysteme stellt man häufig folgende Anforderungen:

- Der Benutzer soll kein Wissen über interne Datenverwaltung benötigen. Für ihn soll insbesondere kein Unterschied zwischen Systemen für Textdaten und Dokumente und solchen für formatierte Daten bestehen. Es sollen Mischformen möglich sein.
- Der Benutzer soll Information über die Bedeutung der gespeicherten Information und Hilfe zur Frageformulierung anfordern können.
- Die interne Datenverwaltung darf nicht zu funktionalen Einschränkungen führen.
- Adaption der Datenverwaltung an die Benutzung des Systems soll möglich sein.
- Restriktionen in Zeit und Platz müssen berücksichtigt werden.

Es wird über ein Forschungsprojekt berichtet, in dem formale Methoden und dazu notwendige Algorithmen zur Realisierung solcher Anforderungen untersucht werden. Aus logischer Sicht lassen sich hierbei zunächst zwei Bereiche unterscheiden: äußere Komplexität und innere Komplexität.

Aus technischer Sicht sind jedoch beide Bereiche eng miteinander verknüpft.

Unter 'äußerer' Komplexität verstehen wir die Schwierigkeiten, die sich aus Benutzersicht ergeben. Insbesondere: 'Welche Information kann man wie aus dem System gewinnen?'

Unter 'innerer' Komplexität verstehen wir den Umfang der auszuführenden Operationen, insbesondere den Platz- und Zeitbedarf der internen Verwaltung (Performanz).

Zur Verringerung der äußeren Komplexität unterstützen wir den Benutzer durch Sekundärinformation, die er sich anzeigen lassen kann.

Zur Verringerung der inneren Komplexität wird die Ausführung der angebotenen Funktionen durch Sekundärinformation unterstützt, die dem Benutzer nicht sichtbar ist.

In beiden Fällen besteht die Sekundärinformation aus Daten, die zu bestimmten Zeitpunkten algorithmisch aus der Primärinformation und aus der Information über die Benutzung des Systems gewonnen werden. Wenn:

P_i die Menge der Primärdaten zu Zeitpunkt t_i

B_i die Menge der Daten über die Benutzung von P_i bis zum Zeitpunkt t_i

bezeichnet, dann gibt es eine Menge von Funktionen F über der Menge der möglichen (P_i, B_i) zur Bestimmung der Sekundärinformation

$$S_i = \{ f(P_i, B_i); \; f \text{ aus } F \} \qquad (1)$$

Im folgenden erörtern wir die wünschenswerte Beschaffenheit von S_i, in Kap. 2 für die äußere und in Kap. 3 für die innere Komplexität. In beiden Fällen diskutieren wir zur Bestimmung von S_i formale Ansätze f für Funktionen aus F. Einige für F benötigte Algorithmen werden genauer unter Performanceaspekten untersucht (Kap. 4).

Die Frage der Zeitpunkte, für die jeweils (1) gelten soll, wird nicht erörtert. Bei der Diskussion um die Beschaffenheit von S wird jedoch darauf geachtet, daß nicht jede Änderung in P oder B sofort Änderungen in S verursachen muß.

Die verschiedenen Ansätze der dargestellten Ideen und Experimente beruhen auf den gleichen Techniken und somit können die gleichen Algorithmen verwendet werden.

2. Aufgabe und formale Bestimmung von sichtbarer Sekundärinformation

Die sichtbare Sekundärinformation soll dem Benutzer helfen, die äußere Komplexität zu verringern. Er soll erfahren

- welche Information vorhanden ist,
- Hinweise bekommen, wie die relevante Information vollständig und genau abgefragt werden kann.

Um diese Aufgaben erfüllen zu können, muß die Bedeutung der Primärinformation bekannt sein. Diese wird im Datenverzeichnis (Data Dictionary) festgehalten. Ein Informationsnetz im Sinne von /6/ kann dabei den Benutzer von allgemeiner zu spezieller Information über die Primärdaten führen.

Hier wird vorgeschlagen, Sekundärinformation durch 'Vergröberung' der Primärinformation zu erzeugen und zusätzlich bereitzustellen.

Dies sei an einigen Beispielen erläutert:

a) Zur verbalen Beschreibung eines Datenfeldes wird dem Benutzer zusätzlich die Möglichkeit geboten, sich wichtige Inhalte des Datenfeldes anzeigen zu lassen.

b) Zur näheren Erklärung der Beziehung zwischen Datenfeldern werden wichtige oder charakteristische Wertkombinationen dieser Felder angezeigt.

c) Zur Abfrage von Textdatenfeldern (Dokumenten) werden im allgemeinen

Schlüsselwörter benutzt, die vom Benutzer frei gewählt werden dürfen oder fest vorgegeben sind. Zur Frageformulierung oder Modifizierung wird ein Verzeichnis verwandter Terme zur Verfügung gestellt.

d) Zur Übersicht über große Dokumentmengen werden Klassen gebildet. Klassenrepräsentanten bzw. deren Merkmale werden zur Verfügung gestellt.

Um die formale 'Gewinnung der Sekundärinformation' besser beschreiben zu können, wollen wir o. B. d. A. von folgenden Voraussetzungen ausgehen:

Die Primärdaten liegen relational vor, wobei Attribute auch aus längeren Texten (Dokumente, Paragraphen von Dokumenten) bestehen können.

Zu (a) und (b):

Im Falle von (a) und (b) erhält man die Sekundärinformation durch Ableitungsfunktionen, die auf relationalen Operationen und einigen zusätzlichen Auswahlkriterien basieren:
Sei $R(A_1, A_2, \ldots, A_m)$ eine Relation R und A_i das i-te Attribut.

Bei (a) besteht die Sekundärinformation WA_i aus allen wichtigen Werten von A_i:

$$WA_i = \{ v_j; \ w(v_j) \geqslant w', \ v_j \text{ aus } A_i \} \quad (2)$$

Hierbei ist w' eine reelle Zahl und w eine 'Wichtigkeits'-Funktion die jedem Attributwert eine reelle Zahl als 'Wichtigkeit' zuordnet. Diese 'Wichtigkeits'-Funktion hängt vom Umfang und Inhalt der Tupel ab, für die das Attribut A_i den Wert v_j hat. Es lassen sich weitere Attribute wie Umsatz, Gewinn, Wert usw. zur Bestimmung der Wichtigkeit des fraglichen Attributes heranziehen.

Falls Informationen über die Benutzung vorliegen, kann $w(v_j)$ auch von der Häufigkeit des Zugriffs auf v_j abhängen.

Als Beispiel für (2) verwenden wir die Spieldatenrelation

$$PROD(HERST, PRODTYP, PRODGRP, GLTYP),$$

die etwa 2000 DV-Produkte mit ihrem Hersteller (HERST), Produkttyp (PRODTYP), Produktgruppe (PRODGRP) und Vergleichstyp (GLTYP) enthält.

Mit der Wichtigkeitsfunktion $w(v_j)$ = Anzahl der Vorkommen von v_j für das Attribut A_i und einem geeigneten Mindestwert w' erhält man nach (2) die Mengen

$$\{ IBM,\ BUR,\ HON,\ CDC,\ ICL,\ SIE,\ \dots \}$$
für 'wichtige' Hersteller

$$\{ CPU,\ GTER,\ DATA,\ SWIT,\ DASD,\ \dots \}$$
für 'wichtige' Produktgruppen

$$\{ 3750,\ 5957,\ 5953,\ 3740,\ \dots \}$$
für 'wichtige' Vergleichstypen.

Zur formalen Beschreibung für den Gesichtspunkt (b) verwenden wir die Mengen WA_i nach (2) und ermitteln wichtige Verknüpfungen zwischen zwei Attributen A_i, A_k aus

$$WA_{ik} = \left\{ (v_k,\ v_l);\ q(v_j,\ v_l) \gtreqless q' \quad (3) \right.$$
$$v_j \text{ aus } WA_i,$$
$$\left. v_l \text{ aus } WA_k \right\}$$

q' ist wieder eine reelle Zahl und q eine Gewichtsfunktion die

-ähnlich wie w - mit den Inhalten von Tupeln, Anzahl von Duplikaten und gegebenenfalls Benutzungsinformation berechnet wird.

Die für Werte von WA_i bzw. WA_k <u>charakteristischen</u> Werte aus WA_k bzw. WA_i ergeben sich jetzt unter Verwendung der Matrix

$$Q_{ik} = [\, q(v_j, v_l)\,], \quad (v_j, v_l) \text{ aus } WA_{ik}$$

Wegen (3) sind alle Elemente größer q'. Nach Normierung der Spaltensummen von Q_{ik} auf eins (Matrix $\overline{Q}_{ik}$) wird einem v_l ein v_j als charakteristisch zugeordnet, wenn $q(v_j, v_l) \geqslant s$ (4.1) und wenn höchstens r mal

$$q(v_j, v_{l_i}) \geqslant s, \quad i = 1, \ldots, r' \text{ und } r' \leqslant r \quad (4.2)$$

gilt. q sind die Werte der normierten Matrix $\overline{Q}_{ik}$, r und s sind vorgegeben.

Umgekehrt erhält man die für jedes v_j charakteristischen v_l-Werte unter analoger Verwendung von $\overline{Q}^T_{ik}$.

Durch wiederholte Anwendung ergibt sich ein Informationsnetz, das wichtige oder charakteristische Beziehungen zwischen wichtigen Attributwerten aufzeigt.

In der Beispielrelation über DV-Produkte zeigt die folgende Abb. 1 einen Ausschnitt wichtiger Beziehungen.

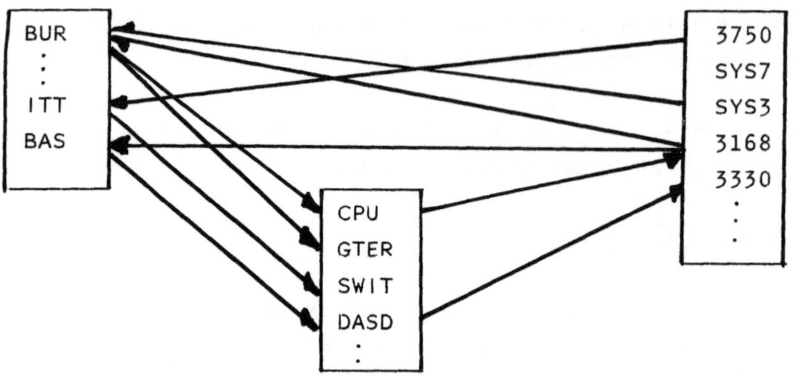

Abb. 1: Wichtige Attributwerte und Beziehungen aus der Produkte-Spieldatenrelation

Zu (c) und (d):

Zur Extraktion wichtiger oder charakteristischer Werte aus Textdatenfeldern benötigt man oft einen Vorbereitungsschritt, insbesondere dann, wenn das Textfeld aus einem fortlaufenden Text (Adressen, chemische Formeln, Buchtitel) besteht. Es geht dann um die Zuordnung von 'Deskriptoren' zu jedem (zusammengesetzten) 'Wert' eines Textfeldes /9/. Wir verwenden Text- oder Wortfragmente, sogenannte Referenzstrings /10/, die sich sprachunabhängig mit statistischen Kriterien ermitteln lassen und sich gleichzeitig auch zum Aufbau eines internen Sekundärindex für Textfelder verwenden lassen (vgl. Kap. 3).

Bei einer weiteren Beispielrelation(Bücher und Berichte unserer Bibliothek)

        BIBLIO(AUTHOR, TITEL, KLASSE, SIGN, ERSCHEIN)

sind u. a. die Klassen: Computer Science (CS), Linguistik (LM),

Information und Kommunikation (IK) vorhanden.

Nach der Bestimmung von Referenzstrings als Deskriptoren für das TITEL-Attribut haben wir gedanklich die Relation

$$BIBLIO^X(AUTHOR, TITEL, DESCRIPTOR, GEWICHT, KLASSE, ...)$$

und wir können über die Vielfachheit der Referenzstrings in der Deskriptor-Spalte und mittels des bei der Deskribierung anfallenden Gewichts über die Formeln (3,4) die klassencharakteristischen Deskriptoren ermitteln. Im Beispiel ergeben sich (bei relativ hohen Schranken)

CS	IK	LM
APPROACH	DATENBANK	APPROACH
COMPIL	DIMENSIONAL	ENGLISH
CONSTR	DYNAMIC	GENERAT
DATENBANK	INVEST	GENERATIVE
EVALUATION	LINGUIST	GRAMMAR
GENERAT	MANAGEMENT	LINGUIST
GRAPHICS	NETWORK	NATURAL
IMPLEMENT	OPTIMAL	REPORT
INTERACTIVE	RECOGNIT	STRUCTURAL
IZATION	SIGNAL	STRUCTURE
MANAGEMENT	SPECTRA	SYNTAX
NETWORK	STABILITY	TRANSFORMATION
OPTIMIZATION		
ORGANIZATION		

Die Klasse IK ist etwas bunt zusammengewürfelt. Dies erkennt man auch schon an den wenigen Deskriptoren. Es sind eine Reihe von Büchern über SIGNAL, PROCESSING, PATTERN RECOGNITION darunter. Es macht sich negativ bemerkbar, daß nur Wortfragmente angewandt wurden. Die Textfragmente hätten sicher 'SIGNAL PROCESSING' und ähnlich gelautet.

Zur Beurteilung der Güte von Referenzstrings als Merkmale für Beschreibungs- und Klassifizierungszwecke haben wir ein größeres Experiment an deutschsprachigen Zeitungsnachrichten durchgeführt /4/. Wegen der Kompositabbildung kommt es hier zu längeren charakteristischen Fragmenten.

Es wurden die Texte von jeweils 150 Nachrichten der Klassen Sport, Inland, Ausland, Wirtschaft, Kultur, Buntes zur Extraktion der für jede Klasse charakteristischen Referenzstrings verwendet. Es ergeben sich etwa 300 charakteristische Referenzstrings pro Klasse.

Beispielsweise für Sport und Wirtschaft sehen die Anfänge der Liste so aus:

```
KLASSE:        SPORT
REFERENZ-STRING (GEWICHT)
MEISTERSCHAFTEN   22     MEISTERSCHAFT   31     ÖSTERREICHS   17
WELTMEISTER       36     MANNSCHAFT      35     FRANKREICH    27
KONKURRENZ        25     ERGEBNISSE      23     KLASSEMENT    20
BUNDESLIGA        18     WOCHENENDE      17     SÜDAFRIKA     17
MELDUNGEN         34     INNSBRUCK       23     TRAININGS     21
HEIDEGGER         20     SCHWEIZER       19     FUSSBALL-     19
EISHOCKEY         19     TRAINING        29     FUSSBALL      19


KLASSE:        WIRTSCHAFT
REFERENZ-STRING (GEWICHT)
DURCHSCHNITT      44     GRUNDSTÜCKE     20     ENTWICKLUNGS  18
UNTERNEHMEN       46     ENTWICKLUNG     21     PRODUKTIONS   18
REISEBÜRO         17     STEIGERUNG      17     GESTIEGEN     24
ENVERKEHR         21     ZELLSTOFF       20     FRANKFURT     20
VERBRAUCH         18     INSGESAMT       18     FORDERUNG     17
NOVEMBER          37     BETRIEBE        31     LÄNDERN       29
STATISTI          23     ISTISCHE        22     BETEILIG      22
```

Die Verwendung dieser Merkmale zur Klassifizierung von unbekannten 600 Nachrichten ergab etwa 80 Prozent richtiger Klassifizierungen. Die folgende Tabelle zeigt die Prozentzahlen für die einzelnen Klassen:

Sport	Inland	Ausland	Wirtschaft	Kultur	Buntes
100	75	75	86	88	88

3. Aufgabe und formale Bestimmung von interner Sekundärformation (Index)

Die interne Sekundärinformation soll die angebotenen Primärdaten-Operationen effizient unterstützen. Dabei sind folgende Punkte zu beachten:

- Alle Operationen auf den Primärdaten sollen auch unabhängig von den zur Zeit gerade verfügbaren internen Sekundärdaten möglich sein.
- Die Sekundärdaten sollen in Abhängigkeit von den benutzten Funktionen adaptierfähig gehalten werden.
- Nur wenige Daten werden häufig benutzt (80-20) Regel.
- Sekundärdaten erschweren den Änderungsdienst.

Über die üblichen Selektionsoperatoren hinausgehend sollen Ähnlichkeitsfunktionen unterstützt werden. Hierunter fallen Funktionen für 'Partial String Match', Stringähnlichkeit, 'Range Queries'.

Ein Beispiel für Partial String Match ist die Beantwortung der Anfrage NAME 'BANK', ORT = 'STUTTGARTx' durch 'VOLKSBANK STUTTGART-PLIENINGEN' oder 'RAIFFAISSEN SPAR- UND KREDITBANK...'. Bei

Stringähnlichkeit müßte man zu der Anfrage AUTOR 'KRATAKWIL' etwa den Autor KRATOCHWIL finden, wenn keine exakte Übereinstimmung vorhanden ist.

Aus den genannten Gesichtspunkten heraus wird ein verallgemeinerter Indexansatz vorgeschlagen. Wir beschränken uns bei der Beschreibung auf die Indexierung von Feldern, die aus Zeichenfolgen (Typ Character) bestehen. Es sollen die Funktionen = und $\gtrless$ (exakt und Substring Match) unterstützt werden sowie die Operatoren 'UND' und 'ODER'.

Zur Abkürzung werden eingeführt:

T... Menge der zu indexierenden Textspaltenwerte
Q... Menge der geschätzten erwarteten Suchargumente für T
S... Menge aller Substrings von Q, s_i Elemente von S
r: S $\rightarrow$ R ... Häufigkeit von Elementen s_i aus S in Q.

Das Index-Auswahlproblem besteht jetzt darin, daß eine möglichst kleine Teilmenge RS von S gefunden wird, mit der die erwarteten Suchargumente möglichst schnell verarbeitet werden können.

Interessant wird die Fragestellung dann, wenn die Anzahl der zugelassenen Elemente in RS wesentlich kleiner ist als die Anzahl der verschiedenen Elemente von Q.

Ein Algorithmus, der, ausgehend von Q und den Häufigkeiten r, eine Teilmente RS von S (RS heißt Menge der Referenzstrings) bestimmt, findet sich in /10/. Ähnliche Aufgabenstellungen finden sich in /8, 9, 11/.

Die Verarbeitung eines Sucharguments q kann mit einem solchen Index bedeuten, daß es kein Indexelement rs = q direkt gibt, sondern daß q in möglichst geeignete Substrings zerlegt werden muß, die in RS enthalten sind.

In einer Beispielfrage 'DIOX' $\wedge$ 'FLUOR' (1) könnte durch die Anwendung
von zur Zeit verfügbaren Elementen aus RS auf die durch

$$'DIO' \wedge 'OX' \wedge 'FLUOR' \qquad (2)$$

charakterisierte Menge C $\supseteq$ T zugegriffen werden. Mit (2) erhält man C
als Obermenge der in (1) gewünschten. Die Elemente von C müssen daher
überprüft werden ob (1) gilt, nicht nur (2).

Diese Konzeption scheint umständlicher als der übliche
Sekundärindexaufbau, bei dem jeder vorkommende Wert von T (nicht von
Q) zu einem Indexelement wird. Abgesehen davon, daß dieser Index, im
Gegensatz zu RS, eine Substringssuche nicht unterstützen würde, sehen
wir folgende Vorteile:

1. Eine Adaption des Index an die Benutzung wird möglich durch
   Aufnehmen von häufig verwendeten Suchargumenten und durch die
   Erweiterung von RS durch häufig vorkommende logische Ausdrücke.

2. Änderungen des Index infolge Adaptierung oder wegen Änderung der
   Primärdaten können bei laufendem Betrieb unabhängig von den
   Primärdatenänderungen durchgeführt werden.

Der letzte Punkt wird etwas genauer erörtert:

Wir nehmen an, daß ein Feldwert 'ABCDE' in 'ABCDF' geändert wird. Zu
diesem Zeitpunkt seien 'ABCD', 'ABCDE', 'CDF' und 'DE' anwendbare
Elemente von RS. Um zu gewährleisten, daß eine beliebige folgende
Anfrage richtig bearbeitet wird, muß lediglich 'CDF' von RS gesperrt
werden.

Im schlimmsten Fall kann es jetzt passieren, daß bei der folgenden
Frage keine Zerlegung in anwendbare Elemente aus RS möglich ist. Dies
wäre im Beispiel nur bei der Anfrage 'CDF' der Fall und nur dann, wenn

zwischenzeitlich kein gesperrtes Element aus RS freigegeben worden wäre, das in 'CDF' enthalten ist.

Die Verarbeitung liefe dann als ob kein Index vorhanden wäre. Dies tritt aber nur für gewisse Suchargumente an bestimmten Zeitpunkten auf und nicht generell.

Die Feststellung, welche Elemente von RS anwendbar sind, wird um so einfacher, je kleiner die Kardinalität von RS ist. Die praktischen Erfahrungen bei verschiedenen Experimenten mit Textindexierung zeigen, daß etwa 2000 bis 4000 Elemente notwendig sind. Es können daher Hashtabellen, Tabellen für Selektivitätsangaben sowie Indikatoren für gesperrte Indexelemente auf internen Speicherbereichen gehalten werden.

Es ist auch zu beachten, daß die Elemente in RS bei Primärdatenänderungen nicht verändert werden. Es wird vielmehr immer eine Zerlegung in vorhandene Elemente vorgenommen. Dies ist wichtig, weil für die Elemente aus RS Hashtabellen oder spezielle Bäume aufgebaut werden. Degenerierungseffekte treten dann nicht auf. Bei Änderungen zur Benutzungsadaption allerding ändert sich RS.

Die Übertragung dieser Konzeption auf die Indexierung von numerischen Daten ist möglich, wenn man anstelle von Substrings Zahlintervalle bildet. Diese müssen nicht notwendig disjunkt sein. Man unterstützt dadurch die Funktionen = und ∈ (exakt Match und Intervallsuche). An einem Verfahren zur optimalen Wahl von Intervallen wird zur Zeit gearbeitet.

Der Sekundärindex bestehend aus den Referenzstrings ist intern und dem Benutzer nicht sichtbar. Da aber in Kap. 2 gezeigt wurde, daß eine Untermenge dieser Strings auch zur Charakterisierung von Textfeldern verwendet werden kann, ist für die algorithmische Behandlung eine Vereinfachung erreicht und eine weitere Bestätigung für einen sochen formalen Indexansatz gefunden.

Im Beispiel BIBLIO wurde die Titelspalte als Schätzung Q verwendet.
Der Anfang des internen Index enthält die Substrings:

Refstrings Biblio

DATENVERARBEITUNG	INTRODUCTION	APPLICATION
TRANSFORMATIONAL	MATHEMATICAL	INTERACTIVE
IMPLEMENTATION	OPTIMIZATION	TRANSLATION
REPRESENTATION	VERARBEITUNG	COMPUTATION
COMMUNICATIONS	ORGANIZATION	PROCEEDINGS
COMMUNICATION	APPLICATIONS	PROGRAMMIER
APPROXIMATION	EXPERIMENTAL	LINGUISTICS
COMPUTATIONAL	DISTRIBUTION	WÖRTERBUCH
INVESTIGATION	AUTOMATISCHE	TRANSFORMAT
SPECIFICATION	DIFFERENTIAL	TRANSITIONS
COMBINATORIAL	TRANSMISSION	DIMENSIONAL
MATHEMATISCHE	WISSENSCHAFT	STATISTICAL
DATENBANKSYST	PROGRAMMING	DESCRIPTION
INFORMATIONSS	INFORMATION	CALCULATION

4. Vergleichende Untersuchungen einiger Routinen

Bei der Auswahl, Bestimmung und Benutzung der Sekundärinformation
tritt, wie wir gesehen haben, unter anderem häufig das algorithmische
Problem der Teilwortsuche auf.

Man betrachtet dazu das Beispiel der BIBLIO Relation:

-   Für die Inversion müssen die Referenzstrings in den Buchtiteln
    gesucht werden.

- In den Argumenten einer Frage müssen die Referenzstrings gesucht werden.

- Für eine Frage qualifizieren sich zunächst die Buchtitel, die alle Referenzstrings enthalten, die in den Argumenten der Frage gefunden wurden. Für das Erstellen der gewünschten Ausgabe müssen die zunächst qualifizierten Buchtitel noch nach den Argumenten der Frage durchsucht werden.

Als formale Problemstellung ergibt sich also:

Gegeben: Eine Menge von Schlüsselwörtern $\{W_1,\ldots,W_r\} = K$ und ein fortlaufender Text $D = d_1,\ldots,d_{|D|}$.

Gesucht: Für jedes Schlüsselwort alle seine Vorkommen im Text. ($|D|$ bezeichnet die Anzahl der Zeichen von D).

4.1 Teilwortsuche nach Aufbereitung des Sucharguments

Die untersuchten Routinen beruhen im wesentlichen auf folgenden Algorithmen:

Trivialer Algorithmus:

Für jedes Zeichen d_i des Textes D:

Für jedes Schlüsselwort W_l aus K:

Vergleiche W_l mit $d_i,\ldots d_{i+|W_l|-1}$;

Ausgabe (W_l, i) falls $W_l = d_i,\ldots,d_{i+|W_l|-1}$.

Dieser Algorithmus benötigt $c \cdot |D| \sum_{l=1}^{r} |w_l|$ Rechenschritte, wobei c eine reelle Konstante > 1 ist.

Heuristischer Algorithmus:

Zunächst werden die Schlüsselwörter aufbereitet: Alle Schlüsselwörter, die mit dem gleichen Buchstaben-Tripel beginnen werden zu einer Klasse zusammengefaßt.

Für die Suche in D wird wie folgt vorgegangen:

Für jedes Tripel $d_i\ d_{i+1}d_{i+2}$ des Textes D:
Für alle Worte $W_l = w_1,\ldots,w_{|W_l|}$ mit $w_1w_2w_3 = d_1d_2d_3$: vergleiche $w_4,\ldots,w_{|W_l|}$ mit $d_{i+3},\ldots,d_{i+|W_l|}$ und gebe (W_l,i) aus falls $w_4,\ldots,w_{|W_l|} = d_{i+3},\ldots,d_{i+|W_l|}$.

Hierbei wird auf die Klasse der betrachteten Schlüsselwörter mit Hilfe einer Hash-Tabelle zugegriffen.

Im schlechtesten Fall benötigt dieser Algorithmus ebensoviele Rechenschritte, bis auf eine Konstante c', wie der triviale. Normalerweise ist er allerdings wesentlich schneller.

Aho-Corasick-Algorithmus:

Hier werden die Schlüsselwörter zunächst so aufbereitet, daß für die Suche insgesamt höchstens 2 D mal ein Textzeichen mit einem Schlüsselwortzeichen verglichen wird (vgl. /1/).

Für die Aufbereitung und das Suchen benötigt dieser Algorithmus $c(\sum_{i=1}^{r} |W_i| + |D|)$ Schritte wobei c eine reelle Konstante ist.

Erweiterter Boyer-Moore-Algorithmus: Dieser Algorithmus bereitet die Schlüsselwörter ähnlich wie der Aho-Corasick-Algorithmus in $c\sum_{i=1}^{r} |W_i|$ Schritten auf. Beim Suchen benötigt er im Mittel weniger als $|D|$ Vergleiche von Textzeichen (vgl. /3, 5/).

Bei kleiner Schlüsselwortmenge und großem Alphabet benötigt dieser Algorithmus insgesamt im Mittel

$$c''(\sum_{i=1}^{r} |W_i| + |D|/\min |W_i|)\ \text{Schritte}.$$

Solche asymptotische Aussagen über die Komplexität von Algorithmen sind alleine kein ausreichendes Kriterium für eine Entscheidung, da man über die implementierungsabhängigen Konstanten c, c',c'' a priori keine Aussage machen kann.

Wir haben für alle vier Algorithmen verschiedene Versionen implementiert. Da die Suchphase der Algorithmen viel häufiger verwendet wird als die Aufbereitungsphase, interessieren wir uns insbesondere für diesen Teil der Algorithmen. Als Beispiel wird die Suche nach 1200 Schlüsselwörtern der Länge 3 bis 14 über einem Alphabet mit 40 Zeichen in den ca. 3000 Buchtiteln von BIBLIO betrachtet. Den Zeit- und Platzbedarf der schnellsten Version des 'Heuristischen' Algorithmus bezeichnen wir mit 100 Einheiten. Damit vergleichen wir jeweils die schnellste Version der anderen Algorithmen nach Platz und Zeit und erhalten folgende Ergebnisse:

	Zeit	Platz
triv. Alg.	21000	58
Aho-Corasick	66	210
erweiterterBoyer-Moore	184	150

Dies zeigt, daß sich die Laufzeit der effektiven Algorithmen wesentlich geringer ist als die des primitiven. Da die Schlüsselmenge sehr groß und das kürzeste Schlüsselwort sehr kurz ist, erweist sich allerdings der erweiterte Boyer-Moore-Algorithmus als ungeeignet, obwohl er asymptotisch im Mittel sehr schnell ist.

Als geeignet erweisen sich hingegen der 'Heuristische' Algorithmus und der Aho-Corasick-Algorithmus. Abhängig davon, ob man Wert auf die Geschwindigkeit oder möglichst geringen Speicherplatzbedarf legt, wird man sich für einen dieser beiden Algorithmen entscheiden.

4.2 Teilwortsuche nach Aufbereitung des Textes

Man betrachte nochmals das Beispiel der BIBLIO Relation:
Anstelle der Buchtitel seien nun größere Dokumente gespeichert. Als Antwort auf eine Frage wollen wir nur den Teil eines Dokuments ausgeben, der die Argumente der Frage enthält. Die Suche nach diesen Teilen unterstützen wir zusätzlich noch mit einer Vorauswahl, die für jedes Dokument eine Obermenge der gesuchten Menge von Dokumentteilen liefert. Für diese Vorauswahl vergleichen wir experimentell den Algorithmus von Harrison /7/ mit einer Verbesserung dieses Algorithmus und mit der wahrscheinlichkeitstheoretischen Berechnung nach /2/. Diese Berechnung setzt die gleichwahrscheinliche und unabhängige Verteilung der Zeichen des Alphabets über das Dokument und die Argumente der Benutzerfrage voraus. Diese Voraussetzung ist im Falle von natürlicher Sprache sehr unrealistisch. Am Beispiel der BIBLIO-Relation erhielten wir folgende Ergebnisse:

Es bezeichne M den Anteil der umsonst ausgewählten Dokumentteile im Mittel über ca. 80 Fragen.

Dann ist M:

	5	8
bei einem Argument der Länge		
für den Algorithmus nach /7/	0,006	0,007
für die Verbesserung	0,003	0,001
für die Berechnung nach /2/	0,00003	0,000008

Dies zeigt, daß der Harrison-Algorithmus auch unter realistischer

Verteilung des Alphabets gute Ergebnisse liefert. Die Verbesserung des Harrison-Algorithmus nützt darüberhinaus die Abhängigkeit zwischen verschiedenen Zeichen des Alphabets durch Verwendung der Referenzstrings aus. Dies führt vor allem bei längeren Argumenten zu guten Ergebnissen.

Literatur:

/1/ Aho, A. V.; Corasick, M.: Efficient String Matching: An Aid to Bibliographic Search. Com. ACM, Juni 1975, Vol. 18, Nr. 6.

/2/ Bockstein, A.: On Harrison's Substring Testing Technique. Com. of ACM, März 1973, Vol. 16, Nr. 3, pp. 180-181.

/3/ Boyer, R. S.; Moore, J. S.: A Fast String Searching Algorithm. Com. of the ACM, Vol. 20, Nr. 10, 1977, pp. 262-272.

/4/ Breyer, E.: Automatische Klassifikation von Nachrichten mit der Referenzstring Methode. Diplomarbeit Universität Darmstadt, März 1979.

/5/ Commentz-Walter, B.: A String Matching Algorithm Fast on the Average. To appear in Lecture Notes in Comp. Sc. Proc. on ICALP, 6th Call., Graz, July 1979.

/6/ Erbe, R.; Walch, G.:A General Interactive Guidance for Information Retrieval and Processing Systems. APL 76: Conference Proceedings.

/7/ Harrison, M.C.: Implementation of Substring Test by Hashing. Comm. of ACM, Dec. 71, Vol. 14, No. 12, pp. 777-779.

/8/ Lynch, M. F.: Variety Generation - A Reinterpretation of

Shannon's Mathematical Theory of Communication, and its
Implications for Information Science. Journal of ACM, Jan. 77,
pp. 19-25.

/9/ Schuegraf, E.J.; Heaps, H. S.: Query Processing in a
Retrospective Document Retrieval System that Uses Word Fragments
as Language Elements. Information Processing and Management, Vol.
12, pp. 283-292.

/10/ Schek, H.-J.: The Reference String Indexing Method. Information
System Methodology (ed. G. Bracchi, P. Lockemann). Lecture Notes
in Computer Science, Vol. 65, Springer Heidelberg 1978, pp.
432-459.

/11/ Williams, P. W.: Criteria for Choosing Subsets to Obtain Maximum
Relative Entropy. The Computer Journal, Vol. 21, No. 1, pp.
57-62.

An dem Projekt, aus dem wir berichteten, arbeiten wir zusammen mit G.
Jaeschke, D. Kropp, G. Walch sowie mit den Werkstudenten E.Breyer, A.
Kurka, R. Pieper, H.-P. v. Reth und Barbara Rubach. Wir möchten uns
bei ihnen für zahlreiche Einzeluntersuchungen und Implementierungen
bedanken sowie bei Rosemarie Scherner für das schnelle Schreiben des
Manuskripts.

GRAPHENTHEORETISCHE MODELLE UND METHODEN

Hartmut Noltemeier, Aachen

1. Zur ORIENTIERUNG

Eine Übersicht über die Einsatzmöglichkeiten *graphentheoretischer Konzepte zur Beschreibung, Analyse und Gestaltung von Informationssystemen* kann im Rahmen der gegebenen Zeit nur ausgewählte Problemkreise herausgreifen und auch diese nicht mit
der wünschenswerten Tiefe darstellen, sondern bestenfalls einen repräsentativen Einblick in die Fülle denkbarer sowie realisierter Anwendungsmöglichkeiten darstellen.

Um die Möglichkeiten der Graphentheorie generell realistischer einschätzen zu können,
sei ein gewisser Orientierungsrahmen (vgl. Figur 1) vorangestellt.

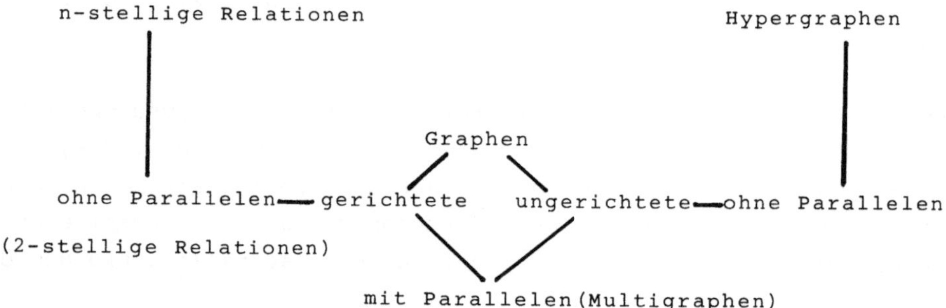

Figur 1

Graphen werden gewöhnlich unterschieden in gerichtete und ungerichtete Graphen,
beide jeweils wieder in Graphen mit Parallelen (Multigraphen) und solche ohne Parallelen. Für den letztgenannten Fall sind n-stellige Relationen (d. h. Paare (V,R) mit
$V \subset R^n$) im gerichteten Falle, Hypergraphen (d. h. Mengensysteme $H = (V,\mathcal{E})$ mit $\mathcal{E} = \mathcal{P}(V)$
und $\bigcup_{E \in \mathcal{E}} E = V$) im ungerichteten Fall entsprechende Verallgemeinerungen.
Dieser Sachverhalt legt sofort folgende Frage nahe: Wieso werden gerade Graphen so
häufig zur Systembeschreibung benutzt?

1. Graphen sind leicht veranschaulichbar.
2. Graphen stellen - wie die obige Figur nahelegt - einen einfachen Strukturtyp dar,
der häufig durch drastische Simplifizierung der realen Problemstellung erzwungen
wird.

Diese letzte Bemerkung soll nun nicht eine Diskreditierung der Graphentheorie darstellen, sondern sie entspricht durchaus einem bewährten Grundsatz aller Wissen-

schaften: ist ein Problem zu schwer, so wird man zunächst versuchen, vereinfachende Annahmen zu treffen; sofern man dann in der Lage ist, die abgeleiteten simplifizierten Teilprobleme zu lösen, wird man darangehen, die bislang vernachlässigten Problemaspekte sukzessiv wieder in die Betrachtung einzubeziehen - natürlich auch mit der Möglichkeit, das Darstellungswerkzeug "Graph" zu verlassen.

3. Graphen sind "darstellbar" in Datenstrukturen, die "effiziente" Algorithmen gestatten.

Diese vagen Aussagen sollen später an einigen Problembereichen verdeutlicht werden, ohne hier in eine Diskussion über den Begriff "Datenstruktur" einmünden zu wollen.

2. Klassen balancierter Bäume

Beginnen wir den Streifzug durch den Katalog ausgewählter Problembereiche mit dem Stichwort *balancierte Bäume*, welches wohl unstrittig graphentheoretische Begriffe und Bezeichnungsweisen in der Theorie der Informationssysteme etabliert hat.
Eine Klasse $\mathcal{T}$ von (nicht notwendigerweise binären) Wurzelbäumen heißt *balanciert zur Höhe f (n)* genau dann wenn gilt:

$\alpha)$ jede Menge $S \subset \mathbb{N}$ von n natürlichen Zahlen kann durch einen Baum $T \in \mathcal{T}$ der Höhe h (T) mit $h(T) \leq f(n)$ "dargestellt" werden (d. h. im einfachsten Fall: es existiert eine Bijektion $\mathcal{Y}$ von s auf die Eckenmenge (Knotenmenge) von T; bei "blätterorientierter Darstellung" ist eine naheliegende Modifikation notwendig, die wir hier unterdrücken);

und

$\beta)$ die "Basisoperationen" Suchen (s,S), Einfügen (s,S) sowie Löschen (s,S) ($s \in U \subseteq \mathbb{N}$; U : "Universum") sind für jeden Baum $T \in \mathcal{T}$, der S darstellt, in O(h(T)) elementaren Schritten ausführbar und für den resultierenden Baum T' gilt: $T' \in \mathcal{T}$.

Interessant sind natürlich solche Klassen, die zu einer möglichst geringen Höhe f(n) balanciert sind; die historisch erste erkannte Klasse zur erstrebenswerten Höhe f(n)= $c \cdot \log_2 n$ (mit geeignetem $c \in [1,2]$) bilden die *AVL-Bäume* (Adelson-Velskij, Landis, [1]).
Inzwischen kennen wir zahlreiche Klassen balancierter Bäume, u. a. *2-3-Bäume, H-Bäume, HB-Bäume* oder allgemeiner *k-Brüder-Bäume* (vgl. Hopcroft, Maurer, Ottmann, Mehlhorn, Six, u. a.; [2], [29], [31], [42]); dagegen fehlt bislang eine Übersicht über <u>alle</u> Klassen balancierter Bäume zu einer vorgegebenen Höhe f(n) in dem interessierenden Bereich $\log_2 n < f(n) < n$.
Besonderes Interesse mit Blick auf umfangreiche Indizes hat bekanntlich die Klasse der *B-Bäume* erlangt (Bayer, McCreight [6]; bzw. B*-Bäume bei blätterorientierter Darstellung sowie weitere Varianten). Mit ihrer Hilfe läßt sich die Zahl der bei Such-,

Einfüge- oder Löschoperationen in umfangreichen Indizes erforderlichen Seitenwechsel auf ein vertretbares Maß (bis zu höchstens vier Seitenwechsel bei den umfangreichsten, heute realisierten Indizes in Datenbanksystemen) beschränken.

Zur Zeit werden besondere Anstrengungen unternommen bei der Erforschung *mehrdimensionaler Suchbäume*, die eine effiziente Ausführung der Basisoperationen in "information-retrieval"-Systemen erlauben (jetzt z. B.: Anfrage aufgrund mehrerer spezifizierter Deskriptorwerte etc.).

Eingeführt wurden in diesem Zusammenhang *quad-trees* (Finkel, Bentley [21], *range-trees* (Bentley, Friedman [9]), *tries* (Fredkin [22], Mehlhorn [32]) sowie *k-d-trees* (k-dimensionale binäre Suchbäume; Bentley [7]). Güteaussagen sind bislang nur in Spezialfällen (z. B. [8], [23], [30]) bekannt; zu beachten ist dabei, daß die Zahl und Art der relevanten "Basisoperationen" (z. B. closest point search, closest pair query u. ä.) die Untersuchungen gegenüber dem eindimensionalen Fall erschwert.

3. Darstellung von Datentypen und Datenstrukturen

Wenn man die Forderung nach *Datenunabhängigkeit* in Datenbanksystemen ernst nimmt, dann muß sie konsequenterweise letztlich bis zu *Spezifikationsmethoden von abstrakten Datentypen* fortgesetzt werden.

Hier sind verschiedene Alternativen parallel entwickelt worden, u. a. als weitestgehender Ansatz die *"impliziten"* oder *"axiomatischen" Definitionsmethoden* (vgl.u. a. Liskov, Zilles [26]; Guttag [24],), ferner nicht derart weitreichend die Spezifikationsvorschläge auf der Basis abstrakter Modelle ("konstruktive Methoden").

Im letztgenannten Bereich wählt man eine Objektmenge und gibt - von Implementierungsfragen abstrahierend - die den *Datentyp charakterisierenden Operationen* durch *Transformationsregeln der Objekte* an. Aus verschiedenen Gründen (vgl. dazu Ausführungen über Graph-Grammatiken) sind dabei vorrangig Graphen oder geeignete Erweiterungen als Objekte gewählt worden: *V-Graphen* (Earley [17]), *Datengraphen* (Rosenberg [46], Weber [51], Six [5o]), *erweiterte gerichtete Graphen* (Majster [28]), *Selektorgraph* (Culik II/Maurer [14]) u. a.

Aber auch bei den axiomatischen (algebraischen) Spezifikationsmethoden sind neuerdings (vgl. Ehrich/Lohberger [18]) beim Problem parametrischer Spezifikationen abstrakter Datentypen enge Verbindungen zu Graphtransformationen (etwa pushout-Eigenschaft der Kategorie der Graphen) sichtbar geworden.

4. Datenmodelle für Datenbanken

Der formale Rahmen für Darstellungsmöglichkeiten der logischen Datenorganisation einer Datenbank wird durch die Wahl des *Datenmodells* festgelegt. Unter den geläufigen Datenmodellen wie

> Relationenmodell (Codd [12]),
>
> Netzwerkmodell (Codasyl, "feature analysis" [11]),
>
> Graphenmodell einschließlich Spezialisierungen,
>
> Hypergraphenmodell ([1o]),
>
> Graph-Grammatik-Modell ([48] , [19])

sind graphentheoretisch orientierte Datenmodelle nicht zu übersehen und haben bekanntlich weite Verbreitung gefunden. Da die drei erstgenannten Modelle wohlbekannt und in
der Literatur (siehe etwa [27], [47]) ausführlich dargestellt sind, will ich hier
nur einige Bemerkungen zum *Graph-Grammatik-Modell* machen, weil es einige - von Effi-
ziensgesichtspunkten zunächst absehend -interessante Möglichkeiten verspricht.

Graph-Grammatiken verallgemeinern Stringgrammatiken in der Weise, daß anstelle von
strings nun *markierte Graphen* (gelegentlich auch partielle Graphen (Schneider/Ehrig
[49]) als interessierende Objekte auftreten und eine Produktion p das Ersetzen
eines Teilgraphen durch einen anderen Graphen widergibt.
Die Schwierigkeiten bei der Präzisierung des Begriffes *Graphproduktion* liegen weniger
bei der Festlegung der "Anwendbarkeit" einer Produktion p auf einen vorgegebenen
Graphen, sondern vornehmlich bei der - im Falle von Stringgrammatiken trivialen -
Einbettungsvorschrift (Ersetzungstransformation, "Klebevorschrift").
Verschiedene Konzepte sind seit Anfang der siebziger Jahre vornehmlich auch von
H. J. Schneider und H. Ehrig ([2o]) entwickelt worden, bis B. Rosen ([45]) die Ein-
bettungsvorschrift auf die *pushout-Konstruktion* in der Kategorie der Graphen zurück-
führen und damit in einem bekannten Rahmen präzisieren konnte.

Anwendung einer Graphproduktion p = (g_l, g_r, T):

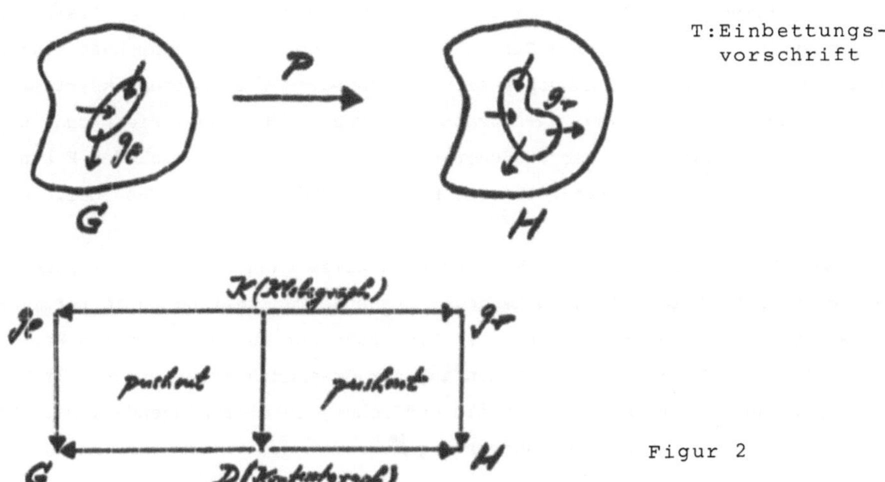

Figur 2

Bei dem *Graph-Grammatik-Modell für Datenbanken* (vgl. etwa Schneider [48], Ehrig/
Kreowski [19], Nagl [34]) wird eine Graph-Grammatik G vorgegeben, d. h. insbesondere ein Startgraph g_O (Axiomgraph) und eine endliche Menge P von Graph-
produktionen, mittels derer aus g_O Graphen ableitbar sind. Die Sprache L(G) aller
mittelts P aus g_O ableitbaren Graphen stellt die Menge aller *konsistenten Daten-
bankzustände* dar; die Anwendung einer Produktion entspricht einer "elementaren"
Manipulation der Datenbank. Bei zusätzlicher Differenzierung in Terminal- und Nicht-
terminalmarken stellen nur alle "terminalmarkierten" Graphen konsistente Datenbank-
zustände dar, während Nichtterminalmarkierungen zur Bildung von Folgen von "elementaren" Manipulationen (Transaktionen,lock-Anweisungen u. a.) genutzt werden können.
Ebenso können Synchronisationsprobleme bei vorgegebener Produktionenmenge P analysiert
und zum Beispiel Church-Rosser-Eigenschaften aufgedeckt werden, die ggf. eine parallele
Anwendung bestimmter Produktionen ohne Synchronisationsmaßnahmen gestatten.
Das Graph-Grammatik-Modell erlaubt offenbar eine einheitliche Darstellung verschiedener
Datenbankaspekte, die bislang nur heterogen nebeneinander standen. Einwände lassen sich
allerdings bei Beachtung von Effizienzkriterien nicht verschweigen:
so ist allein die Frage der Anwendbarkeit einer Produktion generell NP-vollständig
("Subgraphenisomorphieproblem"). Eine Beschränkung auf kontextfreie Grammatiken (bei
jeder Produktion $p = (g_l,g_r,T) \in P$ hat der zu ersetzende Graph g_l genau eine (markierte) Ecke; g_r : einzubettender Graph, T : Einbettungsvorschrift) dagegen dürfte
auchdie Klasse der implizit darstellbaren Konsistenz- bzw. Integritätsbedingungen
stark einschränken. Genauere Untersuchungen in diesem Zusammenhang stehen an.

5. Synchronisationsprobleme

Die Verwendung des Graph-Grammatik-Modells gestattet die Untersuchung von Synchroni-
sationsproblemen anhand der vorgegebenen Produktionsregeln vor der Ausführungsphase.
Zur Beschreibung der aktuellen Situation während der Ausführungsphase etwa mit Blick
auf die Ressourcenvergabe und operationelle Integrität in Datenbanksystemen werden
häufig *Präzedenzgraphen* bzw. *Wartegraphen* herangezogen, wobei die Aktualisierung mit
einem on-line-Algorithmus der Größenordnung $O(n \cdot m)$ (n: Anzahl der Ecken im Graph,
m: Anzahl der Pfeile im Graph) für die Bestimmung der transitiven Hülle erfolgen
kann (z. B. Bayer [5]).
Diese mehr komparativ-statische Beschreibungsweise kann verbessert werden durch eine
präzise, auch kausalen Aspekten Rechnung tragende Darstellung durch *Petri-Netze*.
(Transitionsnetze; Petri 1962, [43]). Mit Rücksicht auf ein weiteres Referat (Genrich) soll hier nur kurz der Zusammenhang zur Graphentheorie hergestellt werden.
Ein *(markiertes) Petri-Netz* N ist ein endlicher, zusammenhängender, gerichteter,
bipartiter Graph mit einer Eckenbewertung f.

Eine beispielhafte Veranschaulichung erfolgt durch Figur 3:

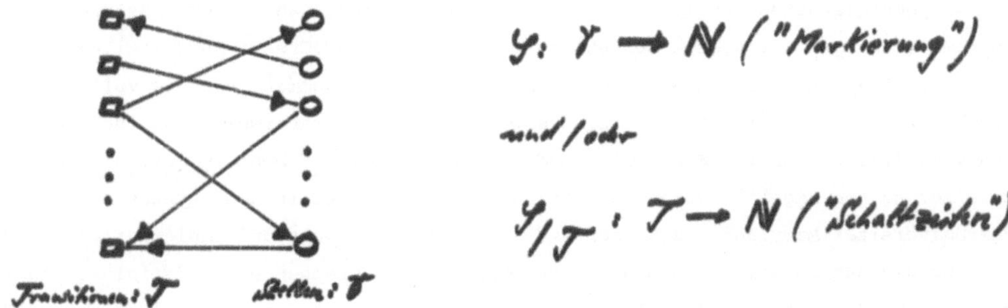

Figur 3

Man hat derartige Graphen seit langem eingehend untersucht und kennt etliche Eigenschaften bipartiter Graphen. Bei (markierten) Petri-Netzen wird nun zusätzlich durch
Schaltregeln der kausale und dynamische Aspekt axiomatisch eingeführt. Die dadurch
implizierten Fragestellungen und spezifischen Aussagen werden ausführlich im Referat
von Herrn Genrich geschildert.

6. Weitere graphentheoretische Konzepte bei Informationssystemen

Abschließend seien einige weitere Teilaspekte kurz zusammengestellt, bei denen graphentheoretische Beschreibungen und Lösungsverfahren verbreitet sind.

Kommunikationsgraphen beschreiben statisch die Kommunikationsmöglichkeiten zwischen
den Elementen einer Objektmenge V; *Evaluationsnetze* (Noe, Nutt [37]) stellen Erweiterungen bzw. Modifizierungen von markierten Petri-Netzen dar;
Normalisierungsprozesse (etwa beim Codd´schen Relationenmodell) zielen auf eine mini-
male Überdeckung (minimales Erzeugendensystem) und führen dabei auf das Problem der
Bestimmung *transitiv irreduzibler Kerne in Graphen* (Noltemeier [39]); die Beschreibung und Analyse *verteilter Datenbanksysteme* basieren zu einem Teil auf der
Darstellung des Rechnernetzes sowie einschlägiger graphentheoretischer Optimierungsverfahren für Standortprobleme ([15], [16]); die *Speicherung dünn-besetzter Matrizen*
führt unter dem Gesichtspunkt der Speicherplatzminimierung zu Färbungsproblemen auf
Graphen; Beziehungen zwischen *Modellen, Methoden und Daten* werden häufig durch
Graphen dargestellt und die Ablauforganisation in Modell- und Methodenbanken auf dieser Basis grob gesteuert (Noltemeier [4o], Barth [3]).

Abschließen möchte ich diese einführende Übersicht über graphentheoretische Modelle
und Methoden mit einem Hinweis auf die Entwicklung von *Graphensprachen*.

Angesichts der vielfältigen Verwendungsmöglichkeiten von Graphen nicht nur in der
Informatik ist der Wunsch nach Sprachen verständlich, die eine bequeme Manipulation
von Graphen gestatten. Es ist daher nicht verwunderlich, daß etliche Ansätze und
Implementierungen auf diesem Gebiete zu verzeichnen sind.Crespi-Rheghizzi und Morpurgo
haben mit GEA eine Spracherweiterung von Algol 6o vorgenommen, die die volle Block-
struktur erhält ([13]). King hat eine entsprechende Fortranerweiterung 1972 vorgeschlagen ([25]). Basili, Rheinboldt und Mesztenyi ([41]) haben die Sprache GRAAL als
Erweiterung von Algol 6o vorgeschlagen; darüberhinaus ist in den letzten Jahren an
der Universität Maryland die Sprachfamilie SIMPL entwickelt und implementiert worden,
die für die Manipulation von Mengen, Mengensystemen, Graphen u. ä. definiert und implementiert wurde (Basili [44]). Auf Pratt und Friedman geht die Entwicklung von GRASPE
([44]) zurück. Nagl u. a. ([34]) haben in Erlangen in den letzten Jahren ein Konzept
für Graphensprachen zur bequemen Handhabung dynamischer Probleme auf Graphen (GRAPL)
entwickelt und ein Dialogsystem für die graphische Darstellung von Graphen implementiert
([36]).

Literaturverzeichnis:

1   Adelson-Velskij, G.M. und E.M. Landis
     Ein Algorithmus zur Informationsorganisation (russisch),
     Doklady Akad. Nauk, SSSR 146, 1962

2   Aho, A.V., Hopcroft, J.E. und J.D. Ullmann
     The design and analysis of computer algorithms,
     Addison Wesley, 1974

3   Barth, H.
     Ein graphentheoretisches Konzept zur Beschreibung von Methoden-
     und Modellbanksystemen,
     in [33]

4   Basili, V.R., Rheinboldt, W.R. und C.K. Mesztenyi
     On a programming language for graph algorithms,
     BIT, 12, 1972

5   Bayer, R.
     On the Intergrity of Data Bases and Resource Locking,
     in: Lecture Notes in Computer Science, 39,
     Springer, Heidelberg, 1976

6   Bayer, R. und E. McCreight
     Organization and Maintenance of Large Ordered Indexes,
     Acta Informatica, 1, 1972

7   Bentley, J.C.
     Multidimensional binary search trees used for associative
     searching,
     CACM, 18, 1975

8   Bentley, J.L. und H.A. Maurer
     Efficient worst-case data structures for range searching,
     Report 1978

9   Bentley,J.L. und J.H. Friedman
     Algorithms and Data Structures for Range Queries,
     Report 1978

1o   Bouillé, F.
     The Hypergraph-Based Data Structure:
     A new approach to data bases modlling and application;
     GI-Jahrestagung, Erlangen, 1977

11   Codasyl Systems Comittee
     Feature Analyses of Generalized Data Base
     Management Systems, 1971

12   Codd, E.F.
     A Relational Model for Large Shared Data Banks,
     CACM, 13, 6, June 1970

13   Crespi-Rheghizzi, E. und R. Morpurgo
     A language for treating graphs,
     CACM, 13, 5, 1970

14   Culik II, K. und H.A. Maurer
     Linearizing Selector - Graphs and Application therof
     Angewandte Informatik, 9, 1977

15· Deppe, M.E. und J.P. Fry
     Distributed data bases - a summary of research,
     Computer Networks, 1, 1976

16   Domschke, W.
     Modelle und Verfahren zur Bestimmung betrieblicher und
     innerbetrieblicher Standorte -Ein Überblick;
     ZOR, 19, 1975

17   Earley, J.
     Toward an Understanding of Data Structures
     CACM, 14, 1971

18   Ehrich, H.D. und V.G. Lohberger
     Parametric specification of abstract data types,
     parameter substitution, and graph replacements;
     in [35]

19   Ehrig, H. und H.J. Kreowski
     Algrbraic theory of graph grammars applied to consistency
     and synchronization in data base systems;
     in [35]

2o   Ehrig, H., Pfender, M. und H.J. Schneider
     Graph-grammars - an algebraic approach,
     Proc. Conf. Switch. Autom. Theory, 1973

21   Finkel, R.A. und J.L. Bentley
     Quad trees, a data structure for retrieval on
     composite keys,
     Acta Informatica, 4, 1974

22   Fredkin, E.
     Trie Memory,
     CACM, 3, 9, Sept., 196o

23   Friedman, J.H., Bentley,J.L. und A.R. Finkel
     An algorithm for finding best matches in
     logarithmic expected time;
     ACM Transactions on Math. Software, 3, 1977

24   Guttag, T.
     Abstract Data Types and the Development of Data Structures
     CACM, 2o, 1977

25   King, C.A.
     A graph theoretic programming language;
     in: Graph Theory and Computing (ed.: Read),
     Academic Press, 1972

26   Liskov, B.H. und S.N. Zilles
     Specification Techniques for Data Abstractions,
     IEEE Trans. on Software Engineering,
     SE-1, 1975

27   Lockemann, P.C. und H.C. Mayr
      Rechnergestützte Informationssysteme,
      Springer, Berlin-Heidelberg-New York, 1978

28   Majster, M.
      Extended Directed Graphs, a Formalism for
      Structures Data and Data Strutures,
      Acta Informatica, 8, 1977

29   Maurer, H.A., Th. Ottmann und H.W. Six
      Manipulation of number sets using balanced trees;
      in: [41]

3o   Maurer, H.A. und Th. Ottmann
      Manipulating sets of points - a survey,
      in: [35]

31   Mehlhorn, K.
      Effiziente Algorithmen
      Teubner Studienbücher, Stuttgart, 1977

32   Mehlhorn, K.
      On Digital Tree Searching
      Lille, 1978

33   Mühlbacher, J. (ed)
      Datenstrukturen, Graphen, Algorithmen,
      Carl-Hanser-Verlag, München, 1978

34   Nagl, M.
      Graphersetzungssysteme: Theorie, Anwendungen,
      Implementierungen;
      Habilitationsschrift, Erlangen, 1978

35   Nagl, M. und H.J. Schneider (ed.)
      Graphs, Data Structures, Algorithms,
      Carl-Hanser-Verlag, München, 1979

36   Nagl, M. und H. Zischler
      A dialog system for the graphical representation of graphs;
      in: [35]

37   Noe, J.D. und G.J. Nutt
      Macro E-Nets for Representation of Parallel Systems,
      IEEE Trans. on Comp. Systems C-22, 1973

38   Noltemeier, H.
      Graphentheorie mit Algorithmen und Anwendungen,
      de Gruyter, Berlin, 1976

39   Noltemeier, H.
      Transitive Irreduzibilität,
      in [33]

4o   Noltemeier, H.
      Verknüpfungsprobleme:Modelle-Methoden-Daten,
      in: Computergestützte Planungssysteme,
      Physica, Würzburg, 1976

41   Noltemeier, H. (ed.)
      Graphen, Algorithmen, Datenstrukturen
      Carl-Hanser-Verlag, München, 1976

42·   Ottmann, Th., Six, H.W. und D. Wood
      New Results in Balanced Search Trees;
      in: [33]

43   Petri, C.A.
      Concepts of Net Theory,
      Proc. Math. Foundations of Comp. Science,
      Hohe Tatra, 1973

44   Pratt, T.W. und D.P. Friedman
      A language extension for graphs processing and
      its formal semantics,
      CACM, 14, 1971

45   Rosen, B.
      Deviring Graphs from Graphs by Applying a Production,
      Acta Informatica, 4, 1975

46   Rosenberg, A.L.
      Data Graphs and Adressing Schemes,
      JCSS, 5, 1971

47   Schlageter, W. und W. Stucky
      Datenbanksysteme: Konzepte und Modelle,
      Teubner Studienbücher, Stuttgart, 1977

48   Schneider, H.J.
      Conceptual data base description using graph-grammars;
      in [41]

49   Schneider, H.J. und H. Ehrig
      Grammars on Partial Graphs,
      Acta Informatica, 6, 1976

5o   Six, H.W.
      Ein Modell zur Beschreibung von Datenstrukturen und deren
      Realisationen,
      Dissertation, Karlsruhe, 1978

51   Weber, D.
      Transformation programs for data graphs, a tool for
      specifying, verifying and implementing data types,
      in [35].

NEUE ASPEKTE ALGEBRAISCHER SPEZIFIKATIONSSCHEMATA FÜR DATENBANKSYSTEME

H. Ehrig, TU Berlin

H.-J. Kreowski, TU Berlin

H. Weber, HMI Berlin

ABSTRACT

Dieses Papier erweitert unsere frühere Arbeit über algebraische Spezifikationstechniken für Datenbanksysteme. Die Semantik algebraischer Spezifikationsschemata ist nun als eine Komposition von drei elementaren Konstruktionen gegeben:

1. TABLE-construction (die Konstruktion der Objekte einer höheren Ebene aus Objekten unterer Ebenen durch Tabellierung)

2. ENRICHMENT-construction (die Konstruktion von Operationen einer höheren Ebene aus Operationen unterer Ebenen)

3. RESTRICTION-construction (Einschränkung der Objekte einer höheren Ebene auf konsistente Daten)

Diese Definition der Semantik erlaubt die Angabe einfacher Kriterien für den Nachweis der Korrektheit.

1. EINLEITUNG

In /EKW 78/ haben wir algebraische Spezifikationsschemata eingeführt, die hierarchische Strukturierungsprinzipien für den Entwurf großer Programmsysteme (/DDH 72, Mil 75, Web 76/) mit algebraischen Spezifikationstechniken für abstrakte Datentypen (/Zil 74, Gut 76, Lis 76, GTW 76, BG 77, TWW 78, EKP 78/) kombinieren und um spezifische Konzepte für den Entwurf von Datenbanksystemen ergänzen.

Die grundlegenden Ideen algebraischer Spezifikationsschemata aus /EKW 78/ sind:

Ein algebraisches Spezifikationsschema ist ein "collapsed tree", was die Tatsache beschreibt, daß Typen einer unteren Ebene konstituierende Bestandteile von mehreren verschiedenen Typen auf einer höheren Ebene sein können. Jeder Knoten in dem Baum repräsentiert die Spezifikation eines Typs. Jedes Bündel von Kanten mit derselben Quelle verweist auf alle konstituierenden Bestandteile , der Typ des Quellknotens wird also aufgebaut aus den Typen der Zielknoten. Für jedes Kantenbündel ist eine der folgenden "connection" spezifiziert:

(1) TUPLE-CONNECTION: Der Bereich von Zuständen des im Quellknoten spezifizierten Typs besteht aus Tupel (a1, ... ,an), wobei die ai für i=1,....,n Zustände der in den Zielknoten spezifizierten Typen sind.

(2) TABLE-CONNECTION: Der Bereich der Zustände des im Quellknoten spezifizierten Typs
besteht aus der leeren Tabelle oder aus Tabellen mit beliebig
vielen Zeilen, wobei jede Zeile die in (1) beschriebene Form hat.

Offenbar korrespondieren TUPLE- und TABLE-CONNECTION zu den Datenstrukturen in Codd's relationalem Datenmodell /Cod 70/. Die Verbindungsspezifikation umfaßt jedoch nicht nur eine Spezifikation des Zusammenhangs zwischen Zuständen verschiedener Typen, sondern auch zwischen ihren zugeordneten Operationen. Die Operationen auf den Zuständen des Typs, der im Quellknoten eines Bündels spezifiziert ist, sind zusammengesetzt aus den Operationen, die auf Zuständen der in den Zielknoten spezifizierten Typen arbeiten. Genauer gesagt, ist die Verbindungsspezifikation eine Parametrisierung im Sinne von /TWW 78/ mit allen Zielspezifikationen eines Kantenbündels als Parameter. TUPLE- und TABLE-CONNECTION sind Konstruktionen, die spezifisch zugeschnitten sind auf die Beschreibung relationalerDatenbankmodelle; andere Arten von Verbindungsspezifikationen können definiert werden, um andere Datenmodelle zu beschreiben.

Integritätsbedingungen - wie funktionale oder interrelationale Abhängigkeiten - können innerhalb des Konzepts der Spezifikationsschemata repräsentiert werden.Ihre Semantik kann formal durch semantische Schemata beschrieben werden. Leider hat sich mittlerweile herausgestellt, daß die Konstruktion der semantischen Algebra in /EKW 78/ im Hinblick auf Korrektheitsbeweise schwierig zu behandeln ist und daß sie in manchen Fällen geringfügig von der ursprünglichen Intention der Autoren abweicht. Insbesondere STEP 2 in 5.1 und die Beweisidee von Theorem 5.2 in /EKW 78/ sollten verbessert werden.

Daher wird in diesem Papier die Semantik algebraischer Spezifikationsschemata als Komposition der folgenden drei elementaren Konstruktionen definiert:

1. TABLE-CONSTRUCTION (Konstruktion von Objekten einer höheren Ebene als Tabellen mit
Einträgen , die Objekte aus unteren Ebenen sind)

2. OPERATION-ENRICHMENT (Konstruktion von Operationen einer höheren Ebene aus den Operationen unterer Ebenen)

3. DATA-RESTRICTION (Einschränkung der Objekte einer höheren Ebene auf konsistente
Daten)

Um die Erklärungen zu vereinfachen, beschränken wir uns in dieser Arbeit auf den interessanteren Fall der TABLE-CONNECTION und auf ein einziges Kantenbündel aus dem "collapsed tree" eines algebraischen Spezifikationsschema. Es wird also das folgende elementare Spezifikationsschema untersucht:

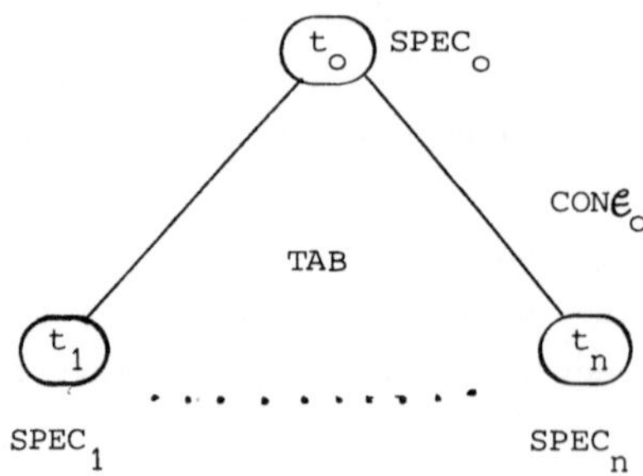

Dabei sind die $SPEC_i = \langle S_i, \Sigma_i, \mathscr{E}_i \rangle$ für $i=1,\ldots,n$ algebraische Spezifikationen der Datentypen t_i der unteren Ebene (t_i Sorten aus S_i). Die Hauptidee unseres Spezifikations-
konzepts ist darin zu sehen, daß die Spezifikation $SPEC_o = \langle S_o, \Sigma_o, \mathscr{E}_o \rangle$ den Datentyp der
oberen Ebene i.a. semantisch unvollständig beschreibt, während die vollständige Seman-
tik der Σ_o-Operationen erst durch die Verbindungsgleichungen $CON\mathscr{E}_o$ festgelegt wird.
In den Gleichungen $CON\mathscr{E}_o$ wird die Semantik der Σ_i-Operationen verwendet, um die Semantik der Σ_o-Operationen zu spezifizieren. Insbesondere wird angenommen, daß die vollständige Semantik $CON\mathscr{E}_o$ der Σ_o-Operationen (zusammen mit den Gleichungen $\mathscr{E}_i$) die un-
vollständige Semantik $\mathscr{E}_o$ impliziert. Nimmt man nun an, daß die Semantik der Datentypen
$t_1,\ldots,t_n$ der unteren Ebene bereits konstruiert ist als (nicht notwendigerweise initiale) Algebren $A_1,\ldots,A_n$ zu den Spezifikationen $SPEC_1,\ldots,SPEC_n$.
Durch TABLE-CONSTRUCTION erhält man dann eine S_o-Algebra A_o (ohne Σ_o-Operationen),
derart daß die Sorte t_o alle endlichen Folgen von n-Tupel $(a1,\ldots,an)$ enthält, wobei
die ai Elemente der Sorte t_i von A_i sind. Die übliche Form der Tabellen ergibt sich,
wenn alle n-Tupel einer solchen Folge untereinander geschrieben werden.
Durch OPERATION-ENRICHMENT wird die S_o-Algebra A_o mit Σ_o-Operationen versehen, die gerade durch die Verbindungsgleichungen $CON\mathscr{E}_o$ definiert sind.
Schließlich erhalten wir durch DATA-RESTRICTION rekursiv alle Daten aus A_o, die durch
Σ_o-Operationen erzeugt werden, indem man diese auf Daten in $A_1,\ldots,A_n$ und bereits er-
zeugte Daten in A_o anwendet. Da die Σ_o-Operationen durch die Verbindungsgleichungen so
spezifiziert sind, daß sie aus konsistenten Daten keine inkonsistenten erzeugen können,
beseitigt DATA-RESTRICTION alle inkonsistenten Daten aus A_o, soweit sie durch TABLE-
CONSTRUCTION überhaupt hineingekommen sind.
Werden diese drei elementaren Konstruktionen nacheinander angewendet, erhält man eine
Algebra A_o der Spezifikation $SPEC_o$, die die Semantik des Datentyps t_o der oberen Ebene
definiert.

Tatsächlich erlaubt diese schrittweise Definition der Semantik die Angabe einfacher
Korrektheitskriterien, mit deren Hilfe sich die Korrektheit eines Spezifikationsschemas
im Hinblick auf ein gegebenes mathematisches Modell beweisen läßt. Das soll am Beispiel
eines Flight-Schedule demonstriert werden, das als Teil des Airport-Schedule in /EKW 78/
spezifiziert ist.
Darüberhinaus besteht ein enger Zusammenhang zwischen diesen drei Konstruktionen und
einem allgemeinen Konzept für die Implementierung abstrakter Datentypen, das in /EKP 79/
vorgestellt wird, so daß man auch davon sprechen kann, daß der Datentyp A_o durch die
Datentypen $A_1,\ldots,A_n$ mit Hilfe von TAB und $CON\mathscr{E}_o$ implementiert wird.

In Abschnitt 2 wird als Beispiel ausführlich der Entwurf eines Flight-Schedule diskutiert, wobei es sich um einen Teil des in /EKW 78/ spezifizierten Airport-Schedule
handelt. Grundlegende Begriffe und Syntax algebraischer Spezifikationsschemata werden
in Abschnitt 3 eingeführt, während ihre Semantik und die Korrektheit des Beispiels
im vierten Abschnitt behandelt werden.

2. SPEZIFIKATIONSSCHEMA FÜR EIN FLIGHT-SCHEDULE

In diesem Abschnitt wird ein Flight-Schedule spezifiziert, das in /EKW 78/ Bestandteil eines Airport-Schedule ist. Zusätzlich werden wir ein mathematisches Modell angeben. Im vierten Abschnitt kann dann die Korrektheit des Flight-Schedule bezüglich dieses Modells gezeigt werden. In den Beweis geht wesentlich die ebenfalls im vierten Abschnitt definierte Semantik von Spezifikationsschemata ein.

Der Flight-Schedule FS ist durch TABLE-connection aus den Typen F# (Flugnummer), DEST (Zielort), ST-T (Startzeit) aufgebaut und verfügt über die folgenden Operationen (Benutzerschnittstelle):

CREATE-FS   (Schaffung eines leeren Flight-Schedule)

SEARCH-FS   (Suche nach einem Flug mit gegebener Flugnummer in einem Flight-Schedule)

ADD   (Aufnahme eines neuen Fluges in einen Flight-Schedule)

CANCEL-FS   (Streichen eines Fluges mit gegebener Flugnummer)

CHANGE-ST-T (Ändern der Startzeit um einen beliebigen Minutenbetrag)

Der FLIGHT-SCHEDULE FS besitzt folgendes Spezifikationsschema:

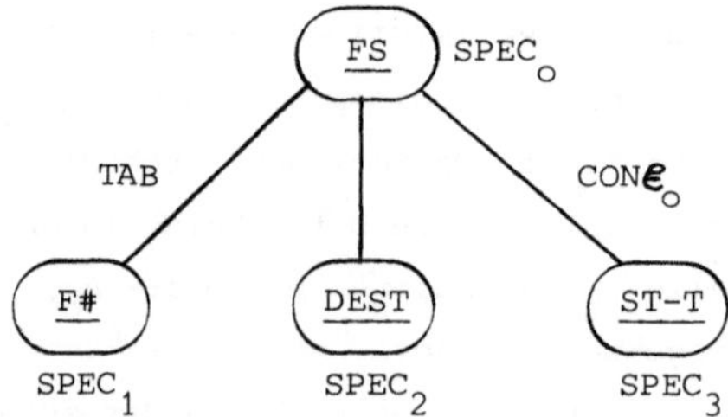

Die einzelnen Bestandteile dieses Spezifikationsschemas sind in 2.1-2.7 explizit definiert und erläutert.

2.1 SPEZIFIKATION SPEC$_0$ FÜR FS

sorts: FS,F#,DEST,ST-T,bool,nat

operations: CREATE-FS: $\lambda \longrightarrow$ FS

ADD:FS F# DEST ST-T $\longrightarrow$ FS

SEARCH-FS:FS F# $\longrightarrow$ bool

CANCEL-FS:FS F# $\longrightarrow$ FS

CHANGE-ST-T:FS F# nat $\longrightarrow$ FS

equations: SEARCH-FS(CREATE-FS,F#) = false

SEARCH-FS(ADD(FS,F#,DEST,ST-T),F#) = true

Die Spezifikation von FS ist zumindest in den folgenden drei Punkten unvollständig (verglichen mit der intendierten Semantik, wie sie weiter unten durch das mathematische Modell für FS angegeben ist):

1. Wir haben lediglich die Sorten $\underline{F\#}, \underline{DEST}, \underline{ST\text{-}T}, \underline{bool}$ und $\underline{nat}$ benannt, aber nicht die korrespondierenden Datentypen spezifiziert. Das wird in $SPEC_1$, $SPEC_2$ und $SPEC_3$ nachgeholt.

2. Wir haben lediglich spezifiziert, wie sich SEARCH-FS bei CREATE-FS und ADD mit derselben Flugnummer F# verhält. Um auch den Effekt für verschiedene variable Flugnummern F# und F#1 ausdrücken zu können, wäre eine Gleichheitsabfrage für Flugnummern erforderlich, die jedoch in $SPEC_o$ nicht zur Verfügung steht. Ähnlich ließe sich auch die Verträglichkeit von CANCEL-FS und CHANGE-ST-T mit ADD nur unvollständig spezifizieren.

3. Wir wünschen, daß jede Flugnummer höchstens einmal in die $\underline{FS}$-Tabellen eingetragen ist. Mit anderen Worten beabsichtigen wir, eine funktionale Abhängigkeit von $\underline{DEST}$ und $\underline{ST\text{-}T}$ von $\underline{F\#}$ als Schlüssel zu spezifizieren. ADD darf also nur dann eine neue Zeile (F#1,DEST1,ST-T1) eintragen, wenn im aktuellen Flight-Schedule FS die Flugnummer F#1 noch nicht vorkommt. Andernfalls soll keine Eintragung erfolgen, auf eine Fehlermeldung verzichten wir der Einfachheit halber. Der gewünschte Effekt könnte durch die folgende Gleichung erreicht werden:

$$\text{ADD(ADD(FS,F\#,DEST,ST-T),F\#1,DEST1,ST-T1)} =$$
$$= \underline{if}\ F\# = F\#1\ \underline{then}\ \text{ADD(FS,F\#,DEST,ST-T)}$$
$$\underline{else}\ \text{ADD(ADD(FS,F\#1,DEST1,ST-T1),F\#,DEST,ST-T)}$$

Wie vorher fehlt dafür in $SPEC_o$ die Gleichheitsabfrage für Flugnummern. Das Hauptproblem jedoch besteht darin, daß diese Gleichung den Seiteneffekt hätte, die Reihenfolge der Einträge in die Tabellen aufzulösen. Es ergäbe sich also eine Datenstruktur, bei der die einzelnen Einträge nicht geordnet wären, was zwar Relationen beschreibt, aber der von uns intendierten Tabellenform der Daten widerspricht.

Ein Teil dieser Probleme könnte dadurch vermieden werden, daß "hidden functions" (/TWW 78/) für die Definition des Datentyps $\underline{FS}$ verwendet werden, über die der Benutzer später nicht verfügen könnte. Dazu wäre die Spezifikation von $\underline{FS}$ um die Operationen TAB, Gleichheit von Flugnummern und einige andere Operationen zu erweitern, so daß man mehr oder weniger die Verbindungsspezifikation CON_o erhielte, die später eingeführt wird. Jedoch fügt die wie ADD deklarierte Operation TAB an gegebene Tabellen auch dann eine neue Zeile (F#,DEST,ST-T) an, wenn F# bereits ein anderer Eintrag ist. Das widerspräche der intendierten funktionalen Abhängigkeit.

Was wir uns vorgestellt haben, ist im folgenden Mathematischen Modell für $\underline{FS}$ präzisiert, das eine (nicht initiale) Algebra der Spezifikation $SPEC_o$ ist.

2.2 MATHEMATISCHES MODELL FÜR $\underline{FS}$

Als Datenbereiche werden gewählt:

$A_{F\#} = \mathbb{N}$ (die natürlichen Zahlen als Flugnummern)

$A_{DEST} = CHAR^{*}$ (Wörter über einem Alphabet CHAR(acters) als Zielorte)

$$A_{ST-T} = \{(H:M)/0 \leqslant H \leqslant 23, 0 \leqslant M \leqslant 59\} \quad \text{(mit H als Stunden- und M als Minutenangabe)}$$

$$A_{FS} = \{\emptyset_{FS}\} \cup \{(F\#1,DEST1,ST-T1)(F\#2,DEST2,ST-T2)\ldots(F\#n,DESTn,ST-Tn)/$$
$$n \geqslant 1, F\#i \neq F\#j \text{ für } i \neq j; F\#i \in A_{F\#}, DESTi \in A_{DEST}, ST-Ti \in A_{ST-T} \text{ für } i=1,\ldots,n\}$$
$$\text{(mit } \emptyset_{FS} \text{ als leerem Flight-Schedule)}$$

Die Operationen sind auf diesen Datenbereichen explizit definiert durch:

$$CREATE\text{-}FS_A : \{\lambda\} \longrightarrow A_{FS} \quad \text{mit} \quad \lambda \longmapsto \emptyset_{FS}$$

$$ADD_A : A_{FS} \times A_{F\#} \times A_{DEST} \times A_{ST-T} \longrightarrow A_{FS} \quad \text{mit}$$

$$(\emptyset_{FS}, F\#, DEST, ST\text{-}T) \longmapsto (F\#, DEST, ST\text{-}T)$$

$$((F\#1,\ldots)\ldots(F\#n,\ldots),F\#,DEST,ST\text{-}T) \begin{cases} \longmapsto (F\#,\ldots)(F\#1,\ldots)\ldots(F\#n,\ldots) \\ \qquad\qquad \text{falls } F\# \neq F\#i \text{ für alle } i=1,\ldots,n \\ \longmapsto (F\#1,\ldots)\ldots(F\#n,\ldots) \text{ sonst} \end{cases}$$

Analog können die Operationen SEARCH-FS$_A$, das prüft, ob eine Flugnummer F# in FS vorkommt, CANCEL-FS$_A$, das die Zeile mit der eingegebenen Flugnummer F# streicht, soweit vorhanden, und CHANGE-ST-T, das zur Startzeit des Fluges mit der Nummer F# n Minuten addiert, definiert werden.

Wir werden zeigen, daß die Semantik des Spezifikationsschemas isomorph zu diesem mathematischen Modell ist. Die Konstruktion der Semantik basiert wesentlich auf $A_{F\#}$, A_{DEST}, A_{ST-T}, der TABLE-connection und den Verbindungsgleichungen $CON\mathcal{E}_0$.

Als nächstes werden die Spezifikationen SPEC$_1$, SPEC$_2$ und SPEC$_3$ für F#, DEST bzw. ST-T angegeben, deren mathematische Modelle auf den oben definierten Datenbereichen $A_{F\#}$, A_{DEST} und A_{ST-T} in naheliegenderweise basieren.

2.3 SPEZIFIKATION SPEC$_1$ FÜR F#

    sorts: F#, bool

    operations: O: $\lambda \longrightarrow$ F#

                SUCC: F# $\longrightarrow$ F#

                EQ: F# F# $\longrightarrow$ bool

                true, false: $\lambda \longrightarrow$ bool

    equations: EQ(O,O) = true

                EQ(O,SUCC(x)) = EQ(SUCC(x),O) = false

                EQ(SUCC(x),SUCC(y)) = EQ(x,y)

Statt EQ(x,y) werden wir im folgenden auch x=y schreiben.

2.4 SPEZIFIKATION SPEC$_2$ FÜR DEST

    sorts: CHAR, DEST

    operations: c_i: $\lambda \longrightarrow$ CHAR für i=1,...,m (ein Alphabet beliebiger Wahl)

$\Lambda: \lambda \longrightarrow \underline{DEST}$

$CONCAT:\underline{DEST}\ \underline{CHAR} \longrightarrow \underline{DEST}$

no equations

2.5 SPEZIFIKATION $SPEC_3$ FÜR $\underline{ST\text{-}T}$

sorts:$\underline{ST\text{-}T},\underline{nat}$

operations: $O^{OO}: \lambda \longrightarrow \underline{ST\text{-}T}$

$\qquad NEXT:\underline{ST\text{-}T} \longrightarrow \underline{ST\text{-}T}$

$\qquad \oplus:\underline{ST\text{-}T}\ \underline{nat} \longrightarrow \underline{ST\text{-}T}$

$\qquad O: \lambda \longrightarrow \underline{nat}$

$\qquad SUCC:\underline{nat} \longrightarrow \underline{nat}$

equations: $NEXT^{1.440}(O^{OO}) = O^{OO}$ (1.440 Minuten nach Mitternacht ist wieder

$\qquad\qquad\qquad\qquad\qquad\qquad\qquad\qquad$ Mitternacht)

$\qquad ST\text{-}T\oplus O = ST\text{-}T$

$\qquad\qquad\qquad\qquad\qquad\qquad\qquad$ ($\oplus$ mit Infix-Notation)

$\qquad ST\text{-}T\oplus SUCC(n) = NEXT(ST\text{-}T\oplus n)$

Es bleibt,die TABLE-Connection und die Verbindungsgleichungen $CON\mathcal{C}_O$ zu definieren:

2.6 SPEZIFIKATION DER TABLE-CONNECTION

sorts:$\underline{FS},\underline{F\#},\underline{DEST},\underline{ST\text{-}T}$

operations: $\emptyset: \lambda \longrightarrow \underline{FS}$

$\qquad TAB:\underline{FS}\ \underline{F\#}\ \underline{DEST}\ \underline{ST\text{-}T} \longrightarrow \underline{FS}$

Werden die mathematischen Modelle $A_{F\#},A_{DEST}$ und $A_{ST\text{-}T}$ wie oben zugrundegelegt, so ist das mathematische Modell $\bar{A}_{FS}$ gemäß der TABLE-CONNECTION umfangreicher als das intendierte Modell A_{FS} des Flight-Schedule, das in 2.2 angegeben ist:

$$\bar{A}_{FS} = (A_{F\#}xA_{DEST}xA_{ST\text{-}T})^{*} \qquad \text{(das freie Monoid über dem kartesischen Produkt)}$$

$$\emptyset_{\bar{A}}:\{\lambda\} \longrightarrow \bar{A}_{FS} \ \text{ mit } \ \lambda \longmapsto \emptyset_{FS} \qquad \text{(das leere Wort des freien Monoids)}$$

$$TAB_{\bar{A}}:\bar{A}_{FS}xA_{F\#}xA_{DEST}xA_{ST\text{-}T} \longrightarrow \bar{A}_{FS} \ \text{ mit } (w,F\#,DEST,ST\text{-}T) \longmapsto w(F\#,DEST,ST\text{-}T)$$

2.7 VERBINDUNGSGLEICHUNGEN $CON\mathcal{C}_O$ ZWISCHEN $SPEC_O$ UND $SPEC_1$, $SPEC_2$, $SPEC_3$

CREATE-FS $= \emptyset$

$ADD(\emptyset,F\#,DEST,ST\text{-}T) = TAB(\emptyset,F\#,DEST,ST\text{-}T)$

$ADD(TAB(FS,F\#,DEST,ST\text{-}T),F\#1,DEST1,ST\text{-}T1) =$

$\qquad \underline{if}\ F\# = F\#1$

$\qquad \underline{then}\ TAB(FS,F\#,DEST,ST\text{-}T)$

$\qquad \underline{else}\ TAB(ADD(FS,F\#1,DEST1,ST\text{-}T1),F\#,DEST,ST\text{-}T)$

$SEARCH\text{-}FS(\emptyset,F\#) = false$

$SEARCH\text{-}FS(TAB(FS,F\#,DEST,ST\text{-}T),F\#1) = \underline{if}\ F\# = F\#1\ \underline{then}\ true\ \underline{else}\ SEARCH\text{-}FS(FS,F\#1)$

```
CANCEL-FS(∅,F#) = ∅

CANCEL-FS(TAB(FS,F#,DEST,ST-T),F#1) =

    if F# = F#1 then FS else TAB(CANCEL-FS(FS,F#1),F#,DEST,ST-T)

CHANGE-ST-T(∅,F#,n) = ∅

CHANGE-ST-T(TAB(FS,F#,DEST,ST-T),F#1,n) =

    if F# = F#1

    then TAB(FS,F#,DEST,ST-T⊕n)

    else TAB(CHANGE-ST-T(FS,F#1,n),F#,DEST,ST-T)
```

Die Verbindungsgleichungen für die Operation ADD spezifiziert, wie ADD einen aktuellen Flight-Schedule FS1 ändert für gegebene Flugnummer F#1, Zielort DEST1 und Startzeit ST-T1. Wenn FS1 die leere Tabelle ist, fügt ADD gemäß der ersten Gleichung die Zeile FLIGHT1=(F#1,DEST1,ST-T1) an FS1 an. Andernfalls hat FS1 einen letzten Eintrag FLIGHT=(F#,DEST,ST-T) und möglicherweise einige andere Zeilen, die die Tabelle FS bilden, so daß FS1=TAB(FS,FLIGHT) gilt und die zweite Gleichung anwendbar ist. F# = F#1 bedeutet, daß F#1 bereits der Schlüssel der letzten Zeile von FS1 ist; um die funktionale Abhängigkeit zu bewahren, darf FLIGHT1 nicht eingetragen werden, und FS1 bleibt unverändert. (Um das explizit anzuzeigen, könnte im then-Teil der Gleichung eine Fehlermeldung spezifiziert werden.) Bis jetzt ist nur geprüft worden, ob in der letzten Zeile von FS1 F# = F#1 gilt. Um auch die übrigen Zeilen zu untersuchen, wird FS2=ADD(FS,FLIGHT1) betrachtet. Der neue Flight-Schedule nach diesem Schritt ist TAB(FS2,FLIGHT) mit derselben letzten Zeile wie FS1 (gemäß dem else-Part der Gleichung). Zusammenfassend bleibt der aktuelle Flight-Schedule unverändert, wenn die Flugnummer F#1 bereits darin vorkommt. Wenn F#1 aber noch nicht in FS1 verwendet ist, schreibt ADD als neue erste Zeile FLIGHT1, der dann alle anderen Zeilen von FS1 folgen. Das stimmt mit der intendierten Semantik von ADD überein (vgl. 2.2). Die anderen Verbindungsgleichungen können ähnlich interpretiert werden.

3. GRUNDLEGENDE BEGRIFFE ALGEBRAISCHER SPEZIFIKATIONEN UND SPEZIFIKATIONSSCHEMATA

Es sollen nun die grundlegenden Begriffe algebraischer Spezifikationen (/GTW 76/) und algebraischer Spezifikationsschemata (/EKW 78/) zusammengestellt werden, soweit sie im folgenden Abschnitt erforderlich sind.

Eine algebraische Spezifikation $\langle S,\Sigma,\mathcal{E}\rangle$ - im folgenden kurz Spezifikation - besteht aus einer Menge S von Sorten, einem Operatorenbereich Σ, das ist eine Mengenfamilie $(\Sigma_{w,s})_{w\in S^*, s\in S}$ von Operationssymbolen mit der Stelligkeit w,s (w für die Argumente und s für den Wertebereich), und einer Menge $\mathcal{E}$ von Σ-Gleichungen.

Eine Algebra A der Spezifikation $\langle S,\Sigma,\mathcal{E}\rangle$, genannt $\langle S,\Sigma,\mathcal{E}\rangle$-Algebra, besteht aus Trägermengen A_s für alle $s\in S$ und Funktionen $\sigma_A:A_{s_1}\times A_{s_2}\times\dots\times A_{s_n}\longrightarrow A_s$ für alle $\sigma\in\Sigma_{s_1\dots s_n,s}$ beziehungsweise $\sigma_A\in A_s$ für $\sigma\in\Sigma_{\lambda,s}$, derart daß die Σ-Gleichungen in $\mathcal{E}$ erfüllt sind. Dabei ist S^* das freie Monoid über dem Alphabet S, das das leere Wort λ und alle Zeichenketten $s_1\dots s_n$ mit $n\in\mathbb{N}$ und $s_i\in S$ für $i=1,\dots,n$ enthält.

Typische Beispiele für Spezifikationen findet man in 2.3 bis 2.5, wo wir für Sorten, Operationen und Gleichungen die in /BG 77/ vorgeschlagene programmiersprachliche Notation verwendet haben. Dabei werden O-stellige Operationssymbole $\sigma \in \Sigma_{\lambda,s}$ als $\sigma: \lambda \longrightarrow s$ und n-stellige Operationssymbole $\sigma \in \Sigma_{s1\ldots sn,s}$ als $\sigma: s1\ldots sn \longrightarrow s$ geschrieben, und in beiden Fällen wird kurz von Operationen gesprochen.

Beispielsweise wird durch die Datenmengen $A_{ST-T} = \{(H:M) / 0 \leqslant H \leqslant 23, 0 \leqslant M \leqslant 59\}$, $A_{nat} = \mathbb{N}$ (die natürlichen Zahlen) und durch die Operationen $O_A^{OO} = (O:OO) \in A_{ST-T}$, $O_A = O \in \mathbb{N}$, $SUCC_A(n) = n+1$ und $NEXT_A(H:M) = \underline{if}\ M \leqslant 58\ \underline{then}\ (H:M+1)\ \underline{else}\ \underline{if}\ H \leqslant 22\ \underline{then}\ (H+1:OO)\ \underline{else}\ (O:OO)$ eine Algebra A der Spezifikation $SPEC_3$ für $\underline{ST-T}$ definiert, die die erste Gleichung erfüllt und für die die Operation $\oplus_A : A_{ST-T} \times \mathbb{N} \longrightarrow A_{ST-T}$ durch die anderen Gleichung definiert ist. Tatsächlich ist die Algebra $(\mathbb{N}, O_A, SUCC_A)$ isomorph zur Termalgebra der Spezifikation $SPEC_{nat}$; sie hat $\underline{nat}$ als Sorte und $O: \lambda \longrightarrow \underline{nat}$ sowie $SUCC: \underline{nat} \longrightarrow \underline{nat}$ als Operationen und ist eine Teilspezifikation von $SPEC_3$; in ihr sind als Terme O und $SUCC^n(O)$ konstruierbar. Dagegen ist die obige Algebra A - ein mathematisches Modell für eine Uhr bzw. Zeitanzeige - isomorph zur Quotiententermalgebra $T_{\Sigma,\mathcal{E}}$ der Spezifikation $\underline{ST-T}$ gemäß den folgenden Tatsachen:

Die $\underline{\Sigma-Termalgebra}$ T_Σ , die aus allen wohlgeformten Ausdrücken von Operationen in Σ besteht, ist initial in der Kategorie aller Σ-Algebren $\underline{Alg}_{S,\Sigma}$. Die $\underline{Quotienten-\Sigma-Termalgebra}$ $T_\Sigma / \equiv_\mathcal{E}$ von T_Σ nach der von den Gleichungen $\mathcal{E}$ erzeugten Kongruenzrelation $\equiv_\mathcal{E}$, bezeichnet mit $T_{\Sigma,\mathcal{E}}$, ist initial in der Kategorie aller $\langle S,\Sigma,\mathcal{E}\rangle$-Algebren $\underline{Alg}_{S,\Sigma,\mathcal{E}}$. Das bedeutet, daß es für jede $\langle S,\Sigma,\mathcal{E}\rangle$-Algebra A einen eindeutigen Σ-Homomorphismus $f: T_{\Sigma,\mathcal{E}} \longrightarrow A$ gibt.

Üblicherweise (/GTW 76/) ist ein $\underline{abstrakter\ Datentyp}$ der Spezifikation $\langle S,\Sigma,\mathcal{E}\rangle$ eine $\langle S,\Sigma,\mathcal{E}\rangle$-Algebra, die isomorph ist zu $T_{\Sigma,\mathcal{E}}$ und deshalb initial in $\underline{Alg}_{S,\Sigma,\mathcal{E}}$. Das aber macht nur für vollständige Spezifikationen wie die in 2.3 bis 2.5 Sinn. Die Spezifikationen in 2.1 und 2.6 sind jedoch in dem Sinne unvollständig, daß erzeugende Operationen für die Parameter und in 2.1 auch Gleichungen fehlen, die die Semantik der Operationen ganz festlegen. Tatsächlich sind die initialen Algebren der Spezifikationen in 2.1 und 2.6 , also deren abstrakte Datentypen, trivial, denn alle ihre Datenmengen sind leer außer der zur Sorte $\underline{FS}$, die allerdings auch nur ein einziges Element enthält. Deshalb werden wir - zumindest in dieser Arbeit - nicht davon ausgehen, daß abstrakte Datentypen der Spezifikation $\langle S,\Sigma,\mathcal{E}\rangle$ initial sind, sondern mehr oder weniger beliebige Algebren der Spezifikation $\langle S,\Sigma,\mathcal{E}\rangle$. Insbesondere der abstrakte Datentyp eines Spezifikationsschemas wird die Semantikalgebra seiner Wurzel sein, die bis auf Isomorphie eindeutig festgelegt ist.

Als nächstes werden der Typkonstruktor TAB, TAB-Extensionen und elementare algebraische Spezifikationsschemata definiert:

3.1 $\underline{DEFINITION}$ (TAB-EXTENSION)

Gegeben seien algebraische Spezifikationen $SPEC_i = \langle S_i, \Sigma_i, \mathcal{E}_i\rangle$ für $i=1,\ldots,n$ und jeweils eine ausgezeichnete Sorte t_i, außerdem eine zusätzliche neue Sorte t.

Der Typkonstruktor TAB ist dann ein Paar von Operationssymbolen

$$\emptyset: \lambda \longrightarrow t \qquad \text{und} \qquad TAB: t\ t_1 \ldots t_n \longrightarrow t \ .$$

Und die Spezifikation $EXT=\langle S,\Sigma,\mathcal{E}\rangle$ wird <u>TAB-Extension</u> von $SPEC_1,\ldots,SPEC_n$ mit der extendierten Sorte t genannt, wenn

$$S = \{t\}+S_1+\ldots+S_n \ ; \ \Sigma = \{\emptyset,TAB\}+\Sigma_1+\ldots+\Sigma_n \quad \text{und} \quad \mathcal{E}= \mathcal{E}_1+\ldots+\mathcal{E}_n$$

wobei $+$ die disjunkte Vereinigung von Mengen ist.

Ein Beispiel für eine TAB-Extension ist bereits in 2.6 gegeben worden.

3.2 DEFINITION (ELEMENTARES ALGEBRAISCHES SPEZIFIKATIONSSCHEMA)

Ein <u>elementares algebraisches Spezifikationsschema</u> ist ein markierter Baum der Höhe
1 (d.h. ein Büschel) mit der Wurzel O, den Blättern $1,\ldots,n$ und folgenden Eigenschaften:

1. Jeder Knoten $i=O,\ldots,n$ ist markiert mit einer ausgezeichneten Sorte t_i und einer
algebraischen Spezifikation $SPEC_i=\langle S_i,\Sigma_i,\mathcal{E}_i\rangle$, derart daß $t_i\in S_i$ - t_i wird <u>designierter</u>
<u>Typ</u> genannt - und daß für jedes $s\in S_O$ mit $s\neq t_O$ eindeutig ein $i\in\{1,\ldots,n\}$ existiert bzw.
fest gewählt werden kann mit $s\in S_i$.

2. Der Baum ist markiert mit dem Typkonstruktor TAB und Verbindungsgleichungen $CON\mathcal{E}_O$
von folgender "Normalform": Für jedes $\sigma\in\Sigma_O$ gibt es im Falle $\sigma: \lambda \longrightarrow t_O$ eine Gleichung $\sigma=T'$ und im Falle $\sigma:t_O s_1 \ldots s_m \longrightarrow s$ zwei Gleichungen der Form

$$\sigma(\emptyset,y_1,\ldots,y_m) = T_O(y_1,\ldots,y_m)$$
$$\sigma(TAB(x,x_1,\ldots,x_n),y_1,\ldots,y_m) = T(x,x_1,\ldots,x_n,y_1,\ldots,y_m)$$

wobei 1) $x,x_1,\ldots,x_n,y_1,\ldots,y_m$ Variable der Sorten $t_O,t_1,\ldots,t_n,s_1,\ldots,s_m$ sind
      2) T' ein Σ-Term ist mit $\Sigma= \{\emptyset,TAB\}+\Sigma_1+\ldots+\Sigma_n$
      3) $T_O(y_1,\ldots,y_m)$ ein Σ-Term ist mit höchstens den Variablen $y_1,\ldots,y_m$
      4) $T(x,x_1,\ldots,x_n,y_1,\ldots,y_m)$ ein $\Sigma\cup\{\sigma\}$-Term ist mit höchstens den Variablen
         $x,x_1,\ldots,x_n,y_1,\ldots,y_m$, der außerdem keinen Teilterm mit der Wurzel σ enthält außer $\sigma(x,y_1,\ldots,y_m)$ (wenn überhaupt).
Darüberhinaus wird angenommen, daß Σ_O nur Operationen der angegebenen Form enthält.

3. $CON\mathcal{E}_O$ und $\mathcal{E}_i$ für $i=1,\ldots,n$ implizieren $\mathcal{E}_O$.

Für jedes elementare algebraische Spezifikationsschema haben wir die folgenden algebraischen Spezifikationen:

   1. $SPEC_i=\langle S_i,\Sigma_i,\mathcal{E}_i\rangle$ für $i=1,\ldots,n$ (<u>Parameterspezifikationen</u>)

   2. $EXT_O=\sum\limits_{i=1}^{n} SPEC_i+\{t_O\}+\{\emptyset,TAB\}$ (<u>Extensionsspezifikation</u>)

   3. $CON_O=EXT_O+\Sigma_O+CON\mathcal{E}_O+\mathcal{E}_O$ (<u>Verbindungsspezifikation</u>)

Dabei ist $\mathcal{E}_O$ im Hinblick auf 3. redundant, und $+$ ist wieder die disjunkte Vereinigung der Mengen bzw. korrespondierender Komponenten. Man beachte, daß die folgende
Hierarchie zwischen den Spezifikationen besteht:

$$\sum_{i=1}^{n} SPEC_i \subseteq EXT_O \subseteq CON_O \qquad \text{und} \qquad SPEC_O \subseteq CON_O,$$

denn $t_O \in S_O$ ist in EXT_O enthalten und alle anderen $s \in S_O$ gehören zu $\sum_{i=1}^{n} SPEC_i$.

Ein Beispiel für ein elementares algebraisches Spezifikationsschema ist das im zweiten Abschnitt für den Flight-Schedule $\underline{FS}$.

Ein algebraisches Spezifikationsschema ist ein "collapsed tree" (d.h. ein Baum, bei dem Knoten auch gemeinsame Söhne haben dürfen), dessen Unterbäume der Höhe 1 elementare algebraische Spezifikationsschemata sind. Es sei darauf hingewiesen, daß die in /EKW 78/ eingeführten Spezifikationsschemata etwas allgemeiner sind sowohl hinsichtlich der Wahl der Typkonstruktoren als auch hinsichtlich der Form der Verbindungsgleichungen.

4. SEMANTIK ELEMENTARER ALGEBRAISCHER SPEZIFIKATIONSSCHEMATA UND KORREKTHEIT

In diesem Abschnitt wird die Semantik eines elementaren algebraischen Spezifikationsschemas als Komposition von TABLE-CONSTRUCTION, OPERATION-ENRICHMENT und DATA-RESTRICTION angegeben. Wir werden außerdem zeigen, daß die Semantik des Flight-Schedule $\underline{FS}$, das im zweiten Abschnitt entworfen ist, korrekt ist bezüglich des mathematischen Modells aus 2.2. Dabei werden Eigenschaften der Semantik ausgenutzt, die als Korrektheitskriterien angesehen werden können.

4.1 DEFINITION (TABLE-CONSTRUCTION)

Gegeben sei ein elementares algebraisches Spezifikationsschema mit den Spezifikationen $SPEC_i = \langle S_i, \Sigma_i, \mathcal{E}_i \rangle$ und designierten Typen $t_i \in S_i$ für $i = 0, \ldots, n$ sowie der korrespondierenden Extensionsspezifikation $EXT_O = \sum_{i=1}^{n} SPEC_i + \{t_O\} + \{\emptyset, TAB\}$. Dann erhält man für jede Wahl von $SPEC_i$-Algebren A_i $(i = 1, \ldots, n)$ eine EXT_O-Algebra $F_{TAB}(A_1, \ldots, A_n)$, die $\underline{TABLE\text{-}CONSTRUCTION}$ der $A_1, \ldots, A_n$ genannt wird, auf folgende Weise:

$$F_{TAB}(A_1, \ldots, A_n)_s = (A_i)_s \qquad \text{für alle } s \in S_i \text{ und } i = 1, \ldots, n$$

$$F_{TAB}(A_1, \ldots, A_n)_{t_O} = ((A_1)_{t_1} \times (A_2)_{t_2} \times \ldots \times (A_n)_{t_n})^* \qquad \text{(das freie Monoid)}$$

$$\sigma_F = \sigma_{A_i} \qquad \text{für alle } \sigma \in \Sigma_i$$

$$\emptyset_F = \Lambda \qquad \text{(das leeren Wort des freien Monoids)}$$

$$TAB_F : ((A_1)_{t_1} \times \ldots \times (A_n)_{t_n})^* \times (A_1)_{t_1} \times \ldots \times (A_n)_{t_n} \longrightarrow ((A_1)_{t_1} \times \ldots \times (A_n)_{t_n})^* \text{ mit}$$

$$(w, a_1, \ldots, a_n) \longmapsto w(a_1, \ldots, a_n)$$

$\underline{Interpretation}$: $F_{TAB}(A_1, \ldots, A_n)$ entsteht aus den $A_1, \ldots, A_n$ durch Hinzunahme einer Basismenge $((A_1)_{t_1} \times \ldots \times (A_n)_{t_n})^*$ der Sorte t_O und zweier Operationen $\emptyset_F$ und TAB_F.

Die neue Basismenge ist die Menge aller Tabellen mit Zeilen der Form $(a_1,\ldots,a_n)$, wobei jedes a_i Element der Datenmenge $(A_i)_{t_i}$ zur Sorte t_i aus der Algebra A_i für $i=1,\ldots,n$ ist. $\emptyset_F$ ist eine O-stellige Operation, die auf die leere Tabelle zugreift bzw. diese kreiert, und TAB_F fügt an eine Tabelle eine weitere Zeile an. Man beachte, daß diese Algebra aber noch keine Σ_O-Operationen besitzt, also man mit diesem Konstruktionsschritt noch keine $SPEC_O$-Algebra erhält.

4.2 KOROLLAR

Wenn die A_i initiale $SPEC_i$-Algebren für $i=1,\ldots,n$ sind, dann ist auch $F_{TAB}(A_1,\ldots,A_n)$ initiale EXT_O-Algebra.

<u>Bemerkung</u>: Die Restriktion von $F_{TAB}(A_1,\ldots,A_n)$ auf den $SPEC_i$-Anteil ergibt gerade die vorgegebene Algebra A_i $(i=1,\ldots,n)$. Also ist EXT_O eine Extension von $\sum_{i=1}^{n} SPEC_i$ im Sinne von /GTW 76/ und /EKP 78/. Darüberhinaus ist der korrespondierende Extensionsfunktor im Sinne von /TWW 78/ persistent.

Für den Beweis des Corollars, das im folgenden nicht verwendet wird, sei auf /EKW 78/ verwiesen.

4.3 BEISPIEL

Zu dem algebraischen Spezifikationsschema für <u>FS</u> im zweiten Abschnitt und $SPEC_i$-Algebren A_i für $i=1,2,3$ erhält man als Basismenge zur Sorte <u>FS</u>

$$F_{TAB}(A_1,A_2,A_3)_{FS}= (A_{F\#}xA_{DEST}xA_{ST-T})^{*}$$

und $F_{TAB}(A_1,A_2,A_3)$ wird gerade das mathematische Modell $\bar{A}_{FS}$ von <u>FS</u>, das in 2.6 angegeben ist, wenn die A_i als die mathematischen Modelle der $SPEC_i$ gewählt werden.

Im nächsten Schritt wird $F_{TAB}(A_1,\ldots,A_n)$ mit Σ_O-Operationen versehen. Zu diesem Zweck definieren wir allgemein, was es heißt, wenn eine Algebra Operationen-Enrichment erlaubt. In Satz 4.6 wird dann gezeigt, daß speziell $F_{TAB}(A_1,\ldots,A_n)$ vermöge der Verbindungsgleichungen $CON\mathcal{E}_O$ Σ_O-Operationen-Enrichment gestattet.

4.4 DEFINITION (OPERATION-ENRICHMENT)

$SPEC=\langle S,\Sigma,\mathcal{E}\rangle$ und $SPEC'=\langle S,\Sigma+\Sigma_O,\mathcal{E}+\mathcal{E}_O\rangle$ seien algebraische Spezifikationen.
Man sagt dann, daß eine SPEC-Algebra A Σ_O-<u>Operationen-Enrichment</u> vermöge $\mathcal{E}_O$ gestattet, wenn es eine SPEC'-Algebra A' mit folgenden beiden Eigenschaften gibt:
  (1)   Die Restriktion A'_{SPEC} von A' auf Σ-Operationen stimmt mit A überein
  (2)   Für jede SPEC'-Algebra B' wird jeder Σ-Homomorphismus $f:A \longrightarrow B'_{SPEC}$ ein
         Σ'-Homomorphismus $f':A' \longrightarrow B'$ mit $f'_{SPEC}=f$.

In diesem Fall ist A' eindeutig bestimmt (siehe 4.5) und wir sagen, daß A' Σ_O-<u>Operationen-Enrichment</u> von A vermöge $\mathcal{E}_O$ ist - geschrieben: $A'=F_{OP}(A)$.

<u>Interpretation</u>: Daß A Σ_0-Operationen-Enrichment vermöge $\mathcal{C}_0$ erlaubt, bedeutet: wir sind einerseits in der Lage, auf A Operationen σ_A für alle $\sigma \in \Sigma_0$ zu definieren, die die Gleichungen $\mathcal{C}_0$ erfüllen (Bedingung 1); andererseits muß die Wahl der Operation σ_A homomorph verträglich sein mit σ_B, für alle SPEC'-Algebren B' (Bedingung 2). Speziell garantiert das die Eindeutigkeit der σ_A. Wir haben die Bedingung 2 der Eindeutigkeit vorgezogen im Hinblick auf den zweiten Teil des folgenden Lemmas.

4.5 <u>LEMMA</u>

Das Σ_0-Operationen-Enrichment $F_{OP}(A)$ von A vermöge $\mathcal{C}_0$ ist eindeutig bestimmt. Ferner ist $F_{OP}(A)$ initiale SPEC'-Algebra, wenn A initiale SPEC-Algebra ist.

<u>Bemerkung</u>: Da die Restriktion von $F_{OP}(A)$ auf SPEC wieder A ergibt, besagt der zweite Teil insbesondere, daß SPEC' ein Enrichment von SPEC im Sinne von /GTW 76/ und /EKP 78/ ist. Hat man diese Eigenschaft für alle SPEC-Algebren, so ist der korrespondierende Enrichment-Funktor im Sinne von /TWW 78/ persistent. Man beachte allerdings, daß die meisten Enrichments - mit Ausnahme der abgeleiteten Operationen - diese starke Eigenschaft nicht besitzen. Beispielsweise ist das Enrichment der natürlichen Zahlen <u>nat</u> durch die Addition + mit den primitiv rekursiven Gleichungen N+O=N und N+SUCC(N')= SUCC(N+N') kein persistentes Enrichment.

<u>Beweis des Lemmas</u>: Wenn A' und A" Σ_0-Operationen-Enrichments von A vermöge $\mathcal{C}_0$ sind, dann wird nach Bedingung 2 die Identität id:$A \longrightarrow A"_{SPEC}$, das ist A, ein Σ'-Homomorphismus f':$A' \longrightarrow A"$, der als Abbildung ja die Identität ist. Somit gilt A'=A". Ist A die initiale SPEC-Algebra, so muß gezeigt werden, daß es genau einen Σ'-Homomorphismus f':$A' \longrightarrow B'$ gibt für jede SPEC'-Algebra B'. Die Initialität von A impliziert, daß es genau einen Σ-Homomorphismus f:$A \longrightarrow B'_{SPEC}$ gibt. Nach Bedingung 2 wird dieses f aber zum gesuchten f'. Außerdem impliziert die Eindeutigkeit von f die von f'.

Nun soll gezeigt werden, daß die Normalform für Verbindungsgleichungen $CON\mathcal{C}_0$ gemäß 3.2 hinreichend dafür ist, daß $F_{TAB}(A_1, \ldots, A_n)$ Σ_0-Operationen-Enrichment vermöge $CON\mathcal{C}_0$ erlaubt. Es ist bisher ein offenes Problem, ob es schwächere Bedingungen als die Normalform für die Verbindungsgleichungen $CON\mathcal{C}_0$ gibt mit derselben Eigenschaft.
Auf jeden Fall wird diese Eigenschaft benötigt, um die Semantik algebraischer Spezifikationsschemata geeignet definieren zu können, und nicht nur die einfache Enrichment-Eigenschaft, wie es in /EKW 78/ angenommen wurde.

4.6 <u>SATZ</u>

Sei ein elementares algebraisches Spezifikationsschema mit den Bezeichnungen in 3.2 und seien $SPEC_i$-Algebren A_i für i=1,...,n gegeben.
Dann erlaubt die TABLE-CONSTRUCTION $F_{TAB}(A_1, \ldots, A_n)$ Σ_0-Operationen-Enrichment vermöge $CON\mathcal{C}_0$, was eine CON_0-Algebra $F_{OP}(F_{TAB}(A_1, \ldots, A_n))$ ergibt.

<u>Beweis</u>: Für $\sigma: \lambda \longrightarrow t_O$ wird die O-stellige Operation σ_F gemäß der entsprechenden Gleichung als Wert des Terms T' definiert: $\sigma_F = \mathrm{eval}(T')$.

Für $\sigma: t_O s_1 \ldots s_m \longrightarrow s$ haben wir die beiden Gleichungen in Normalform (vgl. 3.2.2):

$$(1) \qquad \sigma(\emptyset, y_1, \ldots, y_m) = T_O(y_1, \ldots, y_m)$$

$$(2) \qquad \sigma(TAB(x, x_1, \ldots, x_n), y_1, \ldots, y_m) = T(x, x_1, \ldots, x_n, y_1, \ldots, y_m)$$

Dementsprechend wird $\sigma_F(\bar{x}, \bar{y}_1, \ldots, \bar{y}_m)$ für $\bar{x} \in ((A_1)_{t_1} x \ldots x (A_n)_{t_n})^* = F_{TAB}(A_1, \ldots, A_n)_{t_O}$

und $\bar{y}_i \in F_{TAB}(A_1, \ldots, A_n)_{s_i}$ nach Induktion über die Länge $/\bar{x}/$ von $\bar{x}$ definiert.

Für $/\bar{x}/=O$ haben wir $\bar{x} = \emptyset_F = \Lambda$, und mit der Gleichung (1) und der Wertzuweisung $h(y_i) = \bar{y}_i$ an die Variablen wird definiert: $\sigma_F(\emptyset_F, \bar{y}_1, \ldots, \bar{y}_m) = \mathrm{eval}_h(T_O(y_1, \ldots, y_m))$,

wobei eval_h die Auswertung von Termen bzgl. der Wertzuweisung h in $F_{TAB}(A_1, \ldots, A_n)$ ist. Es bleibt $\sigma_F(TAB_F(\bar{x}, \bar{x}_1, \ldots, \bar{x}_n), \bar{y}_1, \ldots, \bar{y}_m)$ anzugeben, wobei $\sigma_F(\bar{x}, \bar{y}_1, \ldots, \bar{y}_m)$ nach Induktion bereits als bekannt vorausgesetzt wird. Daher definieren wir unter Verwendung der oberen Gleichung (2) mit der Wertzuweisung $h(z) = \bar{z}$

$$\sigma_F(TAB_F(\bar{x}, \bar{x}_1, \ldots, \bar{x}_n), \bar{y}_1, \ldots, \bar{y}_m) = \mathrm{eval}_h(T(x, x_1, \ldots, x_n, y_1, \ldots, y_m))$$

was deshalb wohldefiniert ist, weil der Term keinen Teilterm mit der Wurzel σ enthält außer $\sigma(x, y_1, \ldots, y_m)$, dessen Wert nach Induktion gegeben ist.

Nach Definition der Operationen, die ja gerade die Gleichungen verwendet, sind die $CON\mathcal{E}_O$-Gleichungen erfüllt.

Nach Konstruktion haben wir also die erste Bedingung von 4.4, und es bleibt, die zweite nachzuweisen. Sei B eine CON_O-Algebra und $f: F_{TAB}(A_1, \ldots, A_n) \longrightarrow B_{EXT_O}$ ein EXT_O-Homomorphismus. Es ist zu zeigen, daß f auch mit den neuen Operationen σ_F, die gerade definiert worden sind, verträglich sind.

Es wird wieder die Induktion über $/\bar{x}/$ durchgeführt:

$$
\begin{aligned}
f(\sigma_F(\emptyset, \bar{y}_1, \ldots, \bar{y}_m)) &= f(\mathrm{eval}_h(T_O(y_1, \ldots, y_m))) && \text{(Def. von } \sigma_F) \\
&= \mathrm{eval}_{fh}(T_O(y_1, \ldots, y_m)) && (f\ EXT_O\text{-Homomorphismus)} \\
&= \sigma_B(\emptyset, f\bar{y}_1, \ldots, f\bar{y}_m) && (B\ CON_O\text{-Algebra)}
\end{aligned}
$$

wobei eval_{fh} die Auswertung von Termen mit Wertzuweisung fh in B ist.

$$
\begin{aligned}
f(\sigma_F(TAB_F(\bar{x}, \bar{x}_1, \ldots, \bar{x}_n), \bar{y}_1, \ldots, \bar{y}_m)) &= f(\mathrm{eval}_h(T(x, x_1, \ldots, x_n, y_1, \ldots, y_m))) \\
&= \mathrm{eval}_{fh}(T(x, x_1, \ldots, x_n, y_1, \ldots, y_m)) \\
&= \sigma_B(TAB_B(f\bar{x}, f\bar{x}_1, \ldots, f\bar{x}_n), f\bar{y}_1, \ldots, f\bar{y}_m)
\end{aligned}
$$

wobei in den letzten Schritt die Induktionsvoraussetzung eingeht.

<u>Bemerkung</u>: Man beachte, daß wir wesentlich ausgenutzt haben, daß $F_{TAB}(A_1, \ldots, A_n)$ in der Sorte t_O als freies Monoid strukturiert ist. Im allgemeinen wird eine EXT_O-Algebra A mit $A_{SPEC_i} = A_i$ nicht Σ_O-Operationen-Enrichment vermöge $CON\mathcal{E}_O$ gestatten, weil $\emptyset_A$ und $TAB_A(x, x_1, \ldots, x_n)$ nicht immer A_{t_O} frei erzeugen.

4.7 <u>BEISPIEL</u>

In Fortsetzung von Beispiel 4.3 erhalten wir $F_{OP}(F_{TAB}(A_1, A_2, A_3))$ mit den zusätzlichen

Operationen ADD_F, SEARCH-FS_F, CANCEL-FS_F und CHANGE-ST-T_F. Gemäß der Normalform der $\text{CON}\mathcal{C}_O$-Gleichungen und nach der Konstruktion in 4.6 sind sie ähnlich definiert wie die des mathematischen Modells von $\underline{FS}$ in 2.2. Jedoch ist die Basismenge der Sorte $\underline{FS}$ immer noch $\bar{A}_{FS}$ und nicht A_{FS}. Schränkt man aber $F_{OP}(F_{TAB}(A_1,A_2,A_3))$ auf diejenigen Daten ein, die von Σ_O-Operationen erzeugt werden mit Parametern in A_1,A_2 und A_3, so erhält man die Semantikalgebra $A_O=F_{DATA}(F_{OP}(F_{TAB}(A_1,A_2,A_3)))$ des algebraischen Spezifikationsschemas $\underline{FS}$, das isomorph ist zum mathematischen Modell für $\underline{FS}$ in 2.2.

4.8 DEFINITION (DATA-RESTRICTION)

Gegeben seien die Spezifikationen $\text{SPEC}_O \subseteq \text{CON}_O$ eines elementaren algebraischen Spezifikationsschemas und eine CON_O-Algebra A. Dann ist die SPEC_O-Algebra $F_{DAT}(A)$, genannt DATA-RESTRICTION von A, folgendermaßen definiert:

Sei A_{SPEC_O} die Restriktion von A auf Sorten und Operationen von SPEC_O, wobei $(A_{\text{SPEC}_O})_s$ Basismenge zur Sorte s von A_{SPEC_O} ist und mit A_s übereinstimmt. Sei ferner $X=(X_s)_{s\in S_O}$ definiert durch $X_s=A_s$ für alle $s\neq t_O$ und durch $X_{t_O}=\emptyset$ (leere Menge) und die Wertzuweisung $h:X \longrightarrow A_{\text{SPEC}_O}$ durch $h_s(x)=x$ für $s\neq t_O$. Sei schließlich $\text{eval}_h:T_{\Sigma_O}(X) \longrightarrow A_{\text{SPEC}_O}$ die Auswertung der Σ_O-Terme mit Variablen X in A_{SPEC_O}, die durch h eindeutig bestimmt ist. Dann ist $F_{DAT}(A)$ das Bild dieses Σ_O-Homomorphismus eval_h, das damit eine SPEC_O-Unteralgebra von A_{SPEC_O} ist:

$$F_{DAT}(A) = \text{eval}_h(T_{\Sigma_O}(X)) \subseteq A_{\text{SPEC}_O}$$

<u>Interpretation</u>: Für eine gegebene CON_O-Algebra A ist die SPEC_O-Algebra A_{SPEC_O} die Einschränkung auf Sorten und Operationen von SPEC_O, die Daten in diesen Sorten bleiben jedoch unberührt. Aber die DATA-RESTRICTION schränkt auch noch die Datenbereiche ein auf die Daten, die durch Anwendung der Σ_O-Operationen auf Argumente bzw. Parameter aus den A_s für $s\in S_O$, aber $s\neq t_O$.
Die durch $F_{DAT}(A)$ gegebene DATA-RESTRICTION hat die folgende Eigenschaft und ist durch Satz 4.9 charakterisiert.

<u>Bemerkung</u>: Nach Konstruktion von $F_{DAT}(A)$ gilt für die Datenbereiche:

$$F_{DAT}(A)_s = X_s = (A_{\text{SPEC}_O})_s = A_s \qquad \text{für alle } s\in S_O,\ s\neq t_O$$

$$F_{DAT}(A)_{t_O} \subseteq (A_{\text{SPEC}_O})_{t_O} = A_{t_O}$$

Darüberhinaus erhält man die Σ_O-Operationen von $F_{DAT}(A)$ durch die Einschränkung der korrespondierenden Operationen von A auf die Basismengen $F_{DAT}(A)_s$ für alle $s\in S_O$.

4.9 SATZ

Die DATA-RESTRICTION $F_{DAT}(A)$ ist die kleinste Unteralgebra von A_{SPEC_O}, die alle A_s für $s\in S_O$, aber $s\neq t_O$ umfaßt.

__Beweis__: $F_{DAT}(A)$ ist eine Unteralgebra von A_{SPEC_0} mit der genannten Eigenschaft nach vorausgehender Bemerkung.

Wenn B eine weitere Algebra mit der Eigenschaft ist, so gilt $eval_h(T_{\Sigma_0}(X)) \subseteq B$, also auch $F_{DAT}(A) \subseteq B$.

4.10 __DEFINITION (SEMANTIK EINES ALGEBRAISCHEN SPEZIFIKATIONSSCHEMAS)__

Für ein elementares algebraisches Spezifikationsschema gemäß 3.2 und für $SPEC_i$-Algebren A_i (i=1,....,n) wird die $SPEC_0$-Algebra

$$A_0 = F_{DAT}(F_{OP}(F_{TAB}(A_1,....,A_n)))$$

__Semantik__ des elementaren Spezifikationsschemas hinsichtlich $A_1,....,A_n$ genannt, wobei

F_{TAB} die TABLE-CONSTRUCTION (4.1) ist

F_{OP} das OPERATIONEN-ENRICHMENT (4.4) ist und

F_{DAT} die DATA-RESTRICTION (4.8).

Die __Semantik__ eines algebraischen Spezifikationsschemas ist dann "bottom up" definiert:

Für jedes Blatt des "collapsed tree" mit der Spezifikation SPEC nehmen wir die initiale SPEC-Algebra A. Für alle anderen Knoten kann angenommen werden, daß die Semantikalgebren $A_1,....,A_n$ der Söhne eines Knotens bereits bekannt ist, denn ein "collapsed tree" hat keine Zyklen. Weil diese Knoten dann die Wurzeln elementarer Spezifikationsschemata sind, kann ihre Semantik als die der Schemata definiert werden jeweils hinsichtlich $A_1,....,A_n$.

Die Semantik der Wurzel des "collapsed tree" ist schließlich die Semantik des gesamten algebraischen Spezifikationsschemas.

4.11 __SATZ__

Für ein elementares algebraisches Spezifikationsschema mit den Spezifikationen $SPEC_i$ und mit den designierten Typen t_i für i=0,....,n und für vorgegebene $SPEC_i$-Algebren $A_1,....,A_n$ hat die Semantik A_0 folgende Eigenschaften:

1. $(A_0)_s = (A_i)_s$ für $s \in S_0 \cap S_i$, i=1,....,n

2. $(A_0)_{t_0} \subseteq ((A_1)_{t_1} \times .... \times (A_n)_{t_n})^*$

3. Für jedes $a_0 \in (A_0)_{t_0}$ gibt es einen Term $t \in T_{\Sigma_0}(X)$ mit $eval_h(t)=a_0$, wobei die Variablen $X=(X_s)_{s \in S_0}$ gegeben sind durch $X_s=A_s$ für $s \neq t_0$ und $X_{t_0}=\emptyset$ und die Wertzuweisung als Identität definiert ist: h(x)=x für alle $x \in X_s$, $s \neq t_0$.

4. Die Σ_0-Operationen von A_0 sind als OPERATIONEN-ENRICHMENT vermöge CON_{e_0} aus den Σ_i-Operationen von A_i für i=1,....,n sowie $\emptyset$ und TAB zusammengesetzt.

__Interpretation__: Die Semantikalgebra A_0 bewahrt die Basismengen der Parameter $s \in S_0$, $s \neq t_0$. Die Basismenge der designierten Sorte t_0 dagegen ist eine Teilmenge aller Tabellen mit Zeilen $(a_1,......,a_n)$, wobei die Einträge a_i aus den t_i-Bereichen der A_i stammen.

<u>Beweis</u> des Satzes: Für $s \in S_0 \cap S_i$ gilt nach 4.10, 4.8, 4.4+6 und 4.1

$$(A_0)_s = F_{DAT}(F_{OP}(F_{TAB}(A_1,\ldots,A_n)))_s = F_{OP}(F_{TAB}(A_1,\ldots,A_n))_s = F_{TAB}(A_1,\ldots,A_n)_s = (A_i)_s$$

2. Für $t_0 \in S_0$ ergeben sich analoge Schritte mit Inklusion im zweiten und im letzten

$$((A_1)_{t_1} \times \ldots \ldots \times (A_n)_{t_n})^*.$$

3. folgt unmittelbar aus der Definition von F_{DAT} in 4.8 und 4. aus 4.4 sowie 4.6.

4.12 COROLLAR (KORREKTHEIT DES SPEZIFIKATIONSSCHEMAS FÜR <u>FS</u>)

Das elementare Spezifikationsschema für ein Flight-Schedule <u>FS</u> in Abschnitt 2 ist korrekt hinsichtlich des mathematischen Modells aus 2.2. Genauer ist die Semantik von <u>FS</u> hinsichtlich der initialen Algebren zu den Spezifikationen $SPEC_1$, $SPEC_2$ und $SPEC_3$, die in 2.3 bis 2.5 gegeben sind, isomorph zu dem mathematischen Modell in 2.2.

<u>Beweis</u>: Nach Beispiel 4.3 und 4.7 bleibt zu zeigen, daß A_{FS} aus 2.2 übereinstimmt mit $F_{DAT}(F_{OP}(F_{TAB}(A_1,A_2,A_3)))_{FS}$. A_{FS} ist aber abgeschlossen unter Σ_0-Operationen mit Parametern in $A_{F\#}$, A_{DEST} und A_{ST-T}, und jede Tabelle in A_{FS} kann erzeugt werden durch CREATE-FS_F und mehrfachen ADD_F. Also folgt die gewünschte Gleichheit aus Satz 4.9.

LITERATURANGABEN

/BG 77/   Burstall, R.M., Goguen, J.A.: Putting Theories Together to Make Specifications, Proc. Int. Jt. Conf. on Artificial Intelligence, Boston, August 1977

/Cod 70/   Codd, E.F.: A Relational Model of Data for Large Shared Data Banks, COMM. ACM 13,6 (1970)

/DDH 72/   Dahl, O.-J., Dijkstra, E.W., Hoare, C.A.R.: Structured Programming , Academic Press, 1972

/EKP 78/   Ehrig, H., Kreowski, H.-J., Padawitz, P.: Stepwise Specification and Implementation of Abstract Data Types, Proc. 5th ICALP, Udine 1978 Springer Lecture Notes in Computer Science

/EKP 79/   ---: Algebraic Implementation of Abstract Data Types, in preparation

/EKW 78/   Ehrig, H., Kreowski, H.-J., Weber, H.: Algebraic Specification Schemes for Data Base Systems, Proc. 4th VLDB Conf, Berlin 1978, 427-440, earlier version in Technical Report HMI-B266, HMI Berlin, 1978

/GTW 76/   Goguen, J.A., Thatcher, J.W., Wagner, E.G.: An Initial Algebra Approach to the Specification, Correctness, and Implementation of Abstract Data Types, IBM Research Report RC 6487 (1976)

/Gut 76/   Guttag, J.V.: Abstract Data Types and the Development of Data Structures, supplement to Proc. Conf. on Data Abstraction, Definition, and Structure, SIGPLAN Notices 8, March, 1976

/Lis 76/   Liskov, B.H.: An Introduction to CLU, MIT, CSG Memo 136, 1976

/Mil 76/   Mills, H.D.: The New Math of Computer Programming, CACM 18,1 (1975)

/TW 78/   Thatcher, J.W., Wagner, E.G., Wright, J.B.: Data Type Specification:
               Parameterization and the Power of Specification Techniques, Proc. SIGACT
               10th Annual Symposium on Theory of Computing, San Diego, May 1978

/Web 76/   Weber, H.: The D-Graph Model of Large Shared Data Bases: A Represen-
               tation of Integrity Constraints and Views on Abstract Data Types, IBM
               Research Report RJ 1875 (27024) 1976

/Web 78/   --: A Software Engineering View of Data Base Systems; Proceedings 4th
               VLDB Conf., 1978

/Zil 74/   Zilles, S.N.: Algebraic Specification of Data Types, Proj. MAC Report
               11, MIT, Cambridge, Mass (1974) 25-28

MODELLING A SOLUTION FOR A CONTROL PROBLEM IN
DISTRIBUTED SYSTEMS BY RESTRICTIONS [(x)]

Andrea Maggiolo-Schettini

Unità di Ricerca del C.N.R.-G.N.I.M.
Istituto di Scienze dell'Informazione
Università di Pisa
56100 Pisa/Italien

Horst Wedde

Gesellschaft für Mathematik und
Datenverarbeitung mbH   Bonn
Postfach 1240
D-5205   St.Augustin 1

Józef Winkowski

Instytut Podstaw Informatyki PAN
P.O.Box   22
00-901 Warszawa/Polen

Restriktionen spielen eine wichtige und selbständige Rolle bei der
Spezifikation konkurrenter Abläufe in verteilten Systemen. Erwähnt
seien etwa PATIL's constraint modules /5/, facts in place/transition
nets /2/, aber auch Programmierkonzepte wie path expressions /3/ oder
distributed processes /1/. Die Semantik solcher Restriktionen wird
dabei allerdings, etwa zum Zwecke von Korrektheitsbeweisen, immer
durch die übrigen Spezifikationselemente des jeweiligen formalen Ansatzes gegeben: Die Funktion von PATIL's constraint modules wird durch
P-Netzstrukturen beschrieben, den facts entsprechen gewisse tote Teilnetze, die Semantik von path expressions wird durch PETRI-Netze gegeben. Der Sinn von Restriktionselementen ist dabei, eine stenografische
und leicht faßliche Beschreibung organisatorischer Zusammenhänge zu
liefern, die andererseits in der programmtechnischen Umschreibung oft
sehr komplizierte Teilstrukturen sind, die dann zum Korrektheitsbeweis
kaum noch einen Beitrag leisten.

[(x)]   Kurzfassung eines papers, das in den Proceedings der Konferenz
"Semantics of Concurrent Processes" (2.-4. Juli 1979 in Evian/
France) in den Springer Lecture Notes erscheint.

In dem hier angesprochenen paper wird ein neuer Restriktionsformalismus für Prozesse in verteilten Systemen eingeführt, deren formale Bilder Kopplungssysteme heißen (Loosely Coupled Systems). Seine syntaktische Grundlage ist allein der wechselseitige Ausschluß von Zuständen. Seine Semantik jedoch wird, im Gegensatz zu obigen Ansätzen, direkt mit Hilfe dieser elementaren Restriktionen erklärt: Im wesentlichen beschreibt die Ereignisstruktur in Kopplungssystemen den Verhaltensspielraum, den die Teilsysteme gegeneinander haben unter Berücksichtigung der gegebenen Restriktionen. Selbst die Nebenläufigkeit von Ereignissen (concurrency) ist so eine elementare und lokal definierbare Eigenschaft, deren Bedeutung kanonisch mit kausaler Unabhängigkeit zusammenfällt.

Das paper ist eine Konzeptstudie. Nach einer kurzen formalen Einführung in die Begriffe der Kopplungssysteme - Näheres in /4/, /6/, /7/ - werden zwei Klassen zusammengesetzter Restriktionen vorgestellt, die sog. elementary constraints und die conditional elementary constraints, durch die die Funktionsweise einer großen Anzahl von Synchronisationsmechanismen dargestellt wird (vgl. /4/). Sie sind eine Art abstrakter Synchronisationsmoduln, die alle Ereignisse zulassen, die nicht gegen die von ihnen dargestellte Restriktion verstoßen.
Weiter wird eine Schlupfphasentechnik eingeführt, mit deren Hilfe man kontrolliert den Verhaltensspielraum der Synchronisationsmoduln verändern kann.
Um die speziellen Darstellungseigenschaften unseres Formalismus zu demonstrieren, formulieren wir ein asymmetrisches Interaktionsproblem für im wesentlichen unabhängige Prozesse in verschiedenen Systembereichen. Unberührt sind Fragen der Implementation. Die definierenden sechs Lösungsbedingungen sind teilweise Restriktionen. Sie sind jede für sich leicht zu verstehen - u.a. wird eine Art Fairness gefordert - aber der direkte Einfluß auf die Prozeßabläufe ist sehr schwierig zu finden.
Wir beginnen mit einer "Teillösung" und verfeinern diese schrittweise zu einer Lösung allein unter Benutzung der oben erwähnten Konstruktionsmittel, ohne daß eigentlich ein Konstruktionsschritt revidiert wird.
Danach wird die Korrektheit der Lösung auch wieder allein auf der Basis der verwendeten Restriktionen gezeigt. Die dazu benötigten Strukturen, sog. (auf ein Teilsystem) eingeschränkten case-Graphen, werden definiert, danach ein Algorithmus, der ein Teilsystem der Lösung beträchtlich reduziert, aber den entsprechenden eingeschränkten

case-Graphen <u>invariant</u> läßt (bis auf einen Isomorphismus). Im Hinblick
auf die Information bzgl. der zu zeigenden Lösungseigenschaften ist
der eingeschränkte case-Graph eine <u>minimale</u> Struktur, die für das re-
duzierte System (und daher für die Lösung) leicht zu berechnen ist.
Der Reduktionsalgorithmus ist selbst einfach und effizient. -
Diese Resultate werden am Ende des erwähnten papers diskutiert.

<u>Literatur</u> :

/1/   Brinch Hansen, P.:   Distributed Processes: A Concurrent Program-
                            ming Concept;   <u>CACM</u> Vol. 21, 11 (1978)

/2/   Genrich, H.J. und Lautenbach, K.:
                            Facts in Place/Transition Nets;
                            <u>Springer Lecture Notes in Computer Science</u>
                            <u>Vol. 64 (1978)</u>

/3/   Lauer, P.E., Best, E. und Shields, M.W.:   On the Problem of
                            Achieving Adequacy of Concurrent Programs;
                            in: Formal Description of Programming Con-
                            cepts;   E.J. Neuhold (ed.);   North Holland
                            Publ. Comp. (1978)

/4/   Lautenbach, K., Wedde, H.:   Generating Control Mechanisms by
                            Restriktions;   in: <u>Springer Lecture Notes</u>
                            <u>in Computer Science</u> Vol. 45 (1976)

/5/   Patil, S.S.:   Coordination of Asynchronous Events;
                            MAC TR-72, Project MAC; MIT, Boston (1970)

/6/   Wedde, H., Winkowski, J.:   Determining Processes by Violations;
                            <u>Springer Lecture Notes in Computer Science</u>

/7/   Wedde, H.:   Fundamentals of a Theory of Infringements;
                            in: Progress in Cybernetics and Systems
                            Research; Hemisphere Publ. Corp., Washington
                            D.C. (in press)

Formale Beschreibungsmittel für offene Kommunikationssysteme im Rahmen von Normungsvorhaben

G. Schwichtenberg
Rechenzentrum der Universität Dortmund
Postfach 500500
4600 Dortmund 50

"Offene Kommunikationssysteme" ist ein Vorhaben des Deutschen Instituts
zur Normung e. V. (DIN) zur Definition offener Kommunikationssysteme
(DIN NI AA 16) im Zusammenhang mit dem entsprechenden Normungsvorhaben
der International Standardization Organisation (ISO/TC97/SC 16: Open
Systems Interconnection). Offene Kommunikationssysteme der Informations-
verarbeitung sollen der freizügigen Kommunikation zwischen Endeinrich-
tungen auch unterschiedlicher Hersteller dienen. Aufgabe des AA 16 (Ar-
beitsausschuß) und seiner Unterausschüsse ist es, festzustellen, welche
Arten von Kommunikation ermöglicht werden sollen und, ausgehend von einem Architekturmodell für offene Kommunikationssysteme, zu entscheiden,
welcher Grad an Vereinheitlichung hierfür erforderlich ist. Der AA 16
soll danach jene Bereiche abgrenzen, in denen Vereinheitlichung erreichbar scheint, und diese durch Erarbeitung der dazu erforderlichen Normen
herbeiführen.

Um die Regeln der Kommunikation zwischen beliebigen Datenverarbeitungs-
anlagen übersichtlich entwerfen und spezifizieren zu können (bei Zuwei-
sung von Teilaufgaben an kleinere Arbeitsgruppen), hat ISO ein Architekturmodell (OSA) konzipiert, welches eine Protokollschichtung in insgesamt sieben Ebenen (siehe Abb. 1) vorsieht. Dieses Modell steht noch
zur Diskussion. Es soll bis Ende 1979 vorläufig festgeschrieben werden.
Innerhalb jeder Schicht (siehe Abb. 2) kommunizieren sog. "Entities"
gemäß den Protokollregeln zur gemeinsamen Erfüllung sog. (schichtgebun-
denen) "Functions". Diese Entities bieten gemeinsam "Services" für die
darüberliegende Schicht. Die "Entities" zweier benachbarter Schichten
verständigen sich über sog. "Interfaces" an sog. "Access Points". Soweit
ist eine Kurzbeschreibung erforderlich als Hintergrund für den im folgenden dargestellten Bedarf an formalen Beschreibungsmitteln. Bezüglich
weiterer Einzelheiten muß ich auf die Literatur verweisen.

Um eine zweifelsfreie Entwicklung und Dokumentation der entsprechenden
Normen zu gewährleisten, hat der AA 16 (durch seine Unterausschüsse)
eine ad hoc-Gruppe gebildet, die für diesen Zweck geeignete formale Mit-

tel festlegen soll. Diese Gruppe hat ihre Aufgaben wie folgt beschrieben:

Zu definieren ist ein Beschreibungsmittel für in Schichten gegliederte DV-Systeme unter Berücksichtigung der statischen Struktur mit räumlich verteilten und zeitlich parallel arbeitenden Instanzen, und der dynamischen Beziehungen zwischen diesen Instanzen.

Das Beschreibungsmittel sollte:

1) Abstraktionen und Verfeinerungen sowie modularisierte Konzepte unterstützen;
2) auf einen begrenzten Satz von wohl definierten und allgemein akzeptierten Grundbegriff aufbauen;
3) geeignet sein zur Überprüfung der Korrektheit, d. h. u. a. geeignet sein zur Erkennung von Widersprüchen, Inkonsistenzen und Redundanzen;
4) anschaulich sein, d. h. leicht erlernbar,durch graphische Darstellungen ergänzt, übersichtlich und selbstdokumentierend;
5) eine Implementierung möglichst weitgehend erleichtern, ohne sie unnötig einzuengen.

Die Reihenfolge der aufgeführten Ziele beinhaltet keine Priorität; einige Ziele stehen zum Teil im Konflikt zueinander.

Dieser Arbeitsgruppe gehören zur Zeit Mitarbeiter aus folgenden Institutionen an: Deutsche Bank (Frankfurt), Gesellschaft für Mathematik und Datenverarbeitung (Darmstadt), Hahn-Meitner-Institut für Plasmaphysik (Berlin), Kernforschungszentrum Karlsruhe, Philips Data Systems (Eiserfeld) Siemens AG (München), Technische Universität Berlin, Universität Dortmund.

Die folgenden Ausführungen fußen wesentlich auf den Ergebnissen bzw. auf dem augenblicklichen Stand der Meinung dieser Gruppe.

Im einzelnen hat die Arbeitsgruppe mehrere Aktivitäten eingeleitet:

Nach einer näheren Differenzierung des Objektbereichs wurden verschiedene formale Methoden im Hinblick auf ihre Einsatzbereitschaft untersucht und anhand eines kleinen Protokoll-Beispiels demonstriert.

Zur näheren Differenzierung des Objektbereichs:

1. Architekturmodell,
2. Services and facilities,
3. Interfaces,

4. Protocols,
5. Functions.

Die Beschreibung des Architekturmodells wird in diesem Jahr abgeschlossen; eine weitere Formalisierung ist zwar sinnvoll, aber nicht mehr so dringlich. Zur Formalisierung der "Services" bzw. "Functions" fehlen bisher vernünftige Ansätze. Da "Interfaces" nicht standardisiert werden sollen, hat sich die AG auf die formale Beschreibung der "Protocols" konzentriert, von der im folgenden nur noch die Rede sein wird.

Allgemeine Sammlung existierender Methoden (mit Hilfe einführender Referate und Literaturstudium):
Entscheidungstabellen, Datenfluß- und Programmablaufpläne, Nassi-Schneidermann-Diagramme, Metasprachliche Methoden (VDL, Prod.-Grammatiken, Attribut-Grammatiken), Petri-Netze, UCLA-Graphen, Auswertungsnetze, HIPO-Diagramme, Jackson-Diagramme, SIMULA, Prozess-orientierte Programmiersprachen (PEARL, Concurrent PASCAL), sonst. programmiersprachl. Methoden, Warteschlangenmodelle, Spezifikationssprachen, softwaretechnologische Methoden, Path Expressions.

Beurteilung dieser Methoden anhand bestimmter Kriterien:
Allgemein wird eine Aussage darüber angestrebt, welche Methoden für die Protokoll-Beschreibung besonders geeignet sind. Dabei wird besonderes Gewicht auf solche Methoden gelegt, die bei der Konzipierung im Rahmen einer großen Gruppe von Sachverständigen hilfreich sind, die also auch für Teillösungen und zur Darstellung von Diskussionsunterlagen geeignet sind. Diese Beurteilung gründet auf einem Überblick über existierende Methoden und einem Beurteilungsschema. Dies soll auch zu der Analyse beitragen, welche Methoden miteinander konkurrieren und für welche Einsatzformen keine geeignete Methoden zur Verfügung stehen. Die Ergebnisse dieser Beurteilung sollen auf besondere Mängel bestehender Methoden und Richtungen für zukünftige Entwicklungen hinweisen.

Im einzelnen werden folgende Kriterien herangezogen:
Dimension 1 (Qualitätsmerkmale)

1) Unterstützung der schrittweisen Verfeinerung,
2) Anwendbarkeit auf allen Detaillierungsstufen,
3) Anschaulichkeit, Darstellbarkeit, Übersichtlichkeit,
4) Erlernbarkeit,
5) Selbstdokumentation, Vollständigkeit,
6) Unterstützung der Implementierung.

Dimension II (Sprachform)

1) Natürliche Sprache,
2) Formale Sprache,
3) Graphische Sprache.

Dimension III (Realisierungsphasen)

1) Konzipierung,
2) Spezifikation,
3) Verifikation,
4) Implementation,
5) Test,
6) Leistungsanalyse und Optimierung.

Dimension IV (Beschreibungsperspektive)

1) Datencodierung,
2) Datenstruktur,
3) Datenfluß,
4) Funktionalität,
5) Kontrollfluß,
6) Entscheidungsstruktur,
7) Zustandsanalyse,
8) Systemzerlegung,
9) Synchronisierung.

Um die Anforderungen an formale Beschreibungsmittel näher zu kennzeichnen, soll die Kommunikationsspezifikation abgegrenzt werden zur Software-
Spezifikation (mit Hilfe softwaretechnologischer Methoden):

- Die Spezifikation beschränkt sich auf Aussagen über die zu erbringen-
  den Dienste und Funktionen, ohne Aussagen darüber machen zu wollen,
  in welcher Weise sie erbracht werden (können).

- In dem Gesamtsystem gibt es keine vollständige Kontrolle über alle
  Teile, geschweige denn einen (globalen) Gesamt-Zustand. Die Systeme
  müssen funktionsfähig bleiben, auch wenn einige Partner sich nicht
  korrekt verhalten.

- Die Systeme sind zeitkritisch (im weiteren Sinne) insofern, als die
  Befristung bestimmter Rekationen (zu früh oder spät) zu Störungen im
  Ablauf führen können, andererseits aber eine generelle Taktung nicht
  möglich ist.

- Für Übergangszeiträume müssen sowohl im Entwurf als auch in der Realisierung partielle Lösungen vorgesehen werden können.

- Die Systeme arbeiten nicht, wie in vielen Fragestellungen der Automa-
  tentheorie untersucht, auf einen festen Endzustand hin, sondern prinzipiell "endlos".

- Zur Synchronisierung und zum Datenaustausch muß auf das Darstellungs-
  und Implementierungshilfsmittel der "shared variables" verzichtet
  werden.

Es soll noch auf einige spezifische Probleme der Protokoll-Beschreibung
eingegangen werden:

- Eine besondere Problematik der Arbeit liegt darin, daß die Entwicklung
  formaler Mittel bei der Protokoll-Beschreibung noch in Fluß ist, daß
  ein einziges Beschreibungsmittel oder ein streng aufeinander abgestimmtes Instrumentarium verschiedener Mittel nicht existieren und
  daß die Entwicklung eigener Verfahren nicht im Aufgabenkreis der Gruppe
  liegt.

- Zur Protokoll-Spezifikation sind zwei Zugangswege denkbar:

  a) Spezifikation der zeitlichen und inhaltlichen Beziehungen zwischen
     den im System ausgetauschten Informationen.

  b) Spezifikation der an der Kommunikation beteiligten Protokoll-Maschi-
     nen.

  Ein Zugang gemäß a) hat den _Vorteil_, die grundsätzlichere Beschreibung
  zu liefern und damit für die Implementierung mehr Spielräume zu schaffen
  sowie eine umfassende Analyse des Protokolls zu ermöglichen (bezüglich
  Fehlerfreiheit, Vollständigkeit).

  Ein Zugang gemäß b) hat den _Vorteil_, bei einer späteren Implementation
  eines Protokolls bereits gute Vorlagen zu liefern, da letztlich ja doch
  immer eine Protokoll-Maschine realisiert wird. Außerdem erlaubt eine
  Beschreibung auf dieser Basis besser eine Simulation und somit eine
  Leistungsanalyse.
  Es kann sein, daß beide Wege beschritten werden müssen, weil diese sich
  notwendig ergänzen.

- Eine weitere offene Frage ist, ob die Beschreibungsmittel einheitlich
  für alle Schichten verwendbar sein können.

Jedenfalls muß man annehmen, daß für die unterste Schicht ("physical layer") andere Methoden eingesetzt werden als für die darüberliegenden Schichten.

- Jeder Lösungsvorschlag kann nur auf partnerschaftlichen (symmetrischen) Beziehungen zwischen den "Entities" aufbauen. Damit kann auf bestimmte Mechanismen zur Auflösung gegenseitiger Blockaden (z. B. durch Master-Slave-Rollen) im allgemeinen nicht zurückgegriffen werden.

Generell ist der Schwerpunkt auf Konzipierungs- und Spezifikationshilfsmitteln, die brauchbare Grundlagen für Analysen (Deadlocks, Leistungsfähigkeit, Konsistenz), Implementierung und Verifikation darstellen.

Zur Verdeutlichung und vergleichenden Diskussion der Arbeitsweise verschiedener formaler Beschreibungsmittel ist als Mini-Beispiel ein Kommunikationsprotokoll für ein Handshaking-Verfahren zu beschreiben für folgende Situation: Verbunden seien zwei Partner L (Links) und R (Rechts) durch drei parallele Leitungen C1 (Kontrolle 1), C2 (Kontrolle 2) und D (Daten).

Der Grundzustand ist gekennzeichnet durch:

$$C1 = 0, \qquad C2 = 0, \qquad D \text{ undefiniert}$$

Betrachtet werde zunächst der Normalfall einer Datenübertragung von L nach R:

1. L setzt C1 = 1   (Übertragungswunsch anzeigen),
2. R setzt C2 = 1   (Empfangsbereitschaft anzeigen),
3. L setzt D auf Datum,
4. L setzt C1 = 0   (Datenbereitschaft anzeigen),
5. R liest Datum von D,
6. R setzt C2 = 0   (Übertragungsende anzeigen).

Eine Übertragung von R nach L läuft analog: Man ersetze in obiger Beschreibung L durch R bzw. R durch L sowie C1 durch C2 bzw. C2 durch C1.

Zu beachten sind folgende Problemfälle (die anhand obiger L-R-Übertragung) beschrieben werden:

1) L und R zeigen gleichzeitig einen Übertragungswunsch an (Kollision: C1 und C2 innerhalb einer unteren Zeitgrenze t auf 1);

2) Einer der Partner antwortet nicht innerhalb einer oberen Zeitgrenze T
   (auf C1 = 1 folgt nicht C2 = 1, auf C2 = 1 folgt nicht C1 = 0, auf C1
   = 0 folgt nicht C2 = 0);

3) C2 zeigt Übertragungsende an, bevor Daten gesetzt sind (C2 = 0 folgt
   auf C2 = 1 ohne Statuswechsel auf C1);

4) L zeigt Datenbereitschaft an, bevor Empfangsbereitschaft vorliegt
   (C1 = 0 folgt auf C1 = 1 ohne Statuswechsel von C2).

Eine saubere Behandlung der Problemfälle ist mit den bisherigen Mitteln
nicht möglich. Dazu werden zwei weitere Interrupt-Leitungen I1 und I2
eingeführt mit folgenden Handhabungsrichtlinien:

a) Im Normalfall sind I1 und I2 = 0;

b) Erkennt einer der beiden Partner (L bzw. R) einen Verstoß gegen das
   Protokoll, zeigt er diesen an durch I1 bzw. I2 = 1;

c) Der andere Partner beantwortet diesen Interrupt durch Setzen der I2-
   bzw. I1-Leitung auf 1;

d) Sind beide Interrupt-Leitungen auf 1 gesetzt, nehmen beide Partner
   alle Leitungen (bis auf D) zurück auf 0 (soweit ungleich 0), zuletzt
   die Interrupt-Leitungen;

e) Erst wenn beide I-Leitungen auf 0 stehen, kann ein neuer Übertragungswunsch angezeigt werden;

f) Antwortet ein Partner auf den Interrupt-Leitungen nicht korrekt,bricht
   die Verbindung ab.

Das Recht, nach einem Interrupt zuerst einen Übertragungswunsch anzuzeigen, kann wie folgt geregelt werden:

Alternative 1: Ein Partner gilt als Master und hat generell das Vorrecht;

Alternative 2: Die Partner melden ihren Übertragungswunsch nach einer
               festen Zeit (nachdem I1 + I2 auf 0 gesetzt wurden) an,
               wobei die beiden Zeiten unterschiedlich und fest sind;

Alternative 3: Wie Alternative 2, jedoch nach von Fall zu Fall auf bei-
               den Seiten frei zu wählenden Wartezeiten.

Nur Alternative 3 ist symmetrisch und erfordert keine vorherige Absprache.

Das bisher beschriebene Modell richtet sich primär auf Hardware-Eigen-
schaften eines Kommunikationskanals aus. Im Schichtenmodell werden jedoch Protokolle auf einer logischen Ebene benötigt. Zu diesem Zweck wird
folgende Abstraktion vorgenommen:

An die Stelle der Statuswechsel treten folgende Nachrichten:

C1 von 0 auf 1:   SR = Send Request,

C2 von 0 auf 1:   RR = Receive Ready,

C1 von 1 auf 0:   D = Data,

C2 von 1 auf 0:   AC = Acknowledge.

Damit entfällt die Erkennungsproblematik einer Kollision zweier Übertra-
gungswünsche innerhalb einer unteren Zeitgrenze t. An Stelle dessen tritt
der Konflikt, daß ein SR beantwortet wird durch ein SR der Gegenseite.
Das Verletzen der oberen Zeitgrenze (= Nicht-Antwort) bleibt jedoch als
Fehlerfall bestehen.

Anstelle der Interrupt-Übergänge treten die Nachrichten:

I1 von 0 auf 1:   IR = Interrupt-Request,

I1 von 1 auf 0:   - keine Entsprechung -.

Offen soll die Frage bleiben, wer nach einem Interrupt einen SR absetzen
darf.Diese Undefiniertheit soll anhand der Beschreibung erkennbar werden
(Testkriterium für die formale Beschreibungsmethode).

Es muß betont werden, daß die tatsächlich in Frage kommenden Protokolle
natürlich weit komplexer sind (als realistisches Beispiel schaue man sich
die HDLC-Normen an). Das Beispiel soll der Verdeutlichung der benötigten
Beschreibungsmittel und ihrer vergleichenden Diskussion dienen. Einige
Methoden sollen nun erläutert werden mit Diskussion ihrer Vor- und Nachteile.

- Beschreibungsmittel für die Struktur einer Protokollmaschine (PM)

  In Abb. 3 und 4 sind einige zur Zeit eingesetzte Darstellungen aufge-
  führt. Von diesen ist die HDLC-PM die abstrakteste; die Schindler-PM
  (2) nimmt bereits auf Implementierungsaspekte Rücksicht; die Wolfinger-

PM (3) ist auf eine Simulation der Protokoll-Schichten mit Hilfe von
von Warteschlangenmodellen ausgerichtet; während die Keeton-Williams-
PM (4) die Schnittstellen nach außen betont. Es ist soviel Gemeinsam-
keit zu erkennen, daß hier mit einer baldigen Einigung gerechnet werden kann.

- Formale Beschreibungsmittel für die Zustandswechsel

In Abb. 5 bis 8 werden einige zur Zeit eingesetzte Diagramme (anhand
des Mini-Beispiels) vorgestellt. Die Wolfinger-Diagramme (3) numerieren
die Zustände, Bedingungen (griechische Buchstaben) und Aktionen und
erfordern zusätzliche Tabellen zu ihrer Erläuterung. Die Petri-Netze
erlauben einen guten Überblick über den Synchronisierungsaspekt, während sie bezüglich der angestoßenen Aktivitäten und der Timeout-Aspekte
nicht ausreichen. Die deutschen HDLC-Diagramme versuchen, in die graphische Darstellung explizite Bedingungen und Aktionen aufzunehmen (zu
Lasten der Übersichtlichkeit), während die kanadischen HDLC-Diagramme
eine genauere Beschreibung besonderen Tabellen überlassen (die jedoch
leicht mit Hilfe von formalen Sprachen genau spezifiziert werden können). Aus den deutschen HDLC-Diagrammen sind Techniken erkennbar, die
eine Zerlegung von größeren Netzen in Teilnetze erlauben.

Zur Zeit werden weitere Darstellungen untersucht mit Hilfe von Aus-
wertungsnetzen, FAP-Diagrammen (IBM) u. a. m.

- Formale Beschreibungsmittel für Datenstrukturen und Funktionen:

Hier steckt die gemeinsame Arbeit noch in den Anfängen.

Zusammenfassung

In diesem Referat konnte nicht über die Erforschung oder über Ergebnisse
in der Anwendung formaler Beschreibungsmittel berichtet werden, sondern
im wesentlichen nur die besonderen Anforderungen an formale Beschreibungsmittel und die bisherigen Bemühungen, diesen Anforderungen Rechnung zu
tragen, dargelegt werden. Darüberhinaus konnte nicht die gesamte Thematik
erschöpft werden. Sie haben aber wahrscheinlich erkannt, daß hier noch
eine große Lücke vorliegt, zu deren Füllung ich jedermann zu Hilfe rufen
möchte. Was benötigt wird, ist

ein Instrumentarium zur Beschreibung von Systemen (nicht spezialisiert
auf Hardware- oder Software-Aspekte) mit hochgradiger Parallelität,

das auch in der Entwicklungsphase eingesetzt werden kann (also auch
bei unvollständigem Wissensstand benutzbar ist),

das anschauliche (zur Diskutierbarkeit) und präzise (zur eindeutigen
Wissensvermittlung) Mittel miteinander verbindet.

Literatur

1) ISO/TC 97/SC16/N117:
   Open Systems Interconnection
   International Standardization Organisation,
   November 1978

2) S. Schindler, M. Steinacker:
   A Formal Specification of an X.25 Protocol Machine;
   Trends and Applications 1979: Avuances in Systems Technology,
   Mai 1979

3) B. Wolfinger, O. Drobnik:
   Simulation of Protocol Layers of Communication in Computer Networks;
   Computer Networks and Simulation, North Holland Publ. Comp., 1978

4) I.Keeton-Williams:
   A Definition of TCP2, Using the Gypsy Language;
   ARPA Protocol Verification Workshop, 1979

5) C. Sunshine:
   On the Meaning of Protocol Specification and Verification;
   ARPA Protocol Verification Workshop, 1979

6) I. Postel:
   Issues in Protocol Verification;
   ARPA Protocol Verification Workshop, 1979

ABB. 1

Sieben Schichten des Referenz-Modells

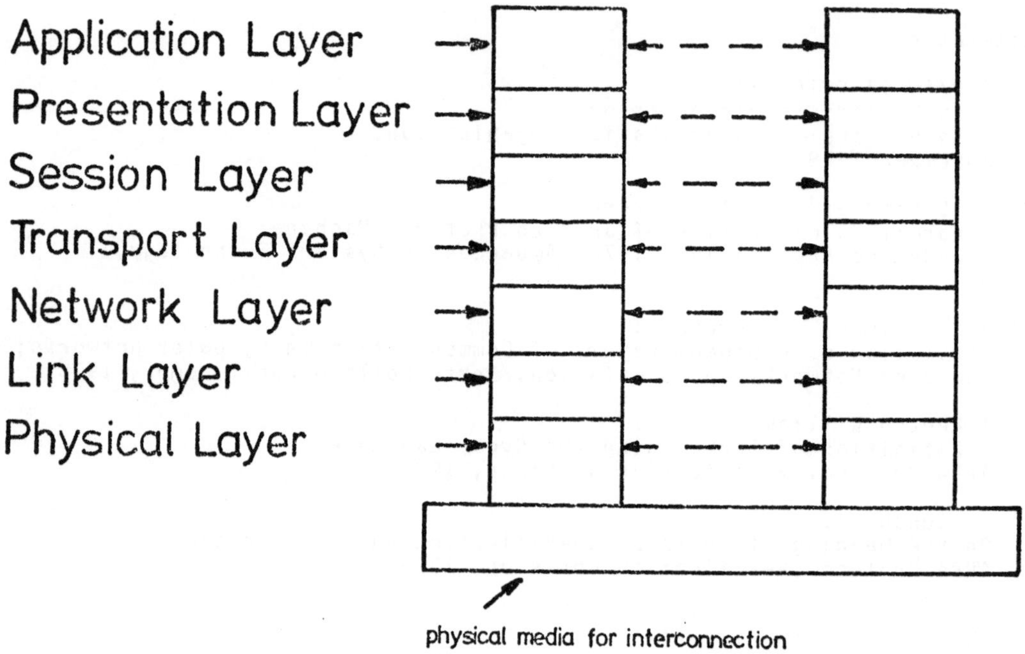

ABB. 2

Schichtenstruktur

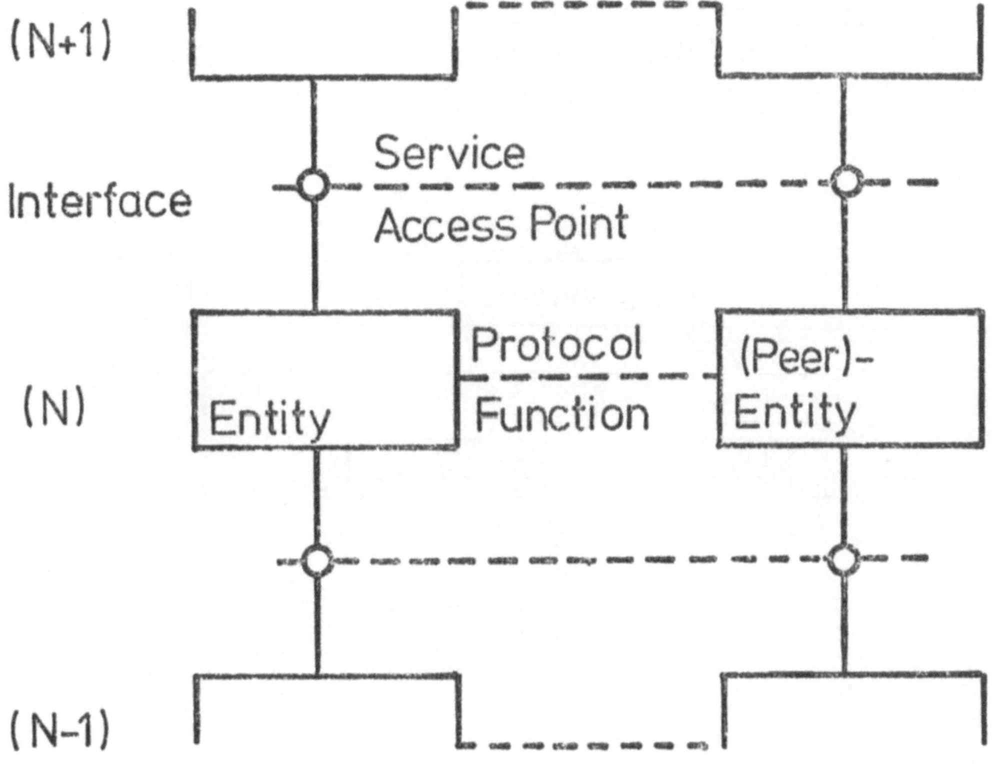

Architecture
Entity
Protocol
Service
Function

ABB, 3

Protokoll - Maschinen

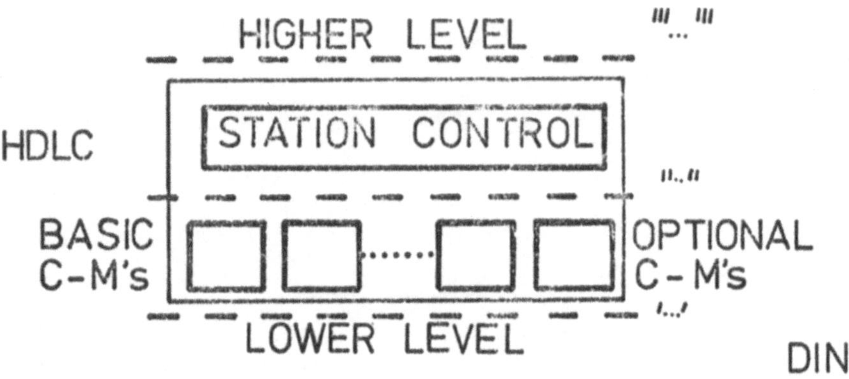

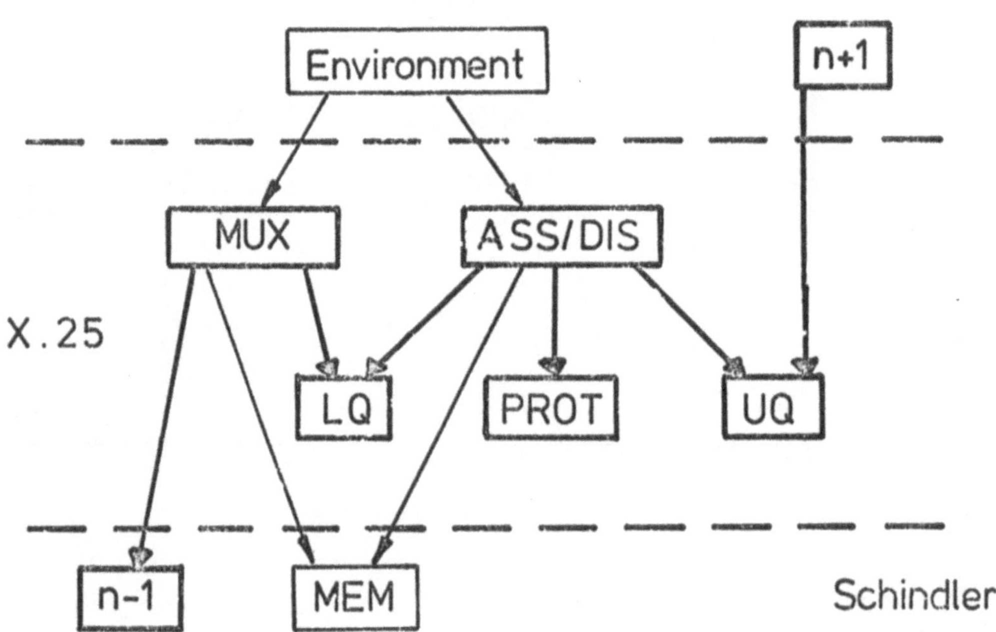

ABB. 4

Protokoll-Maschinen (Forts.)

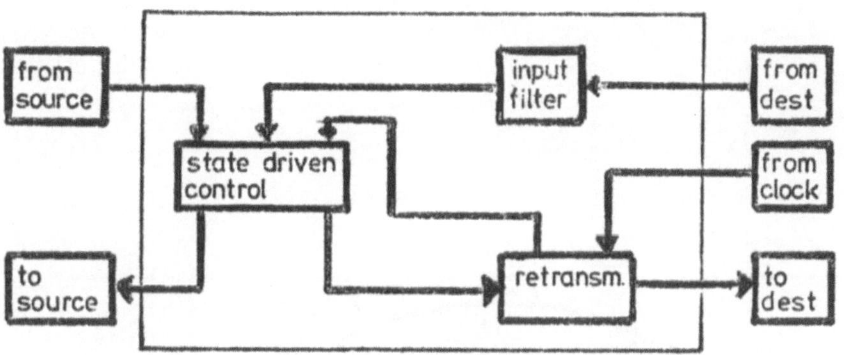

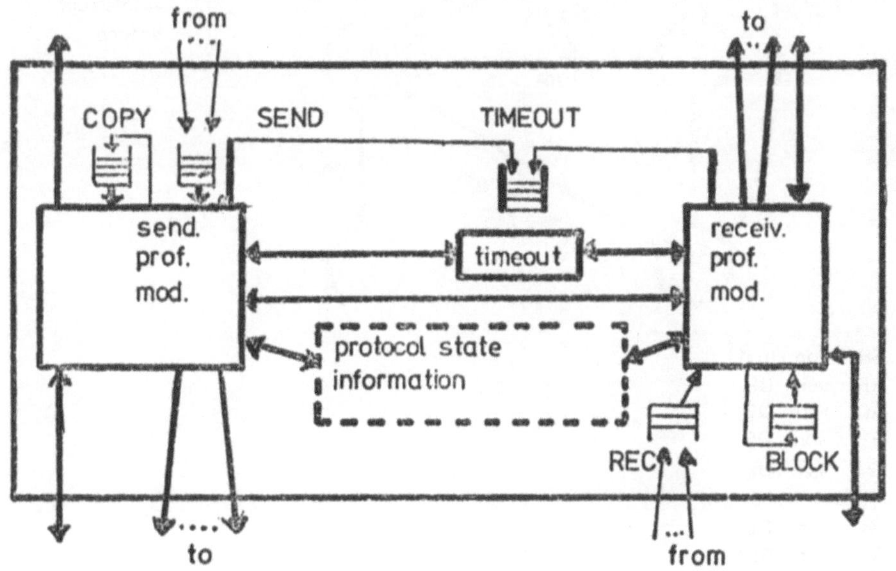

ABB. 5

Zustandsdiagramme

Einfache Zustandsdiagramme

Wolfinger

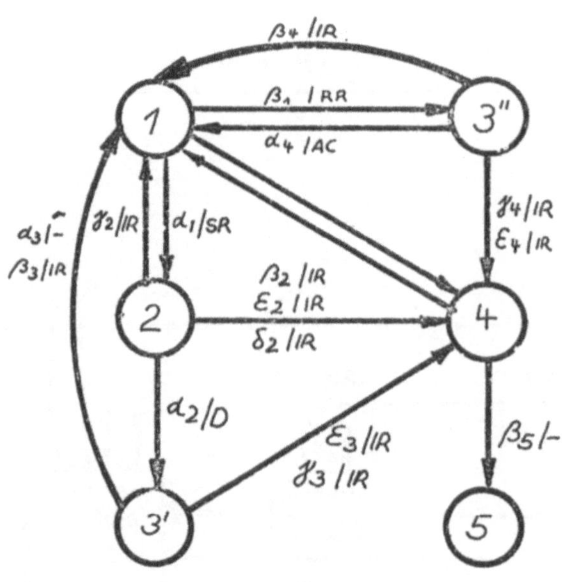

1 = Bereit
2 = Init
3' = Senden
3'' = Empfang
4 = Interrupt
5 = Stop

α_1 : SR von (n+1)
α_2 : RR von DE
α_3 : AC von DE
α_4 : D von DE
α_5 : IR von DE

β_1 : SR von DE
β_2 : SR von DE
β_3 : IR von INT
β_4 : IR von INT
β_5 : sonst

ABB. 6

Zustandsdiagramme (Forts.)

Petri-Netze

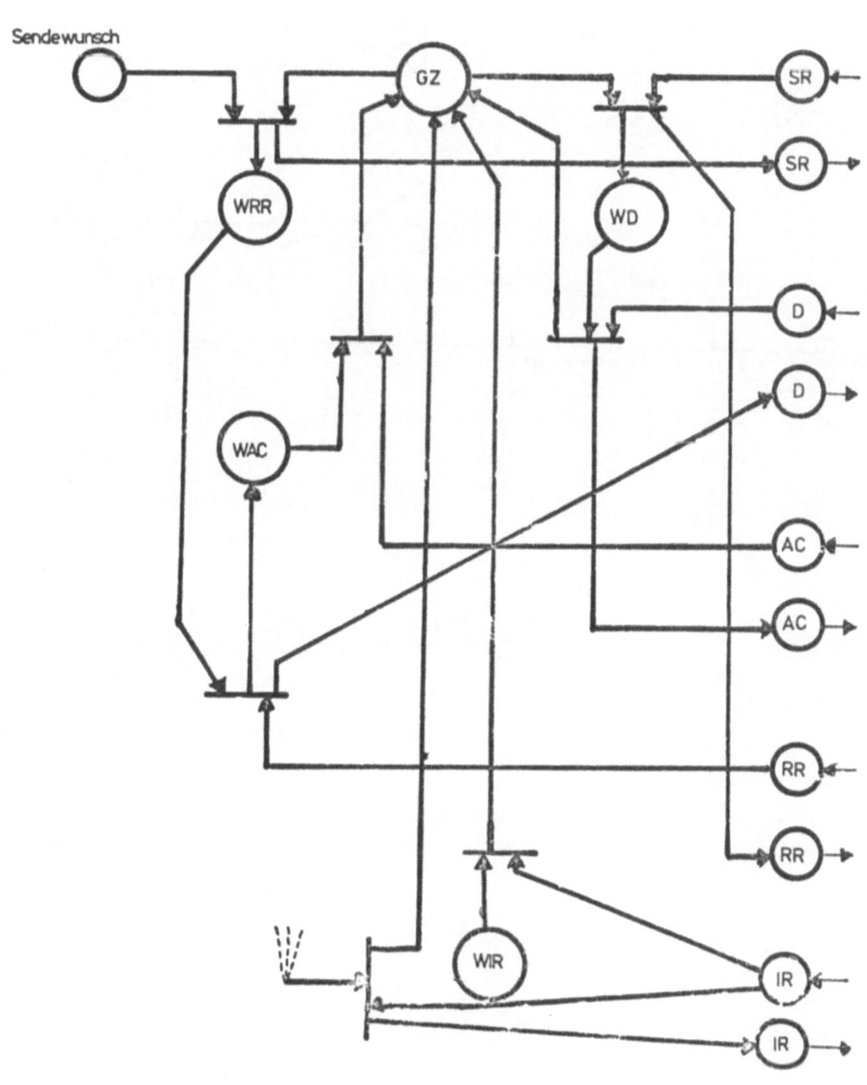

ABB. 7

Zustandsdiagramme

HDLC-Diagramme   (Germany)

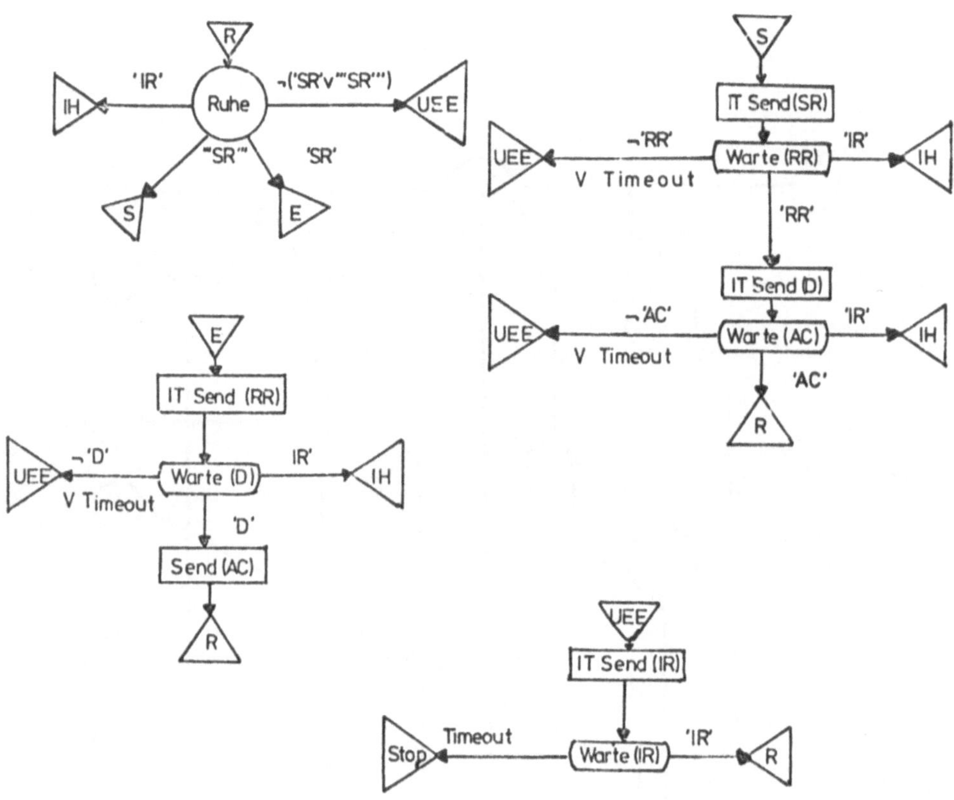

ABB. 8

Zustandsdiagramme (Forts.)

HDLC-Diagramme (Kanada)

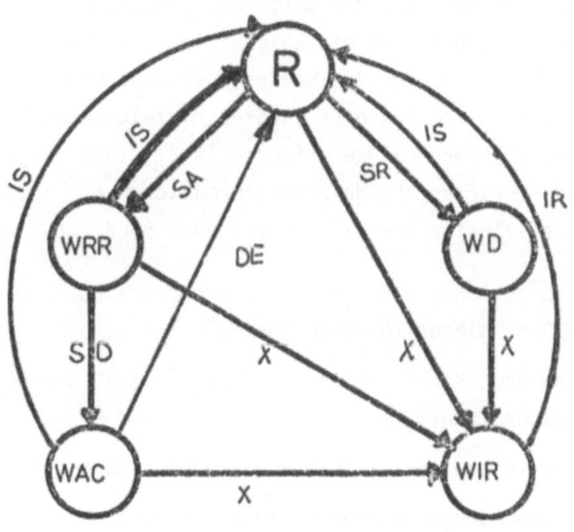

Übergang	Bedingung	Aktion	Bedeutung
X	Timeout ∨ falsches Ereignis	Setze Timer Sende (IR)	Veranlasse Synchronisation wegen Zeitverletzung oder Prof.-Fehler
SA	Sendewunsch	Setze Timer Sende (SR)	
SR	'SR'	Setze Timer Sende (RR)	Partner meldet Sendewunsch an
...	...	...	...

ZUR VERWENDUNG VON PETRINETZ-MORPHISMEN
BEI DER SYSTEMKONSTRUKTION

Wolfgang Reisig

Lehrstuhl für Informatik II
RWTH Aachen
Büchel 29-31
5100 Aachen

EINLEITUNG

Ein weitverbreiteter Einwand gegen die Verwendung von Petrinetzen für die Systemkonstruktion besteht in der schnell wachsenden Größe und Unüberschaubarkeit von Darstellungen nichttrivialer Systeme. Um diesem Mangel abzuhelfen, wurden in der Literatur verschiedene Erweiterungen der Netze vorgeschlagen. Sie bestehen in der Regel darin, daß Komponenten von Netzen mit Anschriften versehen oder neue Formen von Knoten oder Kanten eingeführt werden. Die Semantik solcher Konstruktionen wird in der Regel umgangssprachlich,mit Tabellen oder anderen Mitteln angegeben. Die Anwendung bekannter netztheoretischer Analyseverfahren (z.B. linear-algebraische Methoden wie das Berechnen von Invarianten, Netztransformationen o.ä.) ist bei Verallgemeinerungen des Netzbegriffes selbstverständlich nicht oder nicht ohne weiteres möglich.

Wir folgen den Vorschlägen von C.A. Petri und betrachten solche Konstruktionen als *Netzmorphismen*. Dies bietet folgende Vorteile:

- Die Semantik solcher Konstruktionen ist mit Mitteln der Netztheorie präzise und anschaulich beschreibbar.

- Alle netztheoretischen Analyseverfahren können angewendet werden.

- Für spezielle Anwendungen können beliebige neue Konstruktionsmittel definiert werden.

- Systeme sind auf jeder gewünschten Detaillierungsebene darstellbar.

- Der Übergang von jeder Detaillierungsebene zu jeder anderen ist in formal eindeutiger Weise möglich.

- Der Nachteil unübersichtlicher Darstellungen schlägt um in den Vorteil einer mathematisch eindeutigen Darstellung an solchen Stellen, wo dies gewünscht wird. Selbstverständlich wird es unzweckmäßg sein, alle Komponenten eines großen Systems gleichzeitig hinsichtlich möglicher Veränderungen einzelner bits betrachten zu wollen.

Wir versuchen in diesem Beitrag exemplarisch vorzuführen, wie Netzmorphismen konstruiert werden können. Der Systementwickler wird gemäß seinen speziellen Bedürfnissen in analoger Weise eigene Morphismen konstruieren.

Als Beispiel betrachten wir zunächst die Morphismen der speziellen Netztheorie. Anschließend diskutieren wir Konstruktionen wie Inhibitorkanten, Evaluationsnetze, boole'sche Stellen, Prioritätsregeln, UCLA-Graphen und self-varying nets.

1. GRUNDBEGRIFFE

1.1 Netze

Def Ein Tripel $N = \,\langle S, T, \rightarrow \rangle$ heißt __Netz__, falls S und T disjunkte Mengen sind und $\rightarrow := \xrightarrow{ST} \cup \xrightarrow{ST}$ mit $\xrightarrow{ST} \subseteq S \times T$ und $\xrightarrow{ST} \subseteq T \times S$ eine zweistellige Relation ist. Die Elemente von S, T bzw. $\underline{el}(N) := S \cup T$ heißen __Stellen__, __Transitionen__ bzw. __Elemente__ von N. $\underline{re}(N) := \rightarrow$ heißt (__definierende__) __Relation__ von N.

Für ein Element $x \in \underline{el}(N)$ heißt
$x^\bullet := \{y \mid x \rightarrow y\}$ __Nachbereich von x__ (*)   und
$^\bullet x := \{y \mid y \rightarrow x\}$ __Vorbereich von x.__

Graphisch repräsentieren wir Netze in der üblichen Weise: Stellen werden als Kreise, Transitionen als Kästchen und Paare (x,y) der definierenden Relation durch Pfeile zwischen den entsprechenden Kästchen bzw. Kreise für x und y dargestellt.

Im weiteren bezeichnen wir die definierende Relation verschiedener Netze oftmals mit demselben Symbol "$\rightarrow$". Aus dem jeweiligen Zusammenhang geht das zugrundeliegende Netz hervor.

1.2 Netzmorphismen

Def Für Netze N,M sei $f : \underline{el}(N) \rightarrow \underline{el}(M)$ eine Abbildung. f heißt __Netzmorphismus__ (Schreibweise: $f : N \rightarrow M$), falls für alle Elemente $x,y \in \underline{el}(N)$ von N gilt:

$$x \xrightarrow{ST} y \Rightarrow f(x) \xrightarrow{ST} f(y) \lor f(x) = f(y)$$
$$x \xrightarrow{TS} y \Rightarrow f(x) \xrightarrow{TS} f(y) \lor f(x) = f(y).$$

Beispiel

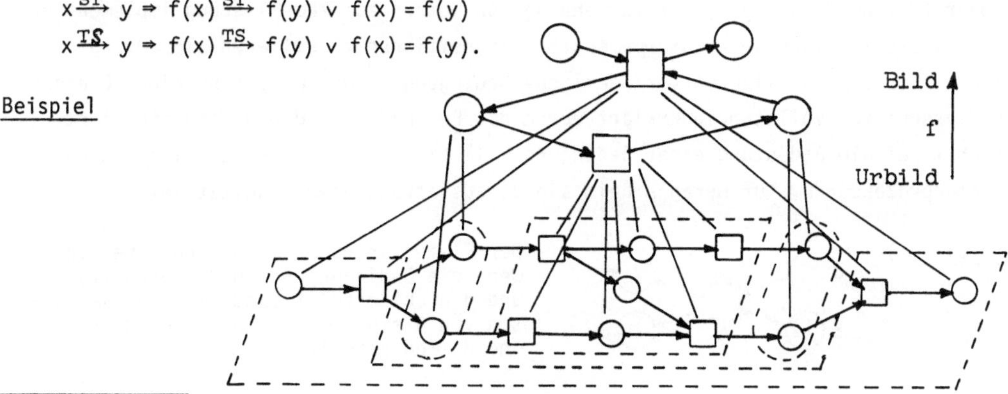

(*) Wir verwenden die Infixnotation $x \rightarrow y$ für $(x,y) \in \rightarrow$

Elemente des Urbildes, die ein gemeinsames Bild besitzen, sind jeweils durch eine gestrichelte Linie zusammengefaßt.

1.3 Spezielle Netzmorphismen

<u>Def</u> Sei $f : N \to M$ ein Netzmorphismus.

f heißt <u>Einbettung</u>, falls $\underline{el}(N) \subseteq \underline{el}(M)$ und $f = \underline{id}_N$ die identische Abbildung von N nach M ist.

f heißt <u>Faltung</u>, falls für alle Elemente $x,y \in \underline{el}(N)$ von N: $x \to y \Rightarrow f(x) \to f(y)$.

f heißt <u>Vergröberung</u>, falls f surjektiv ist und für alle Elemente $x,y \in \underline{el}(M)$ von M: $x \to y \Rightarrow (\exists\, u,v \in \underline{el}(N))\ u \to v \wedge f(u) = x \wedge f(v) = y$.

Die Zusammenfassung von Elementen mit gemeinsamem Bild durch gestrichelte Kreise bzw. Quadrate charakterisiert eine Vergröberung eindeutig.

Die Relation f^{-1} einer Vergröberung f heißt <u>Verfeinerung</u>.

1.4 Beschriftungen von Netzen

Zur Darstellung von Netzmorphismen werden wir Netze *beschriften*, indem wir Netzkomponenten (Stellen, Transitionen, Pfeile) mit Anschriften versehen. Eine genaue Definition der Syntax solcher Beschriftungen ist oftmals nicht erforderlich.

<u>Def</u> Sei Σ ein Alphabet. Ist N ein Netz, so heißt eine Abbildung

$\beta : \underline{el}(N) \cup \underline{rel}(N) \to \Sigma^*$ <u>Beschriftung von N</u>.

Eine Beschriftung wird dargestellt, indem an die entsprechenden Kreise, Kästchen oder Pfeile x das entsprechende Symbol $\beta(x)$ geschrieben wird.

2. <u>DIE MORPHISMEN DER SPEZIELLEN NETZTHEORIE</u>

2.1 Die Grundinterpretation

Die begriffliche Grundlage jeder Verwendung von Netzen zur Modellierung implementierbarer Systeme ist ihre *Grundinterpretation*: Transitionen modellieren Elementarprozessoren, Stellen modellieren veränderliche Bedingungen. Die Bedeutung eines Elementarprozessors sei vollständig erklärt durch die Bedingungen, die er transformiert. Umgekehrt sei die Bedeutung einer Bedingung vollständig erklärt durch diejenigen Elementarprozessoren, für deren Arbeit sie Voraussetzung oder Resultat ist.

<u>Beispiel</u> (1)

Der Elementarprozessor A kann arbeiten, wenn die Bedingungen a und b erfüllt, c und d nicht erfüllt sind. Nach dem Arbeiten von A sind a und b nicht erfüllt, c und d sind erfüllt.

(2) 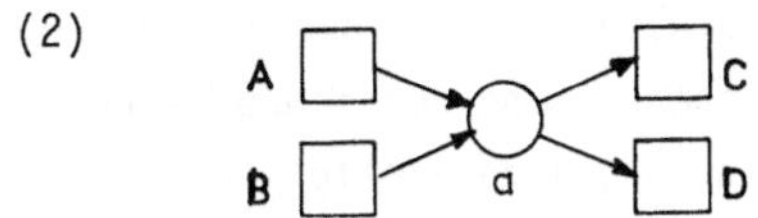

Die Bedingung a wird dadurch erfüllt, daß A oder B arbeitet. Sie wird dadurch unzutreffend, daß C oder D arbeitet.

Wir stellen wie üblich das Erfülltsein einer Bedingung durch eine <u>Marke</u> in der entsprechenden Stelle dar (⊙). Das Arbeiten eines Elementarprozessors kann dann mit Hilfe der <u>Schaltregel der Grundinterpretation</u> erklärt werden:

Eine Teilmenge $\mu \subseteq S$ der Stellenmenge S eines Netzes N heißt <u>Fall</u> oder, da wir die Elemente von μ durch Marken kennzeichnen, <u>Markierung</u> von N. Eine Transition t von N heißt <u>μ-aktiv</u>, falls ihre Vorstellen markiert und ihre Nachstellen unmarkiert sind, d.h. falls $^\bullet t \subseteq \mu$ und $t^\bullet \subseteq S \setminus \mu$. Dann bestimmt t eine <u>Folgemarkierung</u> ν definiert durch $\nu = (\mu \setminus {}^\bullet t) \cup t^\bullet$ (eine elegante, symmetrische Charakterisierung des Verhältnisses zwischen μ und ν ist: $\mu \setminus {}^\bullet t = \nu \setminus t^\bullet$). Wir sagen: <u>$\mu$ schaltet (mit t) nach ν</u> und schreiben $\mu \underset{t}{\Rightarrow} \nu$ oder $\mu \Rightarrow \nu$. Sei $\overset{*}{\Rightarrow}$ die reflexive und transitive Hülle der Relation $\Rightarrow$ auf der Menge der Markierungen von N.

Das Erfülltsein einer Bedingung hat einen Informationswert von einem bit. Das Schalten einer Transition t verändert also $|^\bullet t| + |t^\bullet|$ bits. Die Grundinterpretation liefert damit ein *feinstes, detailliertestes Werkzeug* für die Darstellung informationsverarbeitender Systeme.

Netze mit der Grundinterpretation und der oben formulierten Transitionsregel nennen wir auch <u>Bedingungs/Ereignis-Netze</u> (kurz: B/E-Netze).

2.2 <u>Kapazitätenbeschriftung</u>

Nicht immer ist die Veränderung einzelner bits oder einzelner Bedingungen von Interesse. Oftmals benötigt man von einer Menge von Bedingungen keine detaillierte Kenntnis darüber, welche einzelne davon zutrifft sondern nur darüber, wieviele davon zutreffen.

<u>Beispiel:</u> In einem Kanal K sind Daten abgelegt. Von Interesse sei ihre Anzahl, nicht jedoch ihre Verteilung auf die Speicherplätze von K.

Ein Teilnetz der Form

eines größeren Netzes heißt <u>sequentieller Kanal der Länge n</u>. Wir können es verkürzt darstellen als eine Stelle s, die wir mit der Angabe ihrer Kapazität $\varkappa(s) \in \mathbb{N}$ beschriften und lassen nun zu, daß bis zu $\varkappa(s)$ Marken auf s liegen.

Dieser Übergang ist eine Vergröberung, die $s_1, \ldots, s_n$ und $t_1, \ldots, t_{n-1}$ auf die mit (einer Darstellung von) $n \in \mathbb{N}$ beschriftete Stelle s abbildet.

Umgekehrt bezeichnet eine Beschriftung $\varkappa(s) = n$ mit $n \in \mathbb{N}$ einer Stelle s eines Netzes N eindeutig eine Verfeinerung von N, indem in der oben dargestellten Weise s durch einen sequentiellen Kanal der Länge $\varkappa(s)$ ersetzt wird.

Sei nun N ein Netz und $\varkappa$ eine Beschriftung von N, die jeder Stelle s von N eine Zahl(darstellung) $\varkappa(s) \in \mathbb{N}$ zuordnet. Diese Beschriftung bezeichnet eine Vergröberung mit dem Bild N. Ihr Urbild N' entsteht dadurch, daß jede Stelle s von N in der oben geschilderten Weise durch einen sequentiellen Kanal der Länge $\varkappa(s)$ ersetzt wird.

Von $\varkappa$ verschiedene Beschriftungen (von Transitionen und Pfeilen) von N werden identisch auf N' übertragen.

Wir erlauben Markierungen μ von N von der Form $\mu : \underline{st}(N) \to \mathbb{N}$, so daß $\mu(s) \leqslant \varkappa(s)$ für jede Stelle s von N. Zu jeder solchen Markierung μ von N sei die Markierung μ' von N' wie folgt erklärt: Ist der sequentielle Kanal $s_1 \to t_1 \to \ldots \to t_{n-1} \to s_n$ Urbild von s, so sei $\mu'(s_i) = 1 \Leftrightarrow i \leqslant \mu(s)$, $\mu'(s_i) = 0 \Leftrightarrow \mu(s) < i$. (Man hätte auch eine andere Verteilung der Marken von s auf die Speicherplätze des Kanals auszeichnen können.)

2.3 Auflösen von Schlingen

Die Definition von Netzen in 1.1 läßt Teilnetze der Form  zu, die wir Schlingen nennen. Im Rahmen der Grundinterpretation macht eine Schlinge keinen Sinn: Eine Bedingung kann nicht gleichzeitig Voraussetzung und Auswirkung der Arbeit eines Elementarprozessors sein.

Faßt man jedoch wie in 2.2 mehrere Bedingungen zu einer zusammen, so können Schlingen entstehen. Wir betrachten daher eine Schlinge wie eine Beschriftung die darauf hinweist, daß die beteiligte Stelle eine zusammengesetzte Bedingung oder die beteiligte Transition einen zusammengesetzten Prozessor modelliert. Wir können nun z.B. versuchen, eine Schlinge (mit unbeschrifteter Stelle) zu verfeinern zu

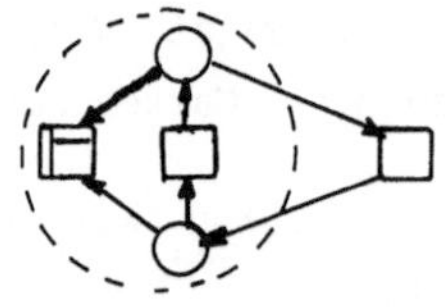

oder zu

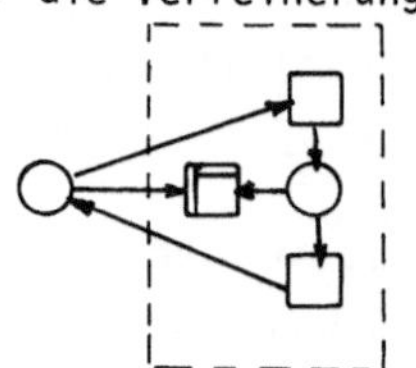

Bei diesen Verfeinerungen vergrößert sich allerdings die Kapazität des Systems, sie ist *so* nicht korrekt. Vielmehr müssen wir zusätzlich für beide Verfeinerungen bestimmen, daß die beiden Stellen niemals gleichzeitig eine Marke tragen. Dies wird durch Angabe einer zusätzlichen Transition formuliert von der verlangt wird, daß sie niemals aktiviert ist. Eine solche Transition heißt <u>fact</u> und wird als dargestellt.

Eine Schlinge werden wir also als Kurzschreibweise für die Verfeinerung

zu

oder

auffassen.

2.4 Kontaktvermeidung

Eine Situation, in der alle Vorstellen und mindestens eine Nachstelle einer Transition markiert sind, heißt *Kontaktsituation*. Aus 1.2 folgt, daß t in einer solchen

Situation nicht aktiviert ist. Man kann nun dahingehend argumentieren, daß die Schaltfähigkeit einer Transition sinnvollerweise nur vom Erfülltsein ihrer Vorbedingungen, der Bedingungen also, die für ihr Eintreten erfüllt sein müssen, abhängen sollte.

Wir können nun Kontaktsituationen von der Betrachtung ausschließen und nur solche Markierungen zulassen, die bei beliebig vielfachem Fortschalten keine Markierungen mit Kontaktsituationen liefern. Die folgende Konstruktion zeigt, daß diese Forderung die betrachtete Netzklasse nicht eigentlich einschränkt.

Zu jeder Stelle s eines gegebenen (unbeschrifteten) Netzes N wird eine neue Stelle $\bar{s}$ das <u>Komplement</u> von s konstruiert, die so in N eingebettet wird, daß gilt: ${}^{\bullet}\bar{s} = s^{\bullet} \wedge \bar{s}^{\bullet} = {}^{\bullet}s$. Dabei wird verlangt, daß immer genau eine der beiden Stellen markiert ist. Wir formulieren dies mit zwei facts t_1 und t_2, so daß ${}^{\bullet}t_1 = t_2^{\bullet} = \{s,\bar{s}\}$ und $t_1^{\bullet} = {}^{\bullet}t_2 = \emptyset$.

<u>Beispiel:</u>

Führt man diese Konstruktion für alle Stellen von N durch und erhält man dadurch das Netz N', so gilt:

(i)   t in N aktiviert :⇔ alle Stellen ${}^{\bullet}$t in N' sind markiert

(ii) $\mu_1 \underset{t}{\rightleftharpoons} \mu_2$ in N ⇔ $\mu_1' \underset{t}{\rightleftharpoons} \mu_2'$ in N', wobei $\mu_i' \mid \underline{st}(N) = \mu_i$

Führt man diese Konstruktion für kapazitätenbeschriftete Netze durch, so muß für jede Stelle s die Summe der Marken auf s und $\bar{s}$ mit der Kapazität von s übereinstimmen.

2.5 <u>Die Schaltregel der speziellen Netztheorie</u>

Wenn die Kapazität einer Stelle unwichtig ist oder als ausreichend angesehen werden kann (z.B. durch die Konstruktion von 2.4), kann die Kapazitätsbeschriftung der Stellen weggelassen werden. Wir erhalten dann eine weitverbreitete Darstellung der speziellen Netztheorie: Mit Markierungen der Form $\mu: \underline{st}(N) \to \mathbb{N}$ heißt eine Transition t aktiviert, falls $\mu(s) > 0$ für alle Stellen $s \in {}^{\bullet}t$. Schaltet t, so wird die Markenzahl auf den Stellen in ${}^{\bullet}t \setminus t^{\bullet}$ um eins vermindert, in $t^{\bullet} \setminus {}^{\bullet}t$ um eins erhöht und auf allen anderen Stellen nicht verändert.

Man kann diese Schaltregel verwenden, um die in 2.2 - 2.4 beschriebene Transformation in ein B/E-Netz nicht konstruieren zu müssen.

2.6 <u>Kantenbewertung</u>

Die in 2.2 beschriebene Zusammenfassung von Bedingungen ändert nichts an der Tatsache, daß durch das Schalten einer Transition immer nur einzelne Bits verändert werden. In der Praxis entnimmt oder produziert ein Prozessor in einem Arbeitsschritt mehrere

Daten eines Kanals. Wir stellen dies durch eine Beschriftung der Pfeile mit einer entsprechenden Zahl(darstellung) dar.

Beispiel:

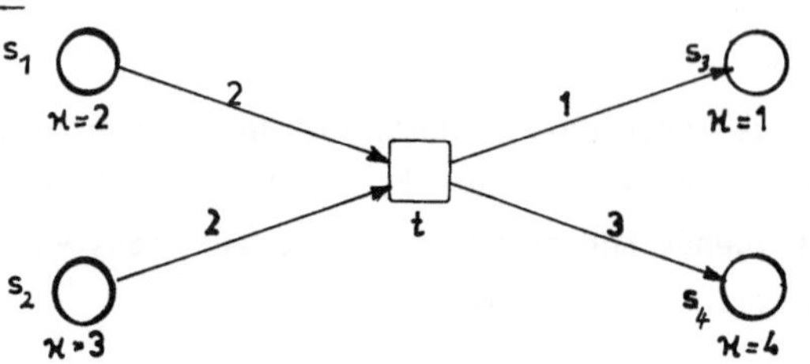

t ist aktiviert, falls s_1 und s_2 jeweils mindestens 2 Marken enthalten und falls s_3 keine und s_4 höchstens 1 Marke enthält. Durch das Schalten von t wird die Markenzahl in s_1 und s_2 um 2 vermindert, in s_3 um 1 und in s_4 um 3 Marken erhöht.

Sinnvollerweise beschränken wir uns auf solche Netze, bei denen die Beschriftung jedes Pfeiles nicht größer ist als die Kapazität der mit ihm verbundenen Stelle.

Eine solche Beschriftung β eines Netzes N wird aufgelöst, indem zunächst gemäß 2.2 das Netz N' konstruiert wird. Das entgültige, unbeschriftete Netz N" ist das kleinste mögliche Bild einer Einbettung $f : N' \rightarrow N''$, die beschriftete Pfeile von N wie folgt ersetzt:

N' und N" haben die gleichen Elemente. Von β verschiedene Stellen- und Transitionenbeschriftungen sowie Markierungen von N' werden identisch auf N" übertragen.

3. NETZMODIFIKATIONEN

3.1 Inhibitorkanten

Eine interessante Modifikation der Schaltregel besteht darin, eine Transition nur dann als aktiviert zu erklären, wenn gewissen Stellen im Vorbereich der Transition *leer* sind. Wir bezeichnen den Pfeil zwischen einer solchen Stelle und der Transition als <u>Inhibitorkante</u> und beschriften sie: s ⟶ inh ⟶ t. Ihre Bedeutung wird erklärt durch s̄ ⟶ t, wobei s̄ das in 2.4 beschriebene, durch definierte Komplement von s ist. Die Schlinge ist gemäß einem der in 2.3 beschriebenen

Verfahren aufzulösen.

Der obige Übergang ist *kein* Netzmorphismus, sondern Komposition einer Einbettung mit
einer inversen Einbettung:

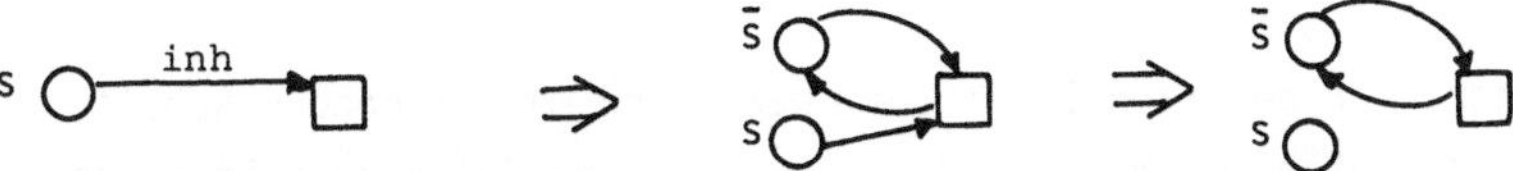

Im Rahmen der speziellen Netztheorie ist die Bedeutung einer Inhibitorkante erklärt

als

3.2 Evaluationsnetze

Evaluationsnetze besitzen zwei Sorten von Stellen. Es sind fünf Möglichkeiten zuge-
lassen, solche Stellen durch Transitionen zu verbinden. Drei dieser Übergänge
(T-, F- und J- Transition) sind Spezialfälle der Netze in der Grundinterpretation.
Die beiden anderen (X- und Y-Transition) werden wir mit Netzmorphismen definieren.

Zur Unterscheidung der beiden Stellensorten wird anstelle einer Beschriftung ein
Kreis oder ein Sechseck gezeichnet. Kreisförmige Stellen sind im Sinne der Grundinterpretation als elementare Bedingungen interpretierbar. Sechseckige Stellen können drei Werte annehmen mit folgenden Eigenschaften:

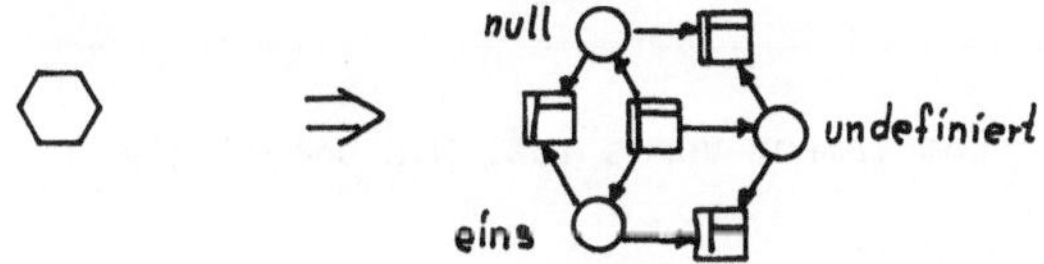

Eine X-Transition und ihre Bedeutung:

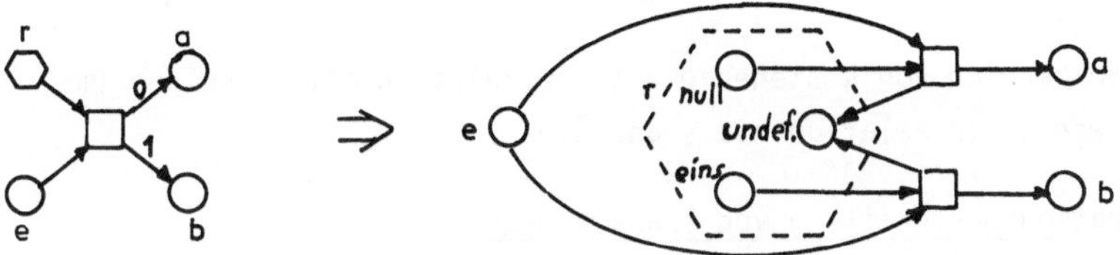

Eine Y-Transition und ihre Bedeutung:

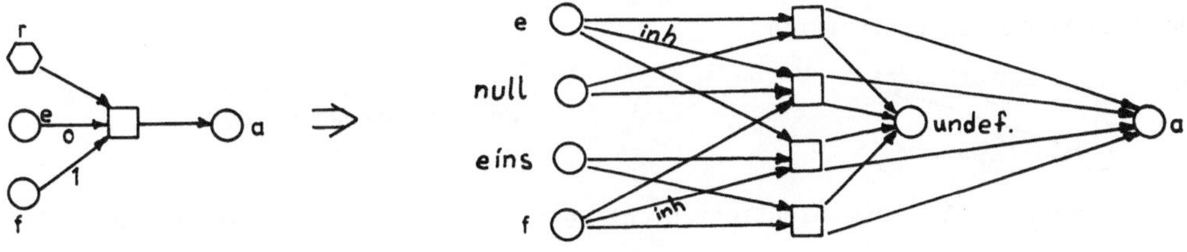

Die Zusammenfassung von Komponenten eines Evaluationsnetzes zu einem Macro-E-Netz [6] ist eine Vergröberung.

3.3 Boole'sche Stellen

Beispiel: Hardware-Komponenten besitzen 1-bit Speicherzellen mit folgender Schaltlogik: Ein positiver Impuls auf eine im Zustand "0" befindliche Zelle bewirkt einen Übergang in den Zustand "1". Befindet sich die Zelle bereits im Zustand "1", so bewirkt der Impuls keine Veränderung.

Eine Netzdarstellung solcher Komponenten modelliert naheliegenderweise eine Speicherzelle s als beschriftete Stelle, einen Impulsgeber t als Transition und einen Impuls als Markenfluß, wobei folgendes Schaltverhalten erwarete wird:

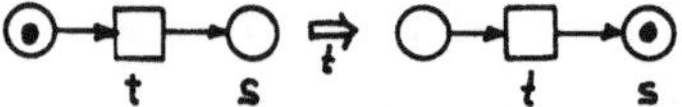

bzw.

Das Zurücksetzen von s in den Zustand "0" erfolgt durch das Schalten einer Transition im Nachbereich von s.

Wir definieren die Bedeutung von

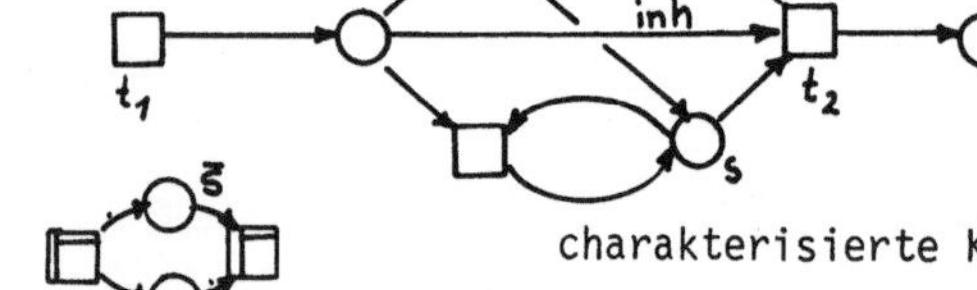

als

wobei $\bar{s}$ das aus 2.4 bekannte, durch

charakterisierte Komplement von s ist. Die beteiligte

Schlinge ist nach einem der in 2.3 beschriebenen Verfahren, die Inhibitorkante ist gemäß 3.1 aufzulösen.

Die obige Konstruktion ist Komposition einer Verfeinerung (von s) mit einer Einbettung.

Weitere Transitionen im Vorbereich von s stehen wie t_1 in Relation mit q, solche im Nachbereich von s stehen wie t_2 in Relation mit s und $\bar{s}$.

3.4 Aufruf- und Identifikationsbeschriftung von Transitionen

Oftmals soll in verschiedenen Teilen eines Netzes derselbe Prozessor aktiviert werden. Um zu vermeiden, daß viele oder lange Pfeile die Darstellung unübersichtlich machen, kann es zweckmäßig sein, stattdessen mehrere Transitionen zu konstruieren und sie mit demselben Symbol zu beschriften.

Beispiel: 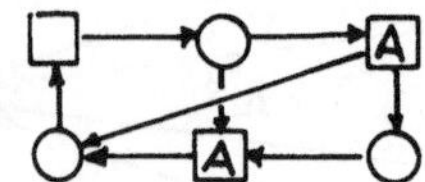

"Aktivierung desselben Prozessors an verschiedenen Stellen" ist nicht eindeutig:

1. Interpretation: A   repräsentiert nicht selbst einen Prozessor, sondern den

Aufruf eines Prozessors (vergleichbar mit dem Aufruf einer Prozedur in einem Programm). Der aufgerufene Prozessor selbst ist nicht dargestellt. Die Bedeutung dieser Aufrufbeschriftung ist somit:

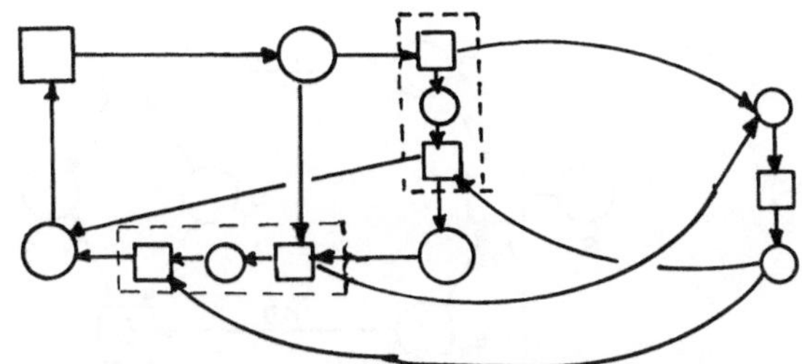

2. Interpretation: Jedes Vorkommen von $\boxed{A}$ repräsentiert denselben Prozessor. Dessen Vor- bzw. Nachbereich ist also die Vereinigung der Vor- bzw. Nachbereiche alle Vorkommen $\boxed{A}$. Die Bedeutung dieser Identifikationsbeschriftung ist für das obige Netz somit:

Den Übergang von einem so beschrifteten zu einem unbeschrifteten Netz können wir formal beschreiben als

- Komposition einer Verfeinerung mit einer Einbettung für die Aufrufbeschriftung.
- Faltung für die Identifikationsbeschriftung.

Die Definition der Semantik von Path-Expressions [11] beruht auf einer systematischen Verwendung der beiden oben erklärten Transitionenbeschriftungen.

3.5 Prioritätsregeln

Die Grundidee von Prioritätsregeln besteht darin, in Fällen mit mehreren aktivierten Transitionen eine hierarchische Regelung der Schalterlaubnis vorzunehmen. Wir beschriften im weiteren Transitionen mit römischen Zahldarstellungen,deren Wert mit der Verminderung der Priorität wächst.

Beispiel:

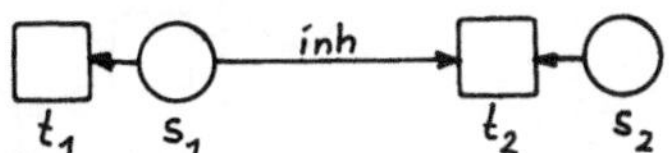

Falls es einen Fall gibt, in dem beiden Stellen s_1 und s_2 markiert sind, soll zunächst die Transition t_1 schalten.

Die Bedeutung der Beschriftung des obigen Beispiels ist nun unter Verwendung einer Inhibitorkante darstellbar als

Hat t_1 n>1 Eingangsstellen, so wird die Konstruktion etwas komplizierter. Unter

Verwendung der Aufruf-Beschriftung muß t_2 n mal aufgerufen werden. Die Vor- und Nachstellen von t_2 werden dann auf alle Aufrufe verzweigt.

Beispiel:

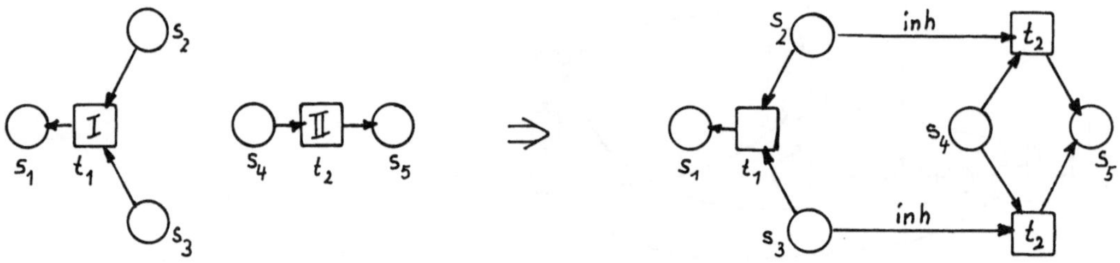

In ähnlicher Weise werden Prioritätsproblme in /16/ behandelt.

3.6 Disjunktive Schaltregeln

Beim Schalten einer Transition t eines B/E-Netzes werden von allen Vorstellen von t Marken entfernt und auf alle Nachstellen von t Marken abgelegt. Eine Modifizierung des Schaltverhaltens ist beispielsweise dadurch möglich, daß beim Schalten von t nur von einer Vorstelle eine Marke entfernt wird, t also ein disjunktives statt (wie üblich) ein konjunktives Eingangsverhalten aufweist. Entsprechend kann gefordert werden, daß beim Schalten von t nichtdeterministisch nur eine Nachstelle markiert wird, das Ausgangsverhalten von t also disjunktiv statt konjunktiv ausgebildet ist.

Beschriften wir Transitionen mit einem Paar von Symbolen aus $\{v,\wedge\}$, so entspreche beispielsweise die Beschriftung $\boxed{v\wedge}$ einem disjunktiven Eingangs- und konjunktiven Ausgangsverhalten. $\boxed{\wedge\wedge}$ bezeichnet die übliche Schaltregel. Die Semantik von derartigen Beschriftungen kann folgendermaßen als Verfeinerung definiert werden:

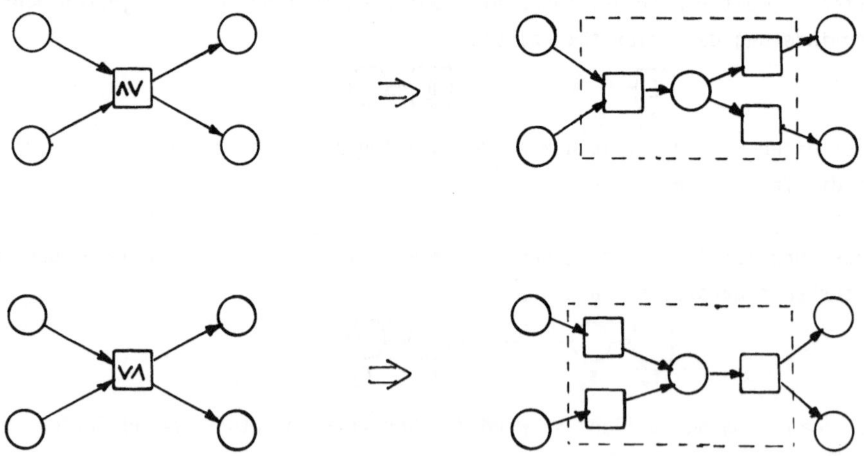

3.7 <u>UCLA-Graphen</u>

Ein Beispiel für Netze mit konjunktivem und disjunktivem Schaltverhalten sind UCLA-Graphen.

In einem UCLA-Graphen ist für den (verzweigten) Eingang und Ausgang jedes Knoten eine Beschriftung mit "*" oder "+" möglich, die ein konjunktives bzw. disjunktives Ein- bzw. Ausgangsverhalten bezeichnen. Kanten besitzen beliebig viele Ein- und Ausgangsknoten.

Ersetzt man die Knoten durch Transitionen mit entsprechender ∧ - ∨ - Beschriftung und versieht man jeden Pfeil mit einer Stelle, so entsteht ein bedeutungsgleiches Netz.

<u>Beispiel:</u>

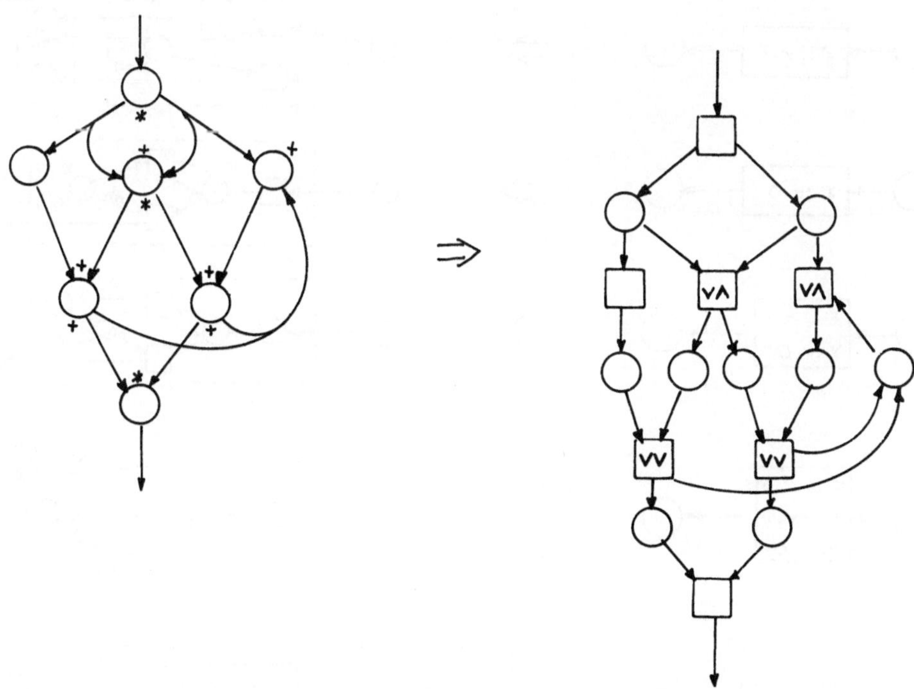

3.8 Arithmetische Beschriftungen

Arithmetische Operationen sind eine grundlegende Notwendigkeit für die Systemkonstruktion. Wir konstruieren einige einfache Operationen, so daß sichtbar wird, wie beliebige arithmetische Operationen im Netzkalkül darstellbar sind.

In implementierbaren Systemen variiert der Wert einer Variablen in einem endlichen Bereich, der o.B.d.A. ein Anfangsabschnitt $\{0,...,n\}$ von $\mathbb{N}$ ist. Eine Variable wird durch eine kapazitätsbeschriftete Stelle repräsentiert, ihr Wert durch eine entsprechende Zahl von Marken in dieser Stelle. Da eine Variable normalerweise an verschiedenen Stellen eines Systems verwendet wird, ist es zweckmäßig, analog zu den in 3.4 erklärten Beschriftungen eine Identifikationsbeschriftung für Stellen einzuführen: Ein Netz, das mit Variablensymbolen beschriftete Stellen besitzt, ist Urbild einer Vergröberung, die alle gleichbeschrifteten Stellen auf eine Stelle abbildet. Die Vor- bzw. Nachbereiche gleichbeschrifteter Stellen werden also vereinigt. Mit diesen Voraussetzungen erklären wir folgende Verfeinerung beschrifteter Netze:

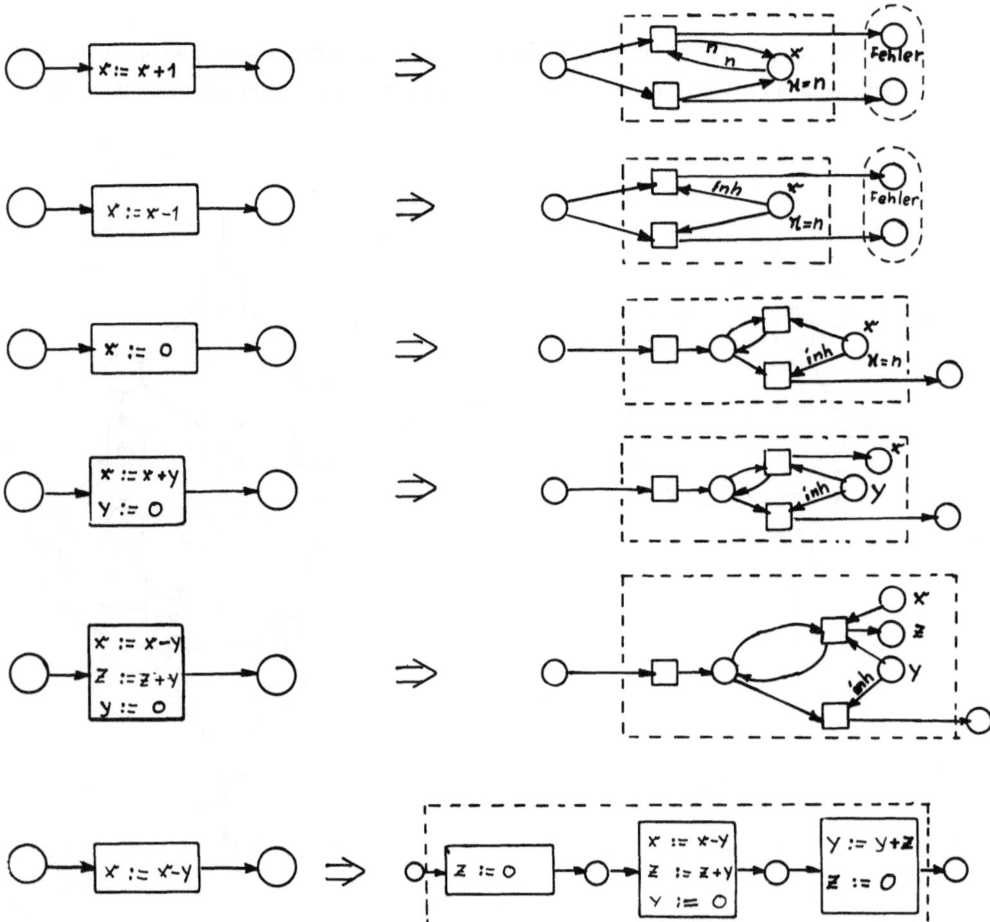

Die Verfeinerungen sind ggf. durch Vorkehrungen zur Fehlerbehandlung zu ergänzen.
Sind τ_1 und τ_2 arithmetische Terme und x_1, x_2 anderswo nicht verwandte Variablennamen,
so sei

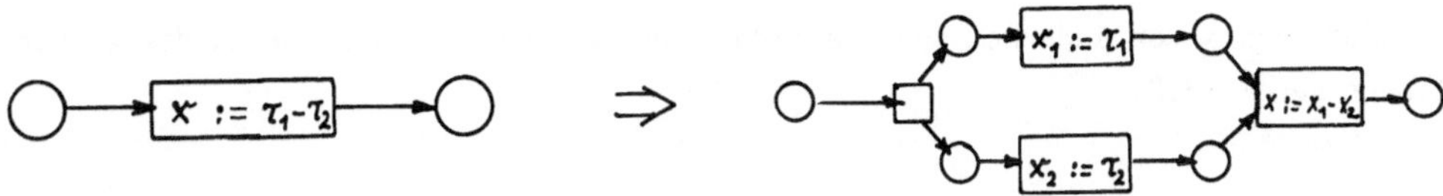

Beispiel für einen Test:

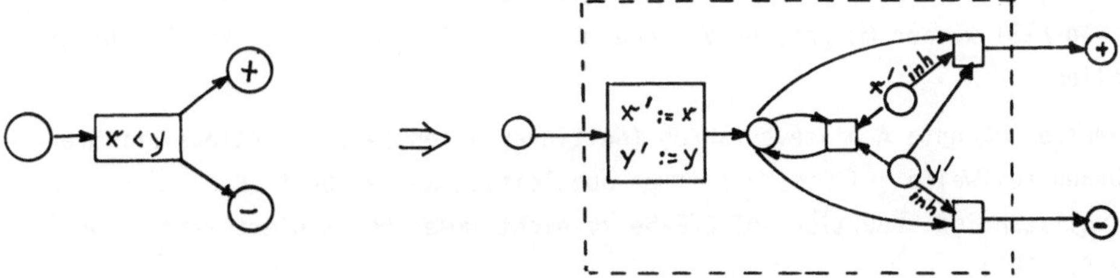

Bei der Ausführung der obigen Verfeinerungen wird man die beteiligten Variablen gegen
anderweitige Veränderungen schützen wollen. Dies ist möglich durch eine zusätzliche
"Semafor"-Stelle für jede Variable x. Sie wird durch eine Schlinge mit allen Transitionen aus $^\bullet x \cup x^\bullet$ verbunden und ist damit eine Nebenbedingung für alle Änderungen
von x. Andererseits erhält sie Pfeile zur ersten und von der letzten Transition der
Verfeinerung. Ihre Anfangsausstattung mit einer Marke liefert das gewünschte Resultat.

3.9 Self-Varying Nets

Die Grundidee dieser Netze ist eine Verallgemeinerung der in 2.6 erklärten Kantenbewertung. Es sollen jedoch nun nicht immer gleich viele Marken fließen, sondern so
viele, wie auf einer anzugebenden Stelle gerade liegen. Man beschriftet deshalb einen
solchen Pfeil mit dem Namen einer Stelle.
Wir erklären

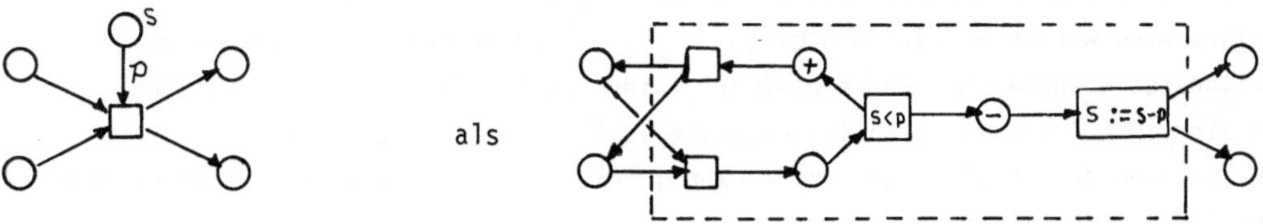

als

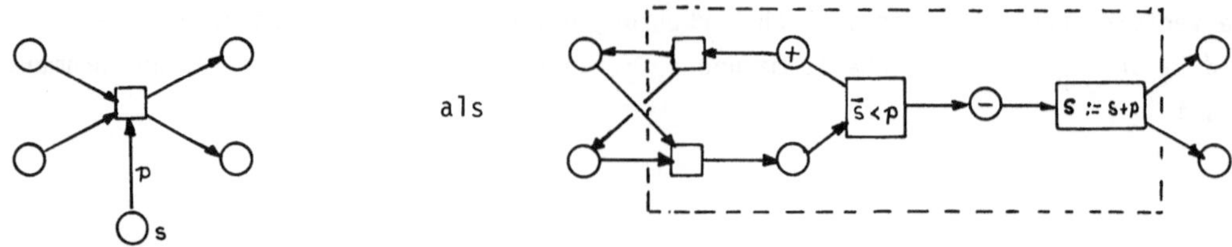

Zum Schutz von s vor anderweitigen Veränderungen während der Ausführung dieser Operationen vergl. 3.8.

4. SCHLUSSBEMERKUNGEN

Die in diesem Papier vorgeführte Verwendung von Netzmorphismen ist keineswegs erschöpfend. In [12] wird beispielsweise gezeigt, wie eine Beschriftung von *Marken* mit Morphismen definiert werden kann. In [1] wird das Verhältnis zwischen Netzen und den nichtsequentiellen Prozessen, die auf den Netzen ablaufen können, als Netzmorphismus erklärt. In [13] werden Morphismen verwendet, um die Zusammenarbeit von Prozessoren darzustellen.

Für B/E-Netze bekannte Analyseverfahren (Netzinvarianten [4], Reduktionsverfahren [14]) können teilweise auf mit Morphismen abgeleitete Netze übertragen werden, so daß die vollständige Reduktion auf B/E-Netze nicht immer konstruiert werden muß (siehe z.B. [12]).

Einige der im dritten Abschnitt erwähnten Netzmodifikationen (z.B. Inhibitorkanten und self-varying nets) werden in der Literatur als "echte" Verallgemeinerungen der Netztheorie erklärt [5, 15]. Dies trifft unter der Voraussetzung zu, daß es für durch Stellen modellierte Systemkomponenten prinzipiell keine Kapazitätsgrenze geben kann. Dies ist eine der Implementierbarkeit widersprechende Voraussetzung.

QUELLEN

Die Verwendung von Netzmorphismen zur Systemkonstruktion ist von C.A. Petri mehrfach vorgeschlagen worden (z.B. in [1] und [2]). Die Morphismen zur speziellen Netztheorie sind am Institut für Informationssystemforschung (ISF) der GMD Bonn entwickelt worden. Insbesondere von Herrn Dr. Genrich sind die Graphik in 1.2, die Konstruktion in 2.6 sowie viele mündliche Hinweise, die in dieses Papier mit eingegangen sind. Facts sind eine neuere Entwicklung des ISF, Hinweise finden sich in [2]. Dort wird auch die Problematik von Schlingen und Kontaktsituationen eingehend untersucht.
Inhibitorkanten werden an vielen Stellen der Literatur (vergl. [5]) diskutiert.
Evaluationsnetze wurden mit [6] eingeführt (siehe auch [7]). Boole'sche Stellen finden sich in [8] und werden beispielsweise in [9] und [10] verwendet.
UCLA-Graphen werden in [17] und [18] erwähnt. Selv-varying nets werden in verschiedenen Arbeiten, z.B. [15] untersucht.

LITERATURVERZEICHNIS

[1]   C.A. Petri: Nichtsequentielle Prozesse.- Interner Bericht, GMD/ISF-76-6,
      2. verbesserte Auflage (1976).

[2]   C.A. Petri: General Net Theory.- Proceedings of the Joint IBM Newcastle upon
      Tyne Seminar, B. Shaw (ed) (1976).

[3]   H. Genrich: Appendix: Petri Nets.- GMD/ISF 16.03.1977 (unpublished).

[4]   K. Lautenbach: Lebendigkeit in Petri Netzen.- Interner Bericht GMD-ISF,
      02 / 75-4-1 (1975).

[5]   J.L. Peterson: Petri Nets.- Computing Surveyes, Vol. 9, No. 3, Sept. 1977.

[6]   J.D. Noe, G.J. Nutt: Macro E Nets for Representations of Parallel Systems.-
      IEEE Tr. on Comp., Vol C-22, No. 8 (1973).

[7]   P. Lockemann, H.C. Mayr: Rechnergestützte Informationssysteme,- Springer-Verlag
      Heidelberg (1978).

[8]   S. Wendt: Petri Netze und asynchrone Schaltwerke.- Elektron.Rechenanlagen,
      Vol. 16, 1974.

[9]   M. Yoeli: Behvioural Descriptions of Communication Switching Systems using
      Extended Petri Nets.- Digital Processes 3, (1977).

[10] M. Yoeli: A Structured Approach to Parallel Programming and Control.-
      1st European ... siehe [13].

[11] P.E. Lauer, R.H. Campbell: Formal Semantics of a Class of High-Level Primitives
      for Coordinating Concurrent Processes.- Acta Informatica, Vol. 5,
      1975.

[12] H.J. Genrich, K. Lautenbach: The Analysis of distributed Systems by Means of
      Predicate/Transition Nets.- Int. Symposium Semantics of Concurrent
      Computation, July 1979, Evian, France (to appear).

[13] W. Reisig: On a Class of Co-operating Sequential Processors.- 1st European
      Conference on Parallel & Distributed Processing. J.Syre (ed.),
      Toulouse (France).

[14] G. Berthelot: Preuve de non blocage de programmes parallèles par réduction de
      réseaux de Pétri.- 1st Europ. ... (wie [13]).

[15] R. Valk: On the Computational Power of Extended Petri Nets.- MFCS 1978,
      Zakopane, Lecture Notes in Computer Science, Springer-Verlag.

[16] R. Valette, M. Diaz: A Methodology for Easily Provable Implementation of
      Synchronization Mechanisms.- 1st European ... (wie [13]).

[17] J.L. Peterson, Th.T. Breth: A Comparison of Models of Parallel Computation.-
      Inf. Processing 74, North-Holland Publ. Comp., 1974.

[18] J.L. Baer: A Survey of some Theoretical Aspects of Multiprocessing.- ACM
      Computing Surveyes, Vol. 5, Nr. 1 (1973).

<u>ZUR MODELLIERUNG VON SYSTEMEN AUF DER BASIS</u>
<u>DER NEBENLÄUFIGKEIT</u>

Gert Scheschonk

Institut für Angewandte Informatik
Technische Universität Berlin
Otto-Suhr-Allee 18/20
Mai 1979

In den letzten Jahren wurden immer häufiger <u>Netzmodelle</u> zur Beschreibung, Analyse, Planung und Simulation von Informationssystemen herangezogen. Als Beispiele seien genannt: /Hol76/,/Nut75/,/Scu78/. Konzepte, die bisher in verschiedenen Bereichen größten Anklang gefunden haben, finden ihren Ursprung in der von C.A.Petri begründeten Netztheorie /Pet76/.

Alle Netzmodelle verfügen über genügende Darstellungsmittel, der Nebenläufigkeit Ausdruck zu verleihen, jedoch wird diese oft nicht bis in letzter Konsequenz bei der Entwicklung eines Netzes berücksichtigt. Dies liegt sicherlich zu einem großen Teil daran, daß Netze intuitiv gefunden werden und es bisher keine Methoden gibt, Netze konstruktiv unter Einbeziehung der Nebenläufigkeit aufzubauen.
Gerade ein solcher Zustand muß unbefriedigend sein, da schon während der Entwurfsphase des Netzes ein erheblicher Teil an Nebenläufigkeit verloren gehen kann.
Daher stützt sich diese Arbeit bei der Modellierung eines Systems auf eine empirisch festgelegte <u>Nebenläufigkeitsrelation</u> /Pet77/ mit dem Ziel, alle vorkommenden Strukturen, Prozesse, (semantischen) Konsistenzbedingungen und Informationsflüsse darzustellen /Scn78/.

Unter einem System Σ verstehen wir eine Menge von Objekten (Systemelementen), die untereinander in bestimmten Beziehungen stehen und sich durch ihre Eigenschaften eindeutig von Objekten der Systemumgebung abgrenzen /Loc78/. Zum Zwecke der Modellierung eines solchen Systems durch ein Netz setzen wir eine Partitionierung seiner Elemente in <u>Prozesse</u> und <u>Prozeßbedingungen</u> voraus. Diese Zweisortigkeit bei der Zerlegung eines Systems in seine Bestandteile wird durch die folgende Netzdefinition gefordert:

Zwei Mengen S (Stellen) und T (Transitionen) mit einer Flußrelation F bilden genau dann ein gerichtetes <u>Petri-Netz</u>, wenn die folgenden Beziehungen gelten:

$$S \cap T = \emptyset \qquad F \subseteq S \times T \cup T \times S$$
$$S \cup T \neq \emptyset \qquad Feld(F) = S \cup T$$

Wir werden die Prozesse mit den T-Knoten und die Prozeßbedingungen mit den S-Knoten eines Petri-Netzes assoziieren.

Die Systemelemente müssen nicht notwendigerweise atomaren Charakter haben, sondern können auch als transitions- bzw. stellenberandete Netzsequenzen auftreten (siehe Abb.1).

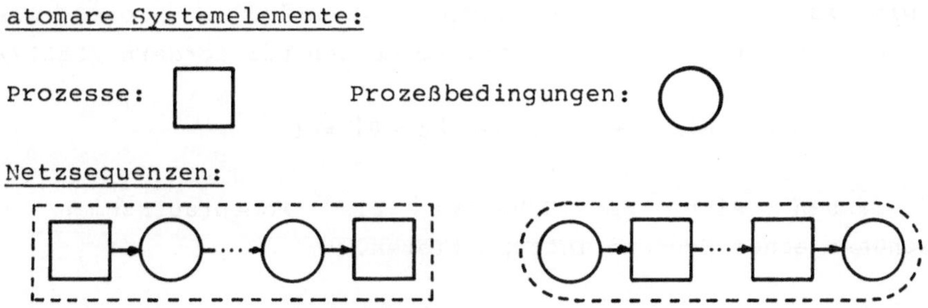

<u>atomare Systemelemente</u>:

Prozesse: Prozeßbedingungen:

<u>Netzsequenzen</u>:

<u>Abb. 1:</u> Systemelemente

In einem System mit derartigen Elementen stellen wir alle diejenigen Elemente in eine zweistellige <u>Relation co</u>, die <u>nebenläufig</u> vorliegen können. Naturgemäß ist eine solche Relation <u>reflexiv</u>, <u>symmetrisch</u> und nur <u>in Teilmengen</u> von Σ <u>transitiv</u> /Pet77/.

Da unser Interesse dem Systemzusammenhang gilt, interessiert uns auch die Komplementmenge von co, die wir als eine <u>Früher/Später Relation fl</u> bezeichnen und wie folgt definieren:

$$fl := \Sigma \times \Sigma - co$$

Diese Relation ist <u>symmetrisch</u> und <u>in Teilmengen transitiv</u>.

Alle Elemente eines Systems stehen entweder in der Nebenläufigkeitsrelation co oder in der Früher/Später Relation fl, d.h. für je zwei Elemente eines Systems gilt immer:

$$\bigwedge s,s' \epsilon \ \Sigma : \ s \ co \ s' \ \longleftrightarrow \ s \ fl \ s'$$

Wenn wir zum Aufbau der Systemstruktur an Nebenläufigkeit nichts 'verlieren' wollen, kann unser Interesse nur den <u>mächtigsten</u> Teilmengen von Σ gelten, in denen die Relation co transitiv ist /Pet77/. Wir werden derartige Teilmengen <u>Schnitte</u> nennen und die Menge aller Schnitte mit $\mathbb{C}$ bezeichnen.
Analog den Schnitten bezeichnen wir diejenigen Teilmengen von Σ als <u>Spuren</u>, in denen die Relation fl $\cup$ id$_\Sigma$ transitiv ist. Die Menge aller Spuren wird mit $\mathbb{F}$ bezeichnet.

Da die Spuren nichts anderes als eine Sequenz von Systemelementen darstellen, lassen sie sich als <u>sequentielle Prozesse</u> interpretieren. Wollen wir zu <u>jeder</u> Zeit von <u>jedem</u> sequentiellen Prozeß wissen inwieweit dieser fortgeschritten ist, so müssen wir fordern /Pet77/:

$$c \ \epsilon \ \mathbb{C} \ \wedge \ f \ \epsilon \ \mathbb{F} \ \longrightarrow \ |c \cap f| = 1$$

Dadurch lassen sich die Schnitte als Momentaufnahmen oder Schnappschüsse eines Systems interpretieren.

Die 'Orthogonalität' beider Begriffe gibt unter der oben genannten Voraussetzung Anlaß zu der Behauptung, daß die Menge aller Schnitte $\mathbb{C}$ und die Menge aller Spuren $\mathbb{F}$ zu einer Klasse von Netzen führt, die hinsichtlich der Struktur eindeutig ist.
Ein 'präziseres' Ergebnis können wir mit den bisher eingebrachten Mitteln nicht erwarten. Wir können daher weder die Richtung der Struktur angeben noch über die Reihenfolge von Systemelementen in unverzweigten Sequenzen Aussagen machen.
Dieser Nachteil ist nur theoretischer Natur, bei praktischen Problemen fällt er nicht ins Gewicht, da wir häufig weit mehr als nur die Nebenläufigkeit einiger Systemelemente kennen. Diese bisher nicht ausgenutzte Information liefert uns <u>Konsistenzbedingungen</u>, mit denen aus der Klasse der konstruktiv gewonnenen Strukturen, diejenige selektiert werden kann, die das System adäquat abbildet. Die erhaltene Kausalstruktur können wir als einen möglichen Ablauf von Prozessen interpretieren. Die Wiederholbarkeit derartiger Abläufe und eventuelle Verhaltens-Alternativen werden durch netzerhaltende Morphismen /Gen77/ erreicht.

Das folgende Beispiel von Dijkstra /Dij71/ soll die Überlegungen veranschaulichen.

Das Philosophenproblem:
Fünf Philosophen sitzen an einem runden Tisch bei einem chinesischen Gericht (siehe Abb.2). Jeder von ihnen ißt und meditiert abwechselnd. Zwischen jeweils zwei Philosophen liegt nur _ein_ Eßstäbchen, was zur Folge hat, daß höchstens zwei Philosophen gleichzeitig essen können.

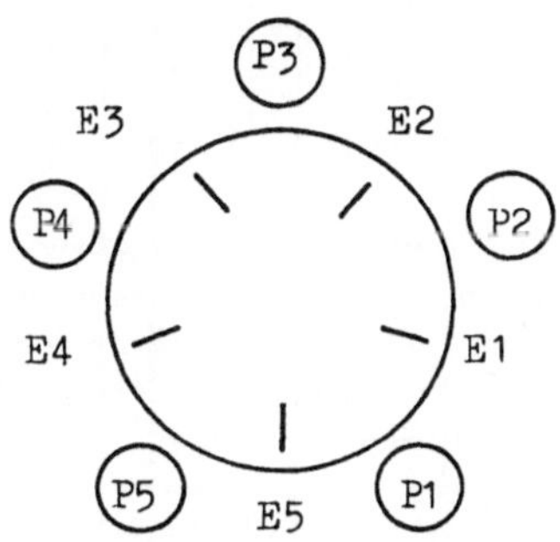

Abb. 2: Philosophenproblem

Es wird definiert:
s1 ... s5: Philosoph 1 ... 5 meditiert
s6 ... s10: Philosoph 1 ... 5 ißt
s11 ... s15: Eßstäbchen 1 ... 5 steht zur Verfügung
t1 ... t5: Philosoph 1 ... 5 greift zu seinen benachbarten Eßstäbchen
t6 ... t10: Philosoph 1 ... 5 legt seine Eßstäbchen zurück

Dieser Einteilung der Systemelemente in die Prozeßbedingungen s1 bis s15 und in die Prozesse t1 bis t10 liegt der Gedanke zugrunde, daß S-Elemente einen Zustands- und T-Elemente einen zustandsverändernden Charakter besitzen. Dies sollte bei möglichen anderen Interpretationen der Systemelemente beachtet werden.
Für jedes Element des kartesischen Produkts der Systemelemente wird _empirisch_ festgelegt, ob es ein Element der Nebenläufigkeitsrelation sein kann. Das Ergebnis ist in einer Nebenläufigkeitsmatrix (siehe Abb.3) dargestellt, die wegen der Eigenschaften von co symmetrisch ist.

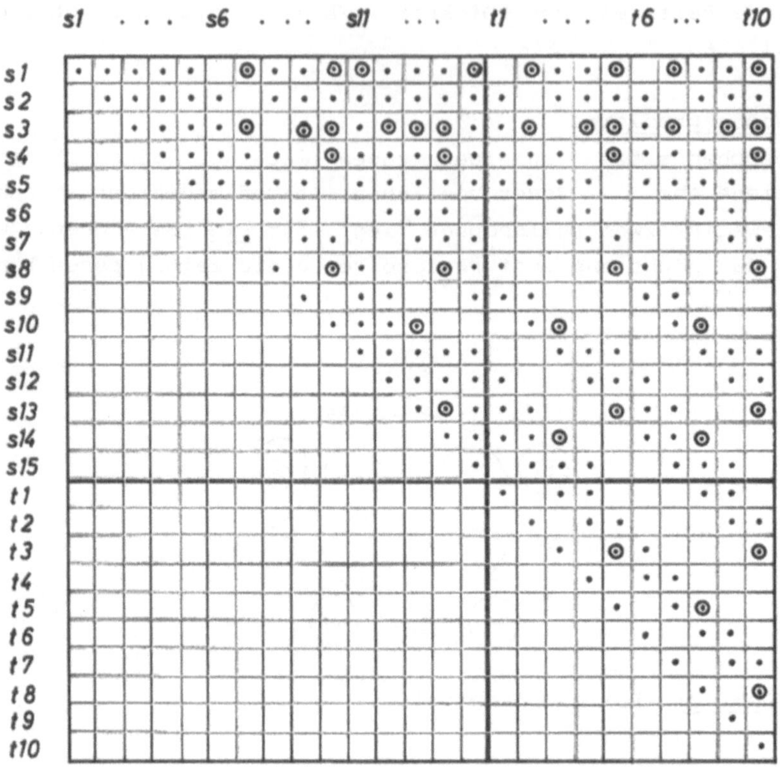

Abb. 3: Nebenläufigkeitsmatrix (symmetrisch)

Wie bereits erwähnt, haben wir in der Nebenläufigkeitsmatrix diejenigen Paare von Systemelementen durch . gekennzeichnet, die nebenläufig vorliegen können. Dies bedeutet jedoch nicht, daß nebenläufige Systemelemente während eines realen Prozeßablaufs auch nebenläufig sein müssen. Hier sind also Entscheidungen zugunsten eines gewünschten Prozeßablaufs notwendig. Für unser Beispiel nehmen wir an, daß zuerst die Philosophen 1 und 3, dann 2 und 4 essen und schließlich Philosoph 5 alleine ißt. Dies bedeutet, daß die Beziehung (s8,s10), Ph.3 ißt nebenläufig zu Ph.5, nicht mehr zur Relation co gehören kann. Die Konsequenzen solcher Entscheidungen auf andere Systembeziehungen, wie beispielsweise auf das Paar (t3,t5), sind zur Zeit Untersuchungsgegenstand.

Die in der Nebenläufigkeitsmatrix durch ⊙ gekennzeichneten Paare werden aufgrund des festgelegten Prozeßablaufs Elemente der Früher/Später Relation fl, was jedoch keinen 'Verlust' an Nebenläufigkeit bedeutet.

Aus der so reduzierten Nebenläufigkeitsmatrix ermittelt ein Algorithmus die mächtigsten Teilmengen von Σ , die bezüglich co (Schnitte) bzw. bezüglich fl (Spuren) transitiv sind. Das Ergebnis dieser Berechnung zeigt die folgende Aufstellung:

<u>Schnitte:</u>

$c1$ = .(s1,s2,s3,s4,s5). $c2$ = .(s1,s2,s4,s5,s8).
$c3$ = .(s1,s2,s4,s5,s12,s13). $c4$ = .(s1,s2,s4,s5,t3).
$c5$ = .(s1,s2,s4,s5,t8). $c6$ = .(s1,s2,s5,s9,s12).
$c7$ = .(s1,s2,s5,s12,s14). $c8$ = .(s1,s2,s5,s12,t4).
$c9$ = .(s1,s2,s5,s12,t9). $c10$ = .(s2,s3,s4,s5,s6).
$c11$ = .(s2,s3,s4,s5,s11,s15). $c12$ = .(s2,s3,s4,s5,t1).
$c13$ = .(s2,s3,s4,s5,t6). $c14$ = .(s2,s4,s5,s6,s8).
$c15$ = .(s2,s4,s5,s6,s12,s13). $c16$ = .(s2,s4,s5,s6,t3).
$c17$ = .(s2,s4,s5,s6,t8). $c18$ = .(s2,s4,s5,s8,s11,s15).
$c19$ = .(s2,s4,s5,s8,t1). $c20$ = .(s2,s4,s5,s8,t6).
$c21$ = .(s2,s4,s5,s11,s12,s13,s15). $c22$ = .(s2,s4,s5,s11,s15,t3).
$c23$ = .(s2,s4,s5,s11,s15,t8). $c24$ = .(s2,s4,s5,s12,s13,t1).
$c25$ = .(s2,s4,s5,s12,s13,t6). $c26$ = .(s2,s4,s5,t1,t3).
$c27$ = .(s2,s4,s5,t1,t8). $c28$ = .(s2,s4,s5,t3,t6).
$c29$ = .(s2,s4,s5,t6,t8). $c30$ = .(s2,s5,s6,s9,s12).
$c31$ = .(s2,s5,s6,s12,s14). $c32$ = .(s2,s5,s6,s12,t4).
$c33$ = .(s2,s5,s6,s12,t9). $c34$ = .(s2,s5,s9,s11,s12,s15).
$c35$ = .(s2,s5,s9,s12,t1). $c36$ = .(s2,s5,s9,s12,t6).
$c37$ = .(s2,s5,s11,s12,s14,s15). $c38$ = .(s2,s5,s11,s12,s15,t4).
$c39$ = .(s2,s5,s11,s12,s15,t9). $c40$ = .(s2,s5,s12,s14,t1).
$c41$ = .(s2,s5,s12,s14,t6). $c42$ = .(s2,s5,s12,t1,t4).
$c43$ = .(s2,s5,s12,t1,t9). $c44$ = .(s2,s5,s12,t4,t6).
$c45$ = .(s2,s5,s12,t6,t9). $c46$ = .(s2,s10,s11,s12).
$c47$ = .(s2,s11,s12,t5). $c48$ = .(s2,s11,s12,t10).
$c49$ = .(s4,s5,s7,s13,s15). $c50$ = .(s4,s5,s13,s15,t2).
$c51$ = .(s4,s5,s13,s15,t7). $c52$ = .(s5,s7,s9,s15).
$c53$ = .(s5,s7,s14,s15). $c54$ = .(s5,s7,s15,t4).
$c55$ = .(s5,s7,s15,t9). $c56$ = .(s5,s9,s15,t2).
$c57$ = .(s5,s9,s15,t7). $c58$ = .(s5,s14,s15,t2).
$c59$ = .(s5,s14,s15,t7). $c60$ = .(s5,s15,t2,t4).
$c61$ = .(s5,s15,t2,t9). $c62$ = .(s5,s15,t4,t7).
$c63$ = .(s5,s15,t7,t9). $c64$ = .(s7,s10).
$c65$ = .(s7,t5). $c66$ = .(s7,t10).
$c67$ = .(s10,t2). $c68$ = .(s10,t7).
$c69$ = .(t2,t5). $c70$ = .(t2,t10).
$c71$ = .(t5,t7). $c72$ = .(t7,t10).

<u>Spuren:</u>

f1 = .(s1,s6,s7,s11,t1,t2,t6,t7).

f2 = .(s1,s6,s10,s15,t1,t5,t6,t10).

f3 = .(s2,s7,t2,t7).

f4 = .(s3,s7,s8,s12,t2,t3,t7,t8).

f5 = .(s3,s8,s9,s10,s13,s14,t3,t4,t5,t8,t9,t10).

f6 = .(s4,s9,s10,s14,t4,t5,t9,t10).

f7 = .(s5,s10,t5,t10).

Ausgehend von einer beliebigen Spur läßt sich durch sukzessives Hinzufügen weiterer Spuren bzw. Schnitte eine kreisfreie und unverzweigte Netzstruktur gewinnen, deren Richtung bei der Konstruktion beliebig aber fest gewählt werden muß. Die Systemelemente haben wir in den folgenden Abbildungen nur mit ihrem Index bezeichnet.

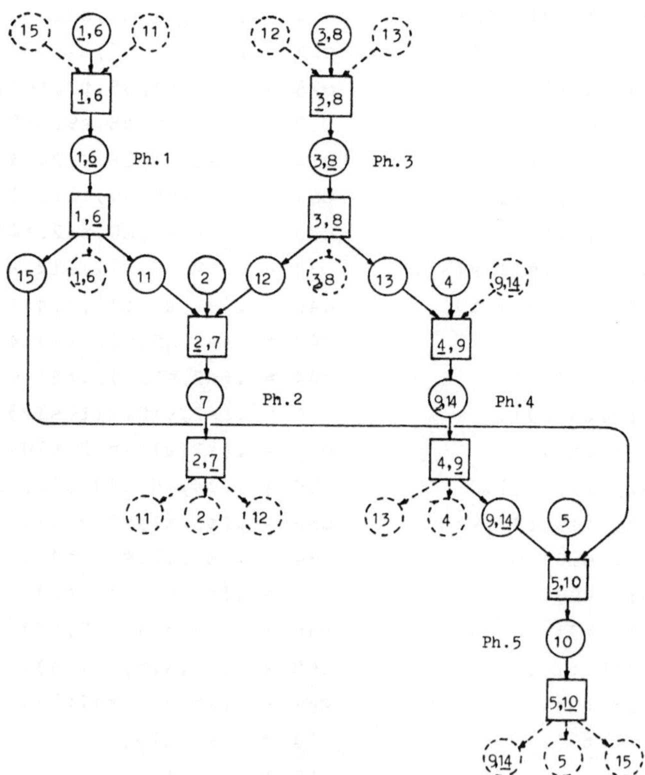

Abb. 4: Ein möglicher Prozeßablauf

Die Mehrdeutigkeiten innerhalb von Netzsequenzen lassen sich durch Konsistenzbedingungen eliminieren. Wir haben diese Entscheidung zugunsten einer Struktur durch Unterstreichung des entsprechenden Index zum Ausdruck gebracht. Eine Richtungsumkehr unter Beibehaltung der Konsistenzbedingungen führt zu den gestrichelt eingezeichneten Systemelementen bzw. Beziehungen.

Die beabsichtigte Faltung /Gen77/ des Netzes aus Abb.4 in eine Systemstruktur (siehe Abb.5), die Wiederholungen und alternative Pfadwahl ermöglicht, wird durch die gleich gekennzeichneten Systemelemente angezeigt.

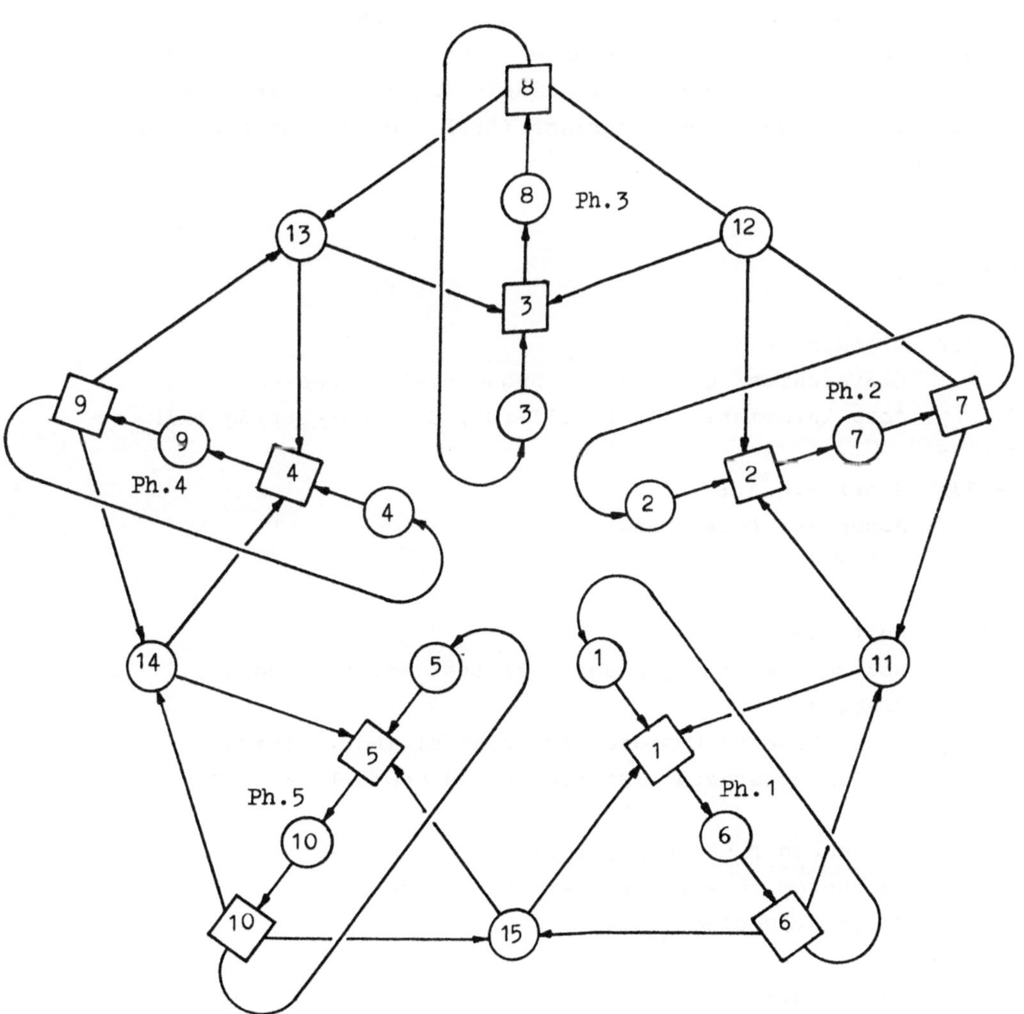

Abb. 5: Systemstruktur

Die <u>lokale</u> Kenntnis über nebenläufige Systemelemente reicht aus, um die <u>globale</u> Struktur eines Systems unabhängig vom Grad der Vergröberung bzw. Verfeinerung seiner Elemente zu erhalten. Derartige Methoden zum Aufbau von Netzmodellen sind bei der Systemanalyse von großem Nutzen, um Einsichten in die Funktion eines Systems zu gewinnen und Zusammenhänge und Abhängigkeiten einzelner Systemkomponenten zu erkennen. Nicht die physikalische Struktur eines Systems liefert einen solchen Einblick, sondern die darauf ablaufenden Prozesse einschließlich ihrer kausalen Struktur. Der Vorteil eines besseren Systemverständnisses führt zwangsläufig zu einer optimalen Ausnutzung der Betriebsmittel.

Nicht nur in der Systemanalyse, sondern auch in der Entwurfs- und Planungsphase eines Systems können derartige Methoden unterstützend eingesetzt werden, um z.B. im vorhinein Engpässe zu erkennen und durch Bereitstellung weiterer Betriebsmittel diese gegebenenfalls zu vermeiden.

<u>Literatur:</u>

/Dij71/ Dijkstra,E.W.:
        Hierarchical Ordering of Sequential Processes
        Acta Informatica 1, pp 115-138, Springer-Verlag 1971

/Gen77/ Genrich,H.J.:
        Appendix: Petri Nets
        GMD - ISF, 16.03.1977

/Hol76/ Holt,A.W.:
        Net Models of Organisational Systems, in Theory and
        Practice
        Massachusetts Computer Associates, Inc., Vortrag
        GI-6.Jahrestagung, Stuttgart, 29.Sept.-1.Okt. 1976

/Loc78/ Lockemann,P.C.; Mayr,H.C.:
        Rechnergestützte Informationssysteme
        Springer-Verlag, 1978

/Nut75/ Nutt,G.J.:
        A Simulation Language Based on Petri Nets
        Department of Computer Science, University of
        Colorado, Boulder, Colorado 80302, August 1975

/Pet76/   Petri,C.A.:
           General Net Theory, Communication Disciplines
           in: Computing System Design, Proceedings of the
           Joint IBM University of Newcastle upon Tyne
           Seminar, 7th-10th September 1976, Ed.: B.Shaw

/Pet77/   Petri,C.A.:
           Non-Sequential Processes
           GMD - ISF Report, ISF-77-05, 15.06.1977

/Scn78/   Schneider,H.J.:
           Möglichkeiten und Grenzen normativer Ansätze für
           die Gestaltung von Informationssystemen
           Beitrag zum 5. Wirtschaftsinformatik-Symposium der
           IBM Deutschland GmbH, 10.-12. Oktober 1978 in
           Bad Neuenahr

/Scu78/   Schumacher,F.:
           Beschreibung und Auswertung diskreter dynamischer
           Systeme
           Kernforschungszentrum Karlsruhe, Institut für
           Datenverarbeitung in der Technik, Mai 1978

FUNKTIONSNETZE

Ein Ansatz zur Beschreibung, Analyse und Simulation
von sozio-technischen Systemen.

H.P. Godbersen

Institut für Angewandte Informatik
Technische Universität Berlin
Otto-Suhr-Allee 18/20, D 1000 Berlin 10

Das Modellierungs- und Darstellungskonzept "Funktionsnetze"
zur Beschreibung, Analyse und Simulation sozio-technischer
Systeme wird vorgestellt und anhand eines Anwendungsbeispiels
erläutert. Weiterhin untersuchen wir die Eigenschaften von
Transitionsnetzen mit Zeitverbrauch (Timed Petri Nets), die
zur analytischen Untersuchung von Funktionsnetzen herangezogen
werden.

1. EINLEITUNG

Auf dem Gebiet der Modellierung von sozio-technischen Systemen ist
bisher keine ausreichende theoretische Durchdringung zu verzeichnen.
Vielmehr existiert eine Anzahl singulärer Ansätze für spezielle Anwen-
dungsgebiete mittels unterschiedlicher Methoden und Darstellungskon-
zepte. Bei der Entwicklung eines neuen Ansatzes sind folgende
Anforderungen zu berücksichtigen (siehe auch /Sc78/):
  - Einheitliche Dokumentationssprache für alle Bereiche und Phasen
    einer Systementwicklung bzw.- änderung,
  - Beschreibung auf verschiedenen Aggregationsebenen (Konzept der
    Vergröberung und Verfeinerung),
  - Modellierung sowohl statischer als auch prozessoraler Aspekte,
  - möglichst geringer konzeptioneller Abstand zwischen den mentalen
    Modellen der Benutzer und den mittels des Konzeptes realisierbaren
    Modellen,
  - formale Basis des Konzeptes,
  - Möglichkeit zur Ableitung qualitativer und quantitativer Aussagen,
  - Unterschiedliche Repräsentationsmöglichkeiten.

Der hier vorgestellte Ansatz ermöglicht sowohl die Beschreibung, als auch die Analyse und Simulation von sozio-technischen Systemen. Zunächst werden Transitionsnetze mit Zeitverbrauch und prompter Schaltregel (Timed Petri Nets, abgek.: TPN) eingeführt und mit "normalen" Transitionsnetzen verglichen. Im Anschluss erfolgt die Darstellung des Modellierungs- und Darstellungskonzeptes für Funktionsnetze, sowie die Definition der Attribute (Anschriften) dieser Netze. Zur analytischen Untersuchung von Funktionsnetzen werden die Timed Petri Nets herangezogen. Anhand eines Anwendungsbeispiels werden Darstellung, Simulation und Analyse erläutert.

Wir setzen voraus, daß der Leser mit der Petrinetz-Theorie vertraut ist. Eine Zusammenfassung der Definitionen befindet sich im Anhang.

2. TIMED PETRI NETS

Zur Modellierung von Instanzen wollen wir den Zeitverbrauch bei der Ausführung einer Tätigkeit berücksichtigen. Von einigen Autoren sind Netze mit Zeitverbrauch (Timed Petri Nets) bereits eingeführt bzw. untersucht worden /Ra74/,/Gh77/. Eine weiterführende Untersuchung der Eigenschaften dieser Netze ist uns nicht bekannt. Im folgenden Abschnitt werden die Eigenschaften von TPN untersucht und mit denen der korrespondierenden Transitionsnetze verglichen. Wir suchen nach invarianten Eigenschaften, die unabhängig sind von der Länge der Schaltzeit.

TPN (Timed Petri Nets) sind Transitionsnetze (TN) mit nicht-negativem, endlichem Zeitverbrauch für T-Elemente (vgl. /Ra74/):

$$\text{TPN} : \Longleftrightarrow \text{TN} \quad \text{mit TIME: } T \longrightarrow R^{\circ} \setminus \{\infty\}$$

Wir untersuchen die Netze auf zwei Ebenen: (1) Transitions-Ebene und (2) T-Elemente-Ebene – als Vergröberung von (1). Ferner gehen wir von einer prompten Transitionsschaltregel aus (die auch in /Ra74/ implizit enthalten ist):

> Wenn alle Eingangsstellen einer Transition markiert sind, d.h., wenn die Transition aktiviert ist, muß sie schalten (im Gegensatz zu "kann"); Konflikte werden von der Umgebung gelöst (Zufallsverteilung).

T-Elemente in TPN und TN (Ebene 2) bestehen aus folgender Feinstruktur (Ebene 1):

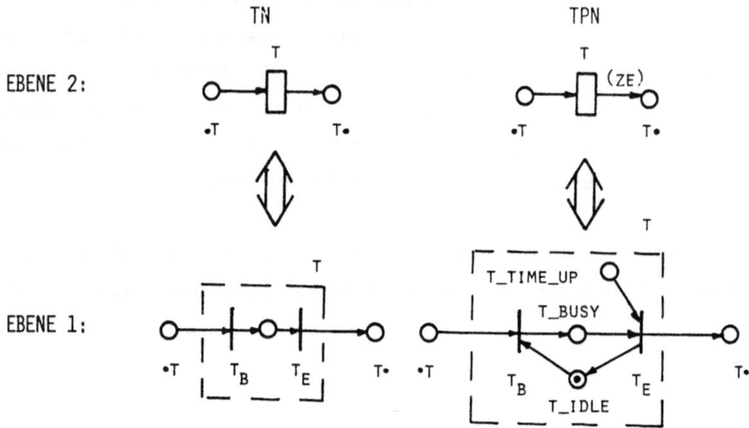

<u>Abb. 1:</u> T-Element in TN und TPN

Zwei Transitionen tb bzw. te repräsentieren den Beginn bzw. das Ende der Ausführungsphase eines T-Elements sowohl in TPN als auch in TN. In TPN gilt: Die Transition tb schaltet prompt, wenn •t und t_idle markiert sind, damit wird t_busy markiert. Die Stelle t_time_up ist TIME(t)- Zeiteinheiten nach dem Schalten von tb markiert. Durch das prompte Schalten von te werden t_idle und t• markiert.

<u>Vergleich der Eigenschaften von TN und TPN</u>

Wir beschränken uns bei der Untersuchung der Eigenschaften auf eine anschauliche Darstellung; auf Beweise wird im Rahmen dieser Arbeit verzichtet. Die Eigenschaften von TPN werden mit "+" gekennzeichnet, um sie von denen der Transitionsnetze ohne Zeitverbrauch zu unterscheiden.

Wir definieren zunächst Eigenschaften auf der Ebene 2 (mit Hilfe von Eigenschaften der Ebene 1). T-Elemente in TPN befinden sich immer in einem der folgenden drei Zustände:
Ein T-Element befindet sich in der Ausführungsphase, wenn die Stelle

t_busy markiert ist:

$$BUSY^+(t,M) :\Longleftrightarrow M(t\_busy) = 1$$

Ein T-Element ist aktiviert, wenn t_idle und alle Eingangsstellen markiert sind:

$$ACT^+(t,M) :\Longleftrightarrow \forall\, s \in {}^\bullet t : M(s) > 0 \;\land\; M(t\_idle) = 1$$

Ein T-Element befindet sich in der Wartephase, wenn t_idle markiert, aber mindestens eine Eingangsstelle nicht markiert ist:

$$IDLE^+(t,M) :\Longleftrightarrow M(t\_idle) = 1 \;\land\; \exists\, s \in {}^\bullet t : M(s) = 0$$

Es ist für ACT(t,M) notwendig und hinreichend, daß alle Eingangsstellen markiert sind, bei $ACT^+(t,M)$ ist zusätzlich gefordert, daß das T-Element nicht BUSY ist:

$$ACT^+(t,M) \Longrightarrow ACT(t,M)$$

Besteht zwischen einer Menge U von T-Elementen in TPN ein Konflikt, so existiert dieser auch in TN, andererseits können in TPN weniger Konflikte auftreten:

$$CONFL^+(U,M) \Longrightarrow CONFL(U,M)$$

Auf der aggregierten Ebene (2) ergibt sich folgende <u>TPN-Schaltregel</u>:

> Ein T-Element schaltet sofort (prompt), wenn alle Eingangsstellen markiert sind und es sich nicht in der Ausführungsphase ($BUSY^+$) befindet. Besteht ein Konflikt mit anderen T-Elementen, so wird dieser dadurch entschieden, daß nur ein zufällig ausgesuchtes T-Element schaltet. Durch das Schalten wird von allen Eingangsstellen jeweils ein Token entfernt. Nach Ablauf der endlichen Schaltzeit erhalten alle Ausgangsstellen jeweils einen Token.

Kann eine Menge U von T-Elementen aufgrund der TPN-Schaltregel nebenläufig schalten, so können diese das auch bei der TN-Schaltregel:

$$CONC^+(U,M) \Longrightarrow CONC(U,M)$$

Um die Markierungen von TN und TPN vergleichen zu können, betrachten
wir im folgenden die Ebene der Transitionen (1), wobei wir in den
Abbildungen weiterhin die T-Elemente-Ebene verwenden.

Die <u>Markierungsklasse</u> $[M]$ ist die Vereinigungsmenge einer Anfangs-
markierung M mit sämtlichen Folgemarkierungen, die von M aus durch das
Schalten von Transitionen erreichbar sind. Im Falle von Konflikten
müssen jeweils alle Lösungen berücksichtigt werden. Eine Schaltfolge
von Transitionen U1,U2,...,Un in $[M]$ nennen wir <u>Prozeß</u> p, mit P(M)
bezeichnen wir die Menge aller Prozesse in $[M]$.

Die in TPN möglichen Prozesse sind eine Teilmenge derjenigen von TN,
weil durch die TPN-Schaltregel i.allg. nicht alle Prozesse aus TN in
TPN ablaufen können. Andererseits gibt es keinen Prozeß in TPN, der
nicht auch in TN existiert (die TPN-Schaltregel ist nur ein Sonderfall
der TN-Schaltregel):

$$P^+(M) \subseteq P(M)$$

Die weiteren Untersuchungen beziehen sich auf die obige Aussage. Ein
Beispiel (vgl. auch /Gh77/):

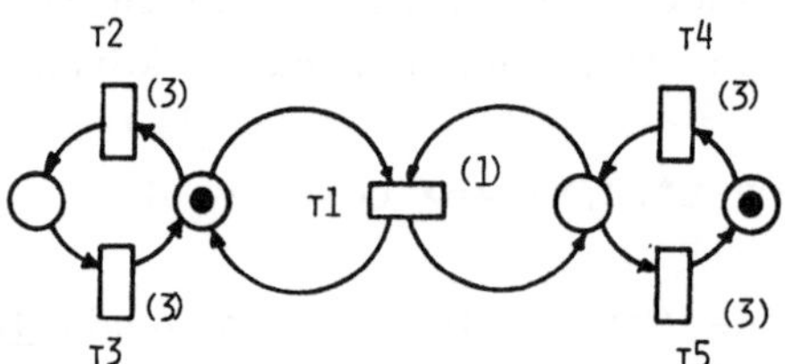

<u>Abb. 2:</u> TN (ohne Zeitangabe) und TPN (mit Zeitangabe)

Betrachten wir folgende Prozesse, wobei b den Beginn und e das Ende
der Ausführungsphase bezeichnet:

$$p1 = \{t2b,t4b\}, \{t2e,t4e\}, \{t3b,t5b\}, \{t3e,t5e\}, \{t2b,t4b\},\ldots.$$
$$p2 = \{t2b,t4b\}, \{t2e\}, \{t3b\}, \{t3e,t4e\}, \{t1b\}, \{t1e\},\ldots.$$

Es zeigt sich daß p1 und p2 in TN auftreten, während in TPN nur p1 zulässig ist.

Durch die Einschränkung bezüglich P^+ in TPN ist auch $[M]^+$
eingeschränkt, weil einige Markierungen in TPN möglicherweise nicht
mehr auftreten können:

$$[M]^+ \subseteq [M]$$

Sind alle Markierungen in $[M]$ sicher bezüglich der Kapazitätsgrenzen CAP der Stellen in TN, so ist dies auch in TPN der Fall. Die Umkehrung gilt nicht, weil in TN zusätzliche Prozesse möglich sind, die die Sicherheit verletzen können:

$$\text{SAVE}^+(M,\text{CAP}) \iff \text{SAVE}(M,\text{CAP})$$

Ist eine Transition in TN tot (nicht in $[M]$ aktivierbar), so ist sie auch in TPN tot. Die Umkehrung gilt nicht, weil durch die Restriktion bezüglich der Prozesse die Aktivierung von t außerhalb von $P^+(M)$ liegen kann:

$$\text{DEAD}^+(t,M) \iff \text{DEAD}(t,M)$$

Ist eine Markierung in TN tot (deadlock), so ist sie auch in TPN tot:

$$\text{DEAD}^+(M) \iff \text{DEAD}(M)$$

Ist eine Transition in TPN möglicherweise lebendig (in mindestens einer Aktivierungsfolge aktiviert), dann trifft das auch in TN zu:

$$\text{LEB}^+(t,M) \implies \text{LEB}(t,M)$$

Ist eine Transition in TN immer wieder lebendig (in jeder Aktivierungsfolge immer wieder aktiviert), dann trifft das auch in TPN zu:

$$\text{UNST}^+(t,M) \iff \text{UNST}(t,M)$$

Sind alle Transitionen lebendig (es besteht die Möglichkeit des zumindest einmaligen Schaltens jeder Transition) in TPN, so ist das auch in TN der Fall:

$$\text{ÜALEB}^+(M) \implies \text{ÜALEB}(M)$$

Ein in TN unsterbliche Markierungsklasse (es kann immer eine Transition schalten) ist auch in TPN unsterblich:

$$\text{UNST}^+(M) \iff \text{UNST}(M)$$

Ein in TN immer-unsterbliche Markierungsklasse (es kann jede Transition immer wieder schalten) besitzt diese Eigenschaft auch in TPN:

$$\text{ÜAUNST}^+(M) \;\Longleftarrow\; \text{ÜAUNST}(M)$$

Bei der Reproduzierbarkeit ergeben sich folgende Beziehungen: Ist eine Markierung möglicherweise in TPN reproduzierbar, so besteht diese Möglichkeit auch in TN:

$$\text{REPP}^+(M) \;\Longrightarrow\; \text{REPP}(M)$$

Ist eine Markierung in TN total reproduzierbar, dann auch in TPN:

$$\text{REPA}^+(M) \;\Longleftarrow\; \text{REPA}(M)$$

Aus der Untersuchung von TN lassen sich somit folgende Aussagen über strukturell äquivalente TPN ableiten:

$$
\begin{aligned}
&\text{"}\Longrightarrow\text{"} \quad \text{SAVE}^+(M),\ \text{DEAD}^+(t,M),\ \text{DEAD}^+(M), \\
&\qquad\quad \text{UNST}^+(t,M),\ \text{UNST}^+(M),\ \text{ÜAUNST}^+(M), \\
&\qquad\quad \text{REPA}^+(M),\ \neg\,\text{LEB}^+(t,M), \\
&\qquad\quad \neg\,\text{ÜALEB}^+(M),\ \neg\,\text{REPP}^+(M)
\end{aligned}
$$

Bei denjenigen Eigenschaften, die sich auf die Existenz zumindest einer Prozeßfolge beziehen, ist nur die Ableitung der negierten Aussage möglich, weil nicht bekannt ist, ob gerade dieser Prozeß durch die TPN-Schaltregel verhindert wird. Hingegen ist bei den Eigenschaften, die sich auf alle Prozesse beziehen, eine direkte Ableitung möglich. Eine Äquivalenz ist hier auch nicht generell ableitbar, weil durch Fortfall der Zeitrestriktionen zusätzliche Prozesse möglich sind.

Timed Petri Nets werden im nächsten Abschnitt mittels einer Reduktion zur analytischen Untersuchung von Funktionsnetzen herangezogen.

3. FUNKTIONSNETZE

Formal ist ein Funktionsnetz ein Timed Petri Net, wobei S-Elemente als Kanäle, T-Elemente als Instanzen interpretiert werden, mit zusätzlichen Attributen für die Funktionseinheiten und Systembeziehungen, sowie einer "Markierung" mit Nachrichten /Go78/. Ausgehend von der Diskussion des Modellierungsansatzes werden die Attribute im folgenden eingeführt.

Modellierungs- und Darstellungskonzept

Betrachten wir sozio-technische Systeme, so interessieren uns vor allem folgende Eigenschaften: die Verarbeitung und der Austausch von Informationen. Wir assoziieren die informationsverarbeitende Komponente eines Systems mit dem Begriff der Instanz, und die informationsdarstellende (-speichernde) Komponente mit dem Begriff des Kanals. Damit wird das betrachtete Informationssystem in zwei disjunkte Mengen aufgeteilt, wobei der Zusammenhalt des Systems durch Kommunikationsbeziehungen zwischen den Funktionseinheiten hergestellt wird.

Unser Ziel ist die Entwicklung eines formalen Modellierungskonzeptes zusammen mit einem anschaulichen Darstellungskonzept.

Bei der Beschreibung von Systemen spielen die Begriffe Verfeinerung und Vergröberung eine zentrale Rolle, da es mit ihrer Hilfe gelingt, Systeme auf unterschiedlichen Aggregationsebenen darzustellen. Die Verfeinerung ermöglicht sowohl den Detaillierungsgrad des Modells zu erhöhen, als auch die Anschriften eines groben Netzes selbst durch Netze zu ersetzen. Die wiederholte Verfeinerung führt schließlich zu Transitionsnetzen ohne Anschriften /Go78/.

Zur Modellierung des dynamischen Aspekts von Systemen werden Nachrichten-Markierungen im Netzmodell eingeführt, sowie die Eigenschaften der Funktionseinheiten und Kommunikationsbeziehungen spezifiziert. Die Schaltregel wird für hochaggregierte Instanzen modifiziert. Darauf aufbauend lassen sich beliebig komplexe, aggregierte Funktionseinheiten (-Moduln) für spezielle Anwendungsgebiete spezifizieren, die durch Netzmorphismen auf "einfache" Netze zurückführbar sind. Ziel des Ansatzes ist es, quantitative und qualitative Aussagen über das modellierte System abzuleiten.

Die computergestützte _analytische_ Untersuchung liefert Aussagen
über: Netzklasse, Lebendigkeit, Sicherheit, Synchronie-Abstand,
Fakten, und Durchsatz (vgl. /Pe76/).

Die Ergebnisse sind sowohl unabhängig von den Zeitparametern der
Instanzen, als auch von den Nachrichteninhalten (außer Durchsatz).
Durch computergestützte _Simulation_ sind weitergehende Aussagen
ableitbar:

- Statistiken über die zeitliche Auslastung von Instanzen und
  Kapazitäts-Auslastung der Kanäle.
- Ereignisprotokolle der Aktivitäten von Instanzen.
- Anzahl der aufgetretenen Konflikte.
- Overflow (Verletzung der Kapazitätsgrenzen).
- Ergebnisse, die zwar analytisch ableitbar sind, aber dort einen
  hohen Rechenaufwand verursachen (z.B. Durchsatz).

Für das Basisniveau wird eine anschauliche graphische _Darstellung_
eingeführt, die ausschließlich mit Netzen und Anschriften an Netz-
knoten arbeitet. Der Benutzer kann auch komplexe Funktionseinheiten
(Subsysteme) mittels Funktionsnetzen extern definieren, und im Modell
die Vergröberung des Subsystems zu einer Funktionseinheit benützen.
Durch Netzmorphismen ist eine sehr übersichtliche Darstellung
erreichbar. Als Mittel zur analytischen und experimentellen Untersuchung ist eine _Funktionsnetz-Sprache_ mit einer benutzerfreundlichen
Sprachschnittstelle implementiert. Komplexe Funktionseinheiten werden
in der Gastsprache PL/1 bzw. SIMULA algorithmisch beschrieben.

Strömungsgrößen

Strömungsgrößen sind ausschließlich Nachrichten. Wir unterscheiden
zwischen
   Nachrichtenfluß: Transport von Informationen, die verarbeitet
   oder miteinander verknüpft werden.
   Steuerfluß: Transport von Steuersignalen zur Lenkung des
   Systems. Die Nachrichten dienen nicht zur Verarbeitung oder
   Verknüpfung innerhalb einer Instanz.

Eine _Nachricht_ n besteht aus einer geordneten endlichen Menge von

Zeichen eines Alphabets A, mit A^* als freiem Monoid:

$$n \in N \subseteq \mathcal{P}(A^*)$$

Beispiel: In dem Modell in Abbildung 9 treten Nachrichtenflüsse (z.B. Lagerbestände) und Steuerflüsse auf (z.B. Triggern der Integrier-instanzen nach Ablauf eines Beobachtungszeitraums).

Eine <u>Informierung</u> des Netzes ist eine Abbildung

$$INF: K \cup I^1 \longrightarrow N^m \qquad \text{mit } m \in \mathbb{N}$$

welche die K und I^1 Elemente des Funktionsnetzes in die Menge aller Nachrichten abbildet. Unter I^1 verstehen wir gedächtnisfähige Instanzen. Diese enthalten intern mindestens einen Nebenbedingungs-Kanal, in dem zwischen den Ausführungsphasen Nachrichten aufbewahrt werden. Die Menge der Nachrichten n1,n2,..,ni in einer Funktions-einheit x unter der Informierung INF bezeichnen wir mit INF(x), die Anzahl der Nachrichten mit M(x), wobei $M(x) :\Longleftrightarrow |INF(x)|$.

<u>Abb. 3:</u> Beispiele von Anschriften für Initialisierungen

<u>Systembeziehungen</u>

Die Flußrelationen Z und Q spezifizieren, zwischen welchen Funktions-einheiten Nachrichten ausgetauscht werden können. Um eine größere Freiheit bezüglich der Anwendung der Schaltregel zu haben, und um Systemzusammenhänge adäquater spezifizieren zu können, wird eine disjunkte Aufteilung der Flußrelationen eingeführt:

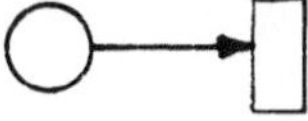

IN: Die Entnahme der Nachricht (als Original) aus dem Kanal (zerstörendes Lesen), mit IN$\underline{\subseteq}$Z.

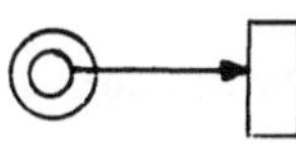

CO: Lesen des Nachrichteninhalts als Kopie aus dem Kanal (zerstörungsfreies Lesen), mit CO$\underline{\subseteq}$Z. Ist der Kanal leer, so wird eine Dummy-Nachricht übermittelt.

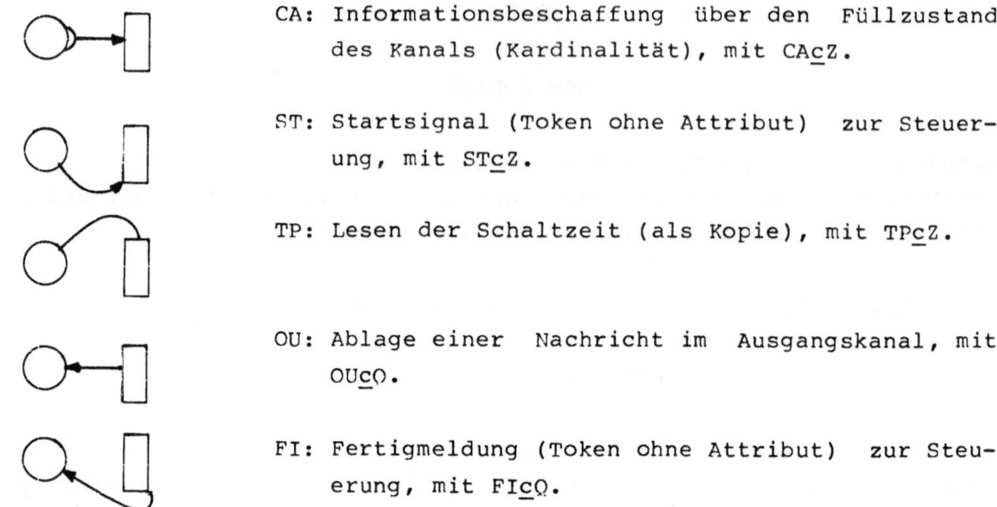

CA: Informationsbeschaffung über den Füllzustand des Kanals (Kardinalität), mit $CA \subseteq Z$.

ST: Startsignal (Token ohne Attribut) zur Steuerung, mit $ST \subseteq Z$.

TP: Lesen der Schaltzeit (als Kopie), mit $TP \subseteq Z$.

OU: Ablage einer Nachricht im Ausgangskanal, mit $OU \subseteq Q$.

FI: Fertigmeldung (Token ohne Attribut) zur Steuerung, mit $FI \subseteq Q$.

Es gilt: $Z = IN \cup CO \cup CA \cup ST \cup TP, \qquad Q = OU \cup FI$

Kanäle

Kanäle speichern Nachrichten, sie besitzen zwei Attribute: Zugriffsmodus MOD und Kapaziät CAP. Beim Zugriffsmodus unterscheiden wir zwischen: Warteschlange (queue) FIFO, Keller (stack) LIFO und adressierbarer Speicher ADDRESS.

$$MOD: K \longrightarrow \{FIFO, LIFO, ADDRESS\}$$

Während FIFO- und LIFO- Kanäle das Lebendigkeitsverhalten des Netzes nicht beeinflussen, ist beim ADDRESS-Kanal folgendes zu berücksichtigen: Es ist möglich, daß Nachfolgeinstanzen nicht aktiviert sind obwohl Nachrichten vorhanden sind, weil diese Instanzen auf leere Speicherplätze zugreifen wollen. Bei der analytischen Untersuchung wird dies durch folgende Verfeinerung berücksichtigt:

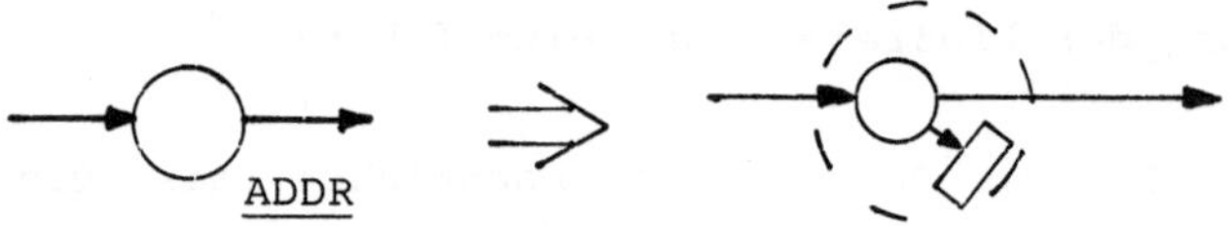

Abb. 4: Lebendigkeitsverhalten von ADDRESS-Kanälen

Es muß weiterhin zwischen den beteiligten Instanzen eine Unterscheidung zwischen Inhalt und Adresse einer Nachricht **vereinbart** sein. Die **Kapazität** eines Kanals ist eine Abbildung

$$\text{CAP:} \quad K \longrightarrow \mathbb{N}$$

Eine "ideale (ausreichend große)" Kapazität wird mit ∞ bezeichnet. Besitzt ein Kanal die Kapazität 0, so ist die Sicherheit dann verletzt, wenn dieser Kanal eine Nachricht erhält, ohne daß eine Nachfolgeinstanz aktiviert ist.

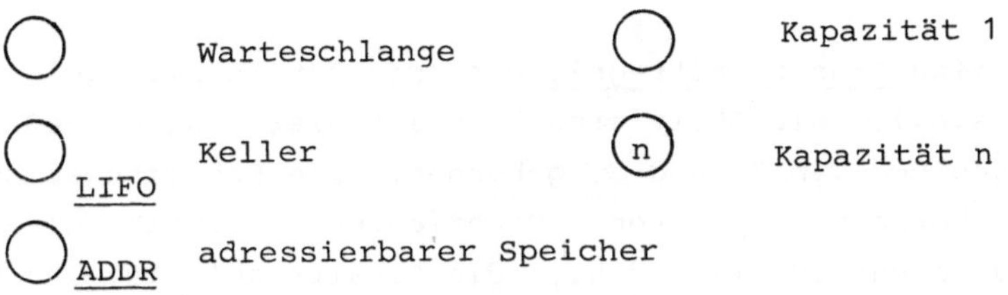

$\bigcirc$ Warteschlange $\bigcirc$ Kapazität 1

$\bigcirc$ LIFO   Keller $\bigcirc$ n   Kapazität n

$\bigcirc$ ADDR   adressierbarer Speicher

Abb. 5: Darstellung von Speicherzugriff und Kanalkapazität

Instanzen

Instanzen verarbeiten Nachrichten. Eingangsnachrichten werden verknüpft; als Ergebnis dieser Operation entstehen Ausgangsnachrichten. Zur Ausführung der Tätigkeit wird i.allg. Zeit verbraucht. Während der Ausführungsphase kann die Instanz nicht nochmals schalten (vgl. TPN-Schaltregel). Instanzen besitzen vier Attribute: Tätigkeit JOB, Schaltzeit TIME, Schaltverhalten FIRE und Gedächtnisfähigkeit MEMO. Wir definieren die Tätigkeit einer Instanz als eine Abbildung JOB, die jeder Instanz eine Tätigkeit j zuordnet /Go78/:

$$\text{JOB:} \quad I \longrightarrow \{j1,j2,\ldots,jn\}$$

Beispiel: Die Maximum-Instanz MAX holt von allen Eingangskanälen Nachrichten, bestimmt das Maximum, und gibt diesen Wert weiter:

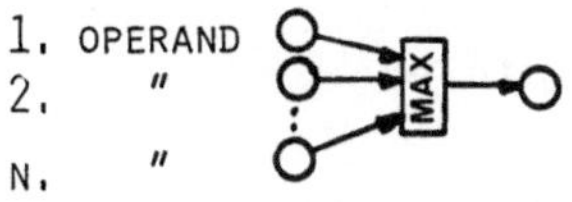

Abb. 6: Darstellung von MAX und Zuordnung von Operanden

Die Tätigkeiten operieren auf unterschiedlichen Nachrichtenmengen. "Unverständliche" Nachrichten sind kein Gegenstand unserer Untersuchungen, sie bleiben ohne Einfluß auf das Lebendigkeitsverhalten.

Die _Schaltzeit_ TIME ist hier (als Erweiterung gegenüber TPN) explizit veränderbar. Bei jedem Schalten der Instanz wird diese Zeitnachricht aus einem LIFO-Kopierkanal neu eingelesen. Die angegebene Schaltzeit kann streuen, z.B. mittelwertverteilt sein. Findet ein "critical race" statt, so ist der Ausgang als ungewiß anzusehen. Erst durch die explizite Eintragung als Systembeziehung ergibt sich eine kausale Eigenschaft.

Wir verwenden eine _Grundschaltregel,_ die mit der Schaltregel in TPN identisch ist (s.o.), die Aktivierbarkeit ist hier ausschließlich an Systembeziehungen vom Typ IN und ST gebunden. Die Schaltregel bezieht sich auf das Vorhandensein von Nachrichten, deshalb wird M(i) betrachtet (und nicht INF(i)), d.h., die Schaltregel ist unabhängig vom Inhalt der Nachrichten definiert. Wir lassen drei weitere Schaltverhalten zu, die sich alle auf die Grundschaltregel zurückführen lassen:

$$\text{FIRE: I} \dashrightarrow \{\text{ALL, SO\_OUT, SO\_IN, SOME}\}$$

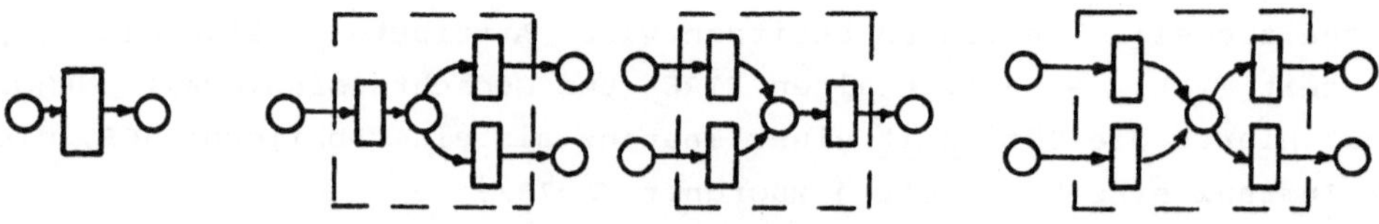

ALL	SO_OUT	SO_IN	SOME
TPN-Schaltregel	Partielle	Partielle	Kombination
	Ausgabe	Aufnahme	
	(Vorwärtskonfl.)	(Rückwärtskonfl.)	

Abb. 7. Schaltverhalten (Beispiele)

Bei der graphischen Darstellung muß ein von "ALL" abweichendes Schaltverhalten im Netz angegeben werden.

Als _gedächtnisfähig_ bezeichnen wir solche Instanzen, die intern einen Nebenbedingungskanal besitzen:

$$\text{MEMO: I} \dashrightarrow \{\text{nicht-,gedächtnisfähig}\}$$

Der Nebenbedingungskanal muß initialisiert sein, damit die Instanz
aktiviert ist.

Die bisherigen Spezifikationen von Instanzen und Kanälen und deren
Nachrichtenbeziehungen ergeben folgende Definition für Funktionsnetze:

$$FN :\Longleftrightarrow (K,I,Z,O,INF)$$

mit $\quad K \cap I = \emptyset, \quad Z \cup Q \neq \emptyset, \quad Z \subseteq K \times I, \quad O \subseteq K \times I,$
$\quad\quad$ domain$(Z \cup Q) = K, \quad$ range$(Z \cup Q) = I$

$\quad\quad$ MOD: $K \dashrightarrow \{FIFO, LIFO, ADDRESS\}$ $\quad\quad\quad$ (Kanalattribute)
$\quad\quad$ CAP: $K \dashrightarrow \mathbb{N}$

$\quad\quad$ JOB: $I \dashrightarrow \{j1, j2, .. jn\}$ $\quad\quad\quad\quad\quad$ (Instanzenattribute)
$\quad\quad$ TIME: $I \dashrightarrow \mathbb{R}^{\circ} \setminus \{\infty\}$
$\quad\quad$ FIRE: $I \dashrightarrow \{ALL, SO\_OUT, SO\_IN, SOME\}$
$\quad\quad$ MEMO: $I \dashrightarrow \{nicht\text{-}, gedächtnisfähig\}$

$\quad\quad$ $Z = IN \cup CO \cup CA \cup ST \cup TP$ $\quad\quad\quad\quad$ (Systembeziehungen)
$\quad\quad$ $Q = OU \cup FI$
$\quad\quad\quad$ IN, CO, CA, ST, TP, OU, FI sind paarweise disjunkt.
$\quad\quad$ INF: $K \cup I^{1} \dashrightarrow N^{m}$ $\quad\quad\quad\quad\quad\quad$ (Informierung)

Anwendungsbeispiel

Anhand der Modellierung eines Handelsbetriebes sollen die bisher
eingeführten Konzepte erläutert werden.

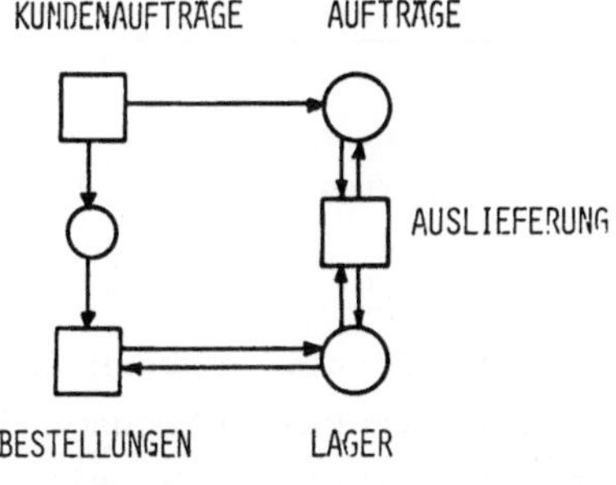

Der betrachtete Handelsbetrieb be-
liefert Kunden mit Waren aus seinem
Lager. Die Bestellungen des Händlers
zum Auffüllen des Lagers sind
abhängig vom Lagerbestand und der
Rate der Kundenaufträge pro
Beobachtungszeitraum. Die Auslieferung der Waren ist abhängig von den
Bestellungen und dem Lagerbestand.

Abb. 8: Grobes Modell vom Handelsbetrieb

Durch Spezifikation der Verzögerungszeiten und Entscheidungsregeln sowie der Initialisierung (s. /Go77/) erhält man ein verfeinertes, operationales Funktionsnetz:

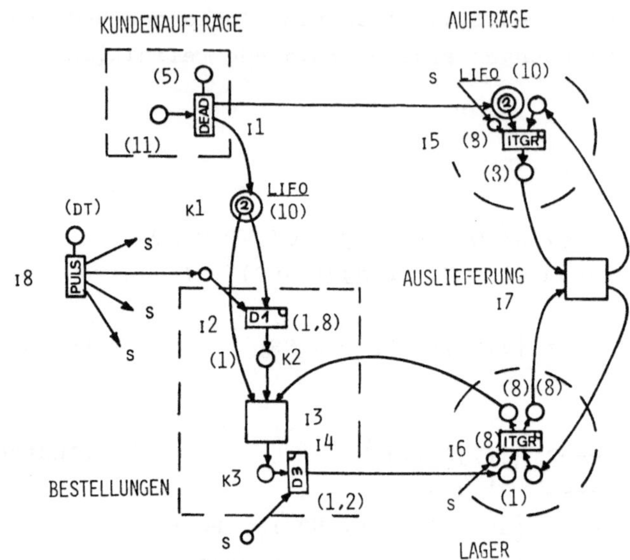

Abb. 9: Modell vom Handelsbetrieb

Es wird ein zeitkontinuierlicher Modellansatz verwendet. Das Triggern der Delay- und Integrationsinstanzen geschieht alle DT- Zeitschritte durch die PULS-Instanz. Die Instanzen i3 und i7 sind wiederum durch Netze spezifizierbar:

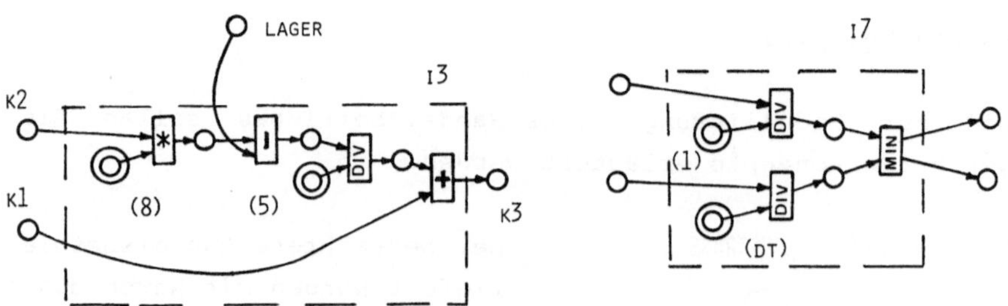

Abb. 10: Verfeinerung von i3 und i7

Die computergestützte Simulation findet mit Hilfe der sprachlichen Umsetzung des Netzes (aus Abbildung 9) unter Berücksichtigung der Verfeinerung von i3 und i7 (Abbildung 10) statt, wobei auf vordefinierte Module zurückgegriffen wird; oder ohne diese

Verfeinerung, wobei die Instanzen i3 und i7 algorithmisch zu spezifizieren sind /Go77/.

<u>Transformation von FN nach TPN</u>

Um Funktionsnetze analytisch zu untersuchen, wird eine Transformation definiert, die Funktionsnetze FN in TPN-Netze umwandelt. Wir berücksichtigen nur solche Zusammenhänge, die aus der Markierungsklasse hervorgehen (nicht die Informierung). Zusätzlich zu den folgenden vier Schritten kann eine Reduktion des Netzes vorgenommen werden.

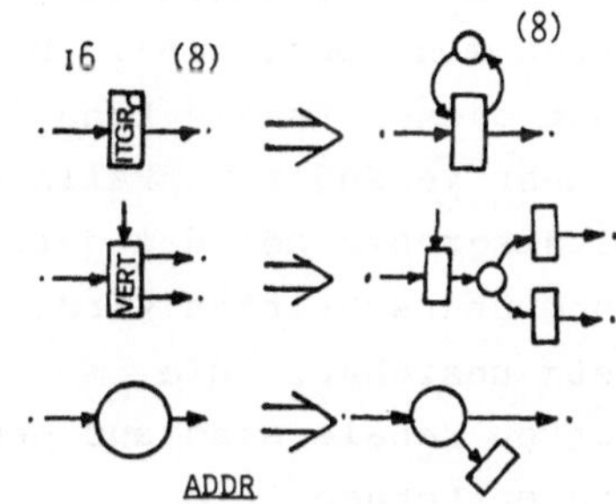

SCHRITT_1:
Verfeinerung von gedächtnisfähigen Instanzen und komplexen Funktionseinheiten bis zur Grundschaltregel. Streichen der Anschriften MOD, JOB, TIME, FIRE, MEMO.

SCHRITT_2:
Überführen aller Informierungen INF(x) in Markierungen
M(x) := |INF(x)| .

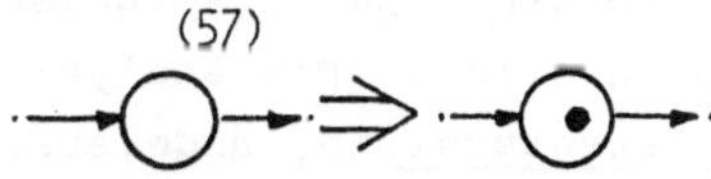

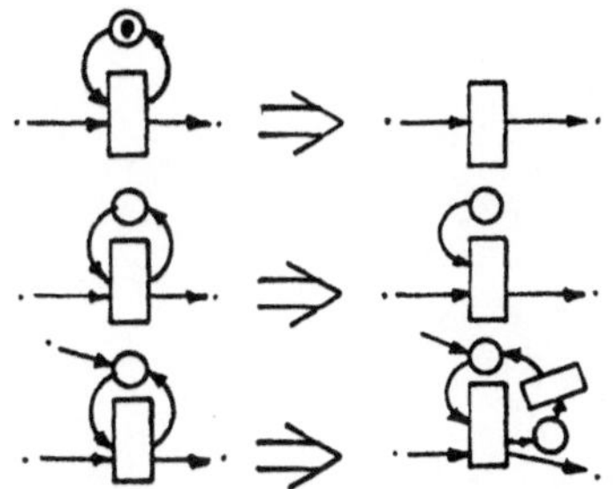

SCHRITT_3:
Auflösen von Nebenbedingungen (NB) durch Verfeinern, oder falls keine weitere Instanz Zugriff hat: Streichen der NB, falls NB markiert (Lebendigkeit nicht gefährdet), andernfalls Streichen des Q-Pfeils (ergibt eine tote Instanz).

SCHRITT_4:

Entfernen aller CO-, CA-, und TP-
Verbindungen aus dem Netz. Diese
Systembeziehungen haben keinen
Einfluß auf das dynamische Ver-
halten, weil sie unabhängig von
der Schaltregel arbeiten
(Nachricht im Kanal ist nicht
Voraussetzung für Aktivität). Es
ist möglich, daß daraufhin Kanäle
isoliert werden (d.h., keine
Informationsbeziehungen zu
Instanzen mehr besitzen). Die
Belegung dieser Kanäle kann sich
nicht mehr verändern. Falls die
Kapazitätsgrenze bei der jetzigen
Belegung überschritten wird, ist
das Netz unsicher. Die
isolierten Kanäle sind aus dem
Netz zu entfernen.

Das TPN braucht nicht mehr zusammenhängend sein, weil durch SCHRITT_4
einige Systembeziehungen gestrichen werden können. Das Ursprungsnetz
FN ist zusammenhängend (Forderung aus Systemtheorie). Die analytische
Untersuchung erlaubt einerseits eine Konsistenzprüfung, andererseits
Rückschlüsse auf Eigenschaften des modellierten Systems.   Die Trans-
formation des Netzes aus Abbildung 9:

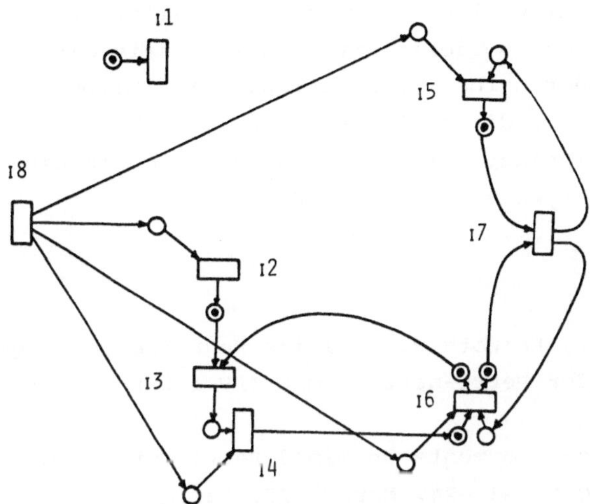

Abb. 11: Aus Handelsbetriebsmodell transformiertes TPN-Netz.

Man erkennt, daß das Netz (und damit auch das ursprüngliche Funktionsnetz) unsterblich -UNST(M)- und das untere Teilnetz überall unsterblich -ÜAUNST(M)- ist.

4. ZUSAMMENFASSUNG

Wir verwenden Funktionsnetze zur Beschreibung, Analyse und Simulation von Informationssystemen. Das Modellierungskonzept zeichnet sich durch eine variable Komplexität der Funktionseinheiten aus, die dem Benutzer erlaubt, einerseits allgemeinverständliche Modelle herzustellen, andererseits beliebig komplexe Subsysteme zu verwenden, oder solche für spezielle Anwendungsgebiete zu definieren.

Dieser Ansatz kann insofern als <u>generell</u> bezeichnet werden, als er sowohl die Beschreibung, als auch die Analyse und Simulation von Systemen aus unterschiedlichen Problembereichen mit Hilfe eines einheitlichen Darstellungsmittels erlaubt.

Zur Analyse von Funktionsnetzen werden diese in TPN-Netze überführt. Wichtige Eigenschaften von TPN (und damit Funktionsnetzen) lassen sich aus der Untersuchung eines bezüglich der Struktur äquivalenten Transitionsnetzes ableiten.

Zur Handhabung wurde eine Netz-Sprache entwickelt, die einem Benutzer

eine hohe Sprachschnittstelle zur Verfügung stellt. Ein Benutzer kann
so auf einfache Weise vordefinierte Funktionseinheiten zur Modellierung benützen oder selbst generieren. Die Computerunterstützung
bezieht sich sowohl auf die analytische Untersuchung als auch auf die
Simulation. Funktionsnetz- Modelle lassen sich in ein vorhandenes
Modell- Methodenbanksystem intergrieren /Me79/.

<u>Literatur:</u>

/Ba78/ Baumgarten,B.; Prinoth,R.: Einige Begriffe und Ergebnisse aus
       der Theorie der Petri-Netze. GMD-IFV Interner Bericht (Juli
       1978)

/Gh77/ Ghosh,S.: Some Comments on Timed Petri Nets. Journees Reseaux
       de Petri, AFCET, 23.-24. Mars 1977, Paris

/Go77/ Godbersen,H.P.; Meyer,B.E.: Function Nets and System Dynamics.
       Internal Report 12/77, Institut für Angewandte Informatik, TU
       Berlin

/Go78/ Godbersen,H.P.; Meyer,B.E.: Function Nets as a Tool for the
       Simulation of Information Systems. Proceedings of the Summer
       Computer Simulation Conference, Newport Beach, Calif. (July
       1978) p.46-53

/Me79/ Meyer,B.E.; Schneider,H.J.: Tools for Information Systems
       Design and Realization. Proceedings of the IFIP TC 8 Working
       Conference on Formal and Practical Tools for Information System
       Design, Oxford (April 1979), North Holland Publishing Co.,
       Amsterdam (1979)

/Pe76/ Petri,C.A.: General Net Theory. Proceedings of the Joint IBM
       University of Newcastle upon Thyne Seminar (Sept. 1976)

/Ra74/ Ramchandani,C.: Analysis of Asynchronous Concurrent Systems by
       Timed Petri Nets. Ph.D. Thesis, MAC-TR-120, Project MAC, MIT

/Sc78/ Schneider,H.J.: Möglichkeiten und Grenzen normativer Ansätze
       für die Gestaltung von Informationssystemen. in: Fachberichte
       und Referate, Band 6: Entwicklungstendenzen der Systemanalyse,
       Oldenbourg Verlag München Wien (1978)

Anhang: Definitionen (vgl. /Ba78/,/Pe76/)

TN :<==> (S,T,Z,Q,M)   (Transitionsnetz)

   mit   S ⌐ T = ∅, Z ⊔ Q ≠ ∅ Z ⊆ S T, Q ⊆ S T
          domain(Z ⊔ Q) = S,   range(Z ⊔ Q) = T
          M: S --> ℕ

Wir bezeichnen die Menge aller Vorgänger- bzw. Nachfolgerelemente einer
Funktionseinheit (Z ⊔ Q) mit •x bzw. x•.
Für das Folgende gelte: U ⊆ T, U ≠ ∅, t1 ≠ t2.

ACT(t,M)   :<==> ∀ s∈•t : M(s) > 0

M[t>F :<==> ACT(t,M) ∧ ∀ si∈S : F(si) = M(si) { −1, für (si,t)∈Z
                                                 +1, für (si,t)∈Q
                                                 +0, sonst

ACT(U,M) :<==> ∀ t∈U : ACT(t,M)

CONFL(t1,t2,M) :<==> ACT(t1,M) ∧   ACT(t2,M)
                  ∧ (M[t1>F1 ==> ¬ ACT(t2,F1))
                  ∧ M[t2>F2 ==> ¬ ACT(t1,F2)

CONC(U,M) :<==> ACT(U,M) ∧ ∀t1,t2∈U : ¬ CONFL(t1,t2,M)

M[U>F :<==> CONC(U,M) ∧ ∀ s∈S : F(s) = M(s)   − |{t | t∈U : (s,t)∈Q}|
                                               + |{t | t∈U : (s,t)∈Z}|

M[->F :<==> ∃ Mo,...,Mn ∃ U1,..,Un : Mo = M ∧ Mn = F
                                    ∧ ∀i | 1≤i≤n : M(i−1)[Ui>Mi
[M] :<==> {M} ⊔ {F | M[->F}

SAVE(M,CAP) :<==> ∀ s∈S ∀ Mi∈[M]: Mi(s) ≤ CAP(s), mit CAP: S --> ℕ

DEAD(t,M) :<==> ¬ ∃ Mi∈[M] : ACT(t,Mi)

DEAD(M)   :<==> ∀ t∈T : DEAD(t,M)

LEB(t,M)   :<==> ∃ Mi∈[M] : ACT(t,Mi)

UNST(t,M) :<==> ∀ Mi∈[M] ∃ Mj ∈ [Mi] : ACT(t,Mi)

UALEB(M)   :<==> ¬ ∃ t∈T : DEAD(t,M)

UNST(M)   :<==> ¬ ∃ Mi∈[M] : DEAD(Mi)

UAUNST(M) :<==> ¬ ∀ Mi∈[M] : DEAD(Mi)

REPP(M)   :<==> ∃ Mi∈[M] : Mi[->Mi

REPA(M)   :<==> ∀ Mi∈[M] : Mi[->Mi